# Ernährungsgeheimnisse
## Die verborgene Botschaft der Nahrung

Margit Linortner & Ulrich Teichert

# Ernährungsgeheimnisse
## Die verborgene Botschaft der Nahrung

von

Margit Linortner  &  Ulrich Teichert

Margit Linortner Verlag
ALCYONE

# Bitte beachten Sie:

Der Verfasser gibt weder direkt noch indirekt medizinische Ratschläge, noch verordnet er die Anwendung einer Diät als Behandlungsform für Krankheiten ohne medizinische Beratung. Ernährungsfachleute und andere Experten auf dem Gebiet der Gesundheit und Ernährung vertreten unterschiedliche Meinungen. Es liegt nicht in der Absicht des Verfassers oder des Verlegers, Diagnosen zu stellen oder Verordnungen zu erteilen. Ihre Zielsetzung liegt lediglich darin, Informationen auf dem gesundheitlichen Sektor anzubieten. Wenn Sie die vorliegenden Informationen ohne Einschaltung eines Heilpraktikers oder Arztes anwenden, so verordnen Sie sich eine Selbstbehandlung, ein Recht das Ihnen zusteht. Verleger und Verfasser übernehmen jedoch keine Verantwortung. Der Verfasser sagt nicht, daß bestimmte Lebensmittel generell schädlich oder heilend sind, sondern daß jeder Mensch die Wirkung auf den eigenen Körper selbst überprüfen muß. Selbst persönliche, individuelle Ernährungs-, Gesundheits- und Lebensberatung ersetzen nicht die Konsultation eines Heilpraktikers oder Arztes.

1. Auflage Sommer 2000
Copyright by Margit Linortner ALCYONE Verlag,
Bad Trisslstr. 61b, 83080 Oberaudorf
Tel.: 08033 2341, Fax: 08033 309132
Alle Rechte der Verbreitung und Vervielfältigung, auch durch Film, Fernsehen, Funk, fotomechanische Wiedergabe, Tonträger jeder Art sowie durch auszugsweisen Nachdruck, sind vorbehalten.
Lektorat und Layout: Dr. Otfried Weise, München
Printed in Italy - Litotipografia Alcione, Trento
ISBN 3-935124-00-7

# Inhaltsverzeichnis

Danksagung ........................................................................... v
Vorworte ............................................................................. vii
Zu den Autoren ...................................................................... xi

Einführung ............................................................................ 1
1. Ernährung im Wandel ........................................................... 4
2. Die Konstitution des Menschen ............................................. 9
3. Die Illusion von Zeit und Raum ........................................... 19
4. Der Abbau von Schuld ......................................................... 24
5. Die Transformation von Angst und Aggressionen ................... 29
6. Ernährung und Bewußtseinswachstum ................................... 36
7. Die Qualität des Lichtes in unserer Nahrung ......................... 52
8. Rechtes Denken und Zubereiten ........................................... 65
9. Fressen und Gefressen werden ............................................. 79
10. Ernährung und Chakren ..................................................... 84
11. Wertvolle Lebensmittel und deren Inhaltsstoffe ................... 97
12. Obst- und Gemüsesäfte, grüne Getränke ............................ 128
13. Speisenzusammenstellung und Rezepte .............................. 141
14. Erfahrungen und Tips aus der Praxis ................................. 159
15. Fragen und Antworten ..................................................... 183
Nachwort ........................................................................... 201
Literatur ............................................................................ 204

# Danksagung

Für die liebevolle Aufforderung, mein theoretisches und praktisches Wissen in Buchform niederzuschreiben, bedanke ich mich bei Adam Mazur. Ohne ihn wäre dieses Buch nie Realität geworden. Er gab mir wichtige Erkenntnisse über Lichtfarben und deren Wirkung sowie Impulse zur Abrundung einiger Kapitel und der Gliederung.

Bedanken möchte ich mich auch bei meiner Tochter Yvonne. Sie hat mir in der ersten, schwierigsten Phase des Schreibens am Computer sehr geholfen.

Die Änderungsvorschläge meines Freundes Andreas haben mich sehr entlastet. Dafür herzlichen Dank.

Der gemeinsame Dank von Margit und mir gilt all jenen, die mit uns einzelne Passagen durchdiskutierten. Dadurch trugen sie dazu bei, dieses Buch aktueller und lebhafter zu gestalten.

# Vorwort

Das Wissen um die richtige Ernährung gehört zu den Meilensteinen auf dem Weg zur stabilen Gesundheit und zum Wohlbefinden des Menschen. Zusammen mit einem Lebensstil der sich nicht an der toten Materie, sondern an der Sehnsucht und Liebe zum lebendigen Leben orientiert, hat der Mensch achtzig Prozent aller Möglichkeiten, sich vor den heutigen chronischen, d. h. unheilbaren Autoaggressionskrankheiten zu schützen, an denen heute die meisten Menschen leiden und sterben.

Nur jeweils zehn Prozent aller Faktoren, die diese Zivilisationskrankheiten bedingen, werden vererbt oder durch Umweltgifte verursacht. Darin liegt eine gewaltige Chance für jeden Einzelnen und die gesamte Gesellschaft, durch eine neue Lebenssicht die Verantwortung für das Lebensglück in die eigenen Hände zu nehmen. Schlagartig würde unser ohnehin marodes Krankensystem in den Dienst und die Sorge um die Gesundheit gestellt. Die Ärzte würden nicht mehr an den Krankheiten, sondern an der Kunst verdienen, Krankheiten zu verhüten und vorzubeugen. Aber wer kann heute ohne Überheblichkeit noch für alle Menschen unseres Kulturkreises allgemein gültige Aussagen über die Heilkräfte in unseren Lebensmitteln und die zeitlos gültigen Werte unserer Lebensführung machen?

Sind wir nicht alle frustriert von den widersprüchlichen Ernährungsrichtungen, welche die Menschen nur verwirren? Eßt mehr Fleisch, denn Fleisch ist Leben, mahnen die Fleischerzeuger; trinkt mehr Milch und eßt mehr Käse wirbt die Milchindustrie mit wissenschaftlichen Argumenten; eßt mehr Rohkost, der Kochvorgang vernichtet Vitamine und Enzyme, geben die Naturköstler zu bedenken. Diätassistenten und Ökotrophologen zählen Kalorien, Vitamine, Mineralien und den Cholesteringehalt unserer Nahrung. Hierdurch verunsichern sie, zusammen mit den Orthomolekularbiologen, die Vitalstoffe in Tablettenform propagieren, die Bevölkerung. Wie sieht es mit Design-Food, zum Beispiel Margarine, Cola und Hamburger aus? Sind Kinder gesünder, wenn sie solche Nahrungsmittel zu sich nehmen?

Von all diesen Modeerscheinungen blieb Hildegard von Bingen verschont. Sie schrieb ihre Heils- und Heilkunde aus visionärer Sicht für die Not und Unwissenheit unserer Zeit, die sie als „Oblivio" - einen Zustand der Natur- und Gottvergessenheit voraussah. Mit kristallklarer Sicherheit beschrieb sie die Heilkräfte, die in unseren Lebensmitteln und in jedem Menschen verborgen liegen. Ernährung und Lebensstil beeinflussen unaufhörlich unser Leben. Hildegard nennt als Schlüssel zur Gesundheit den Umgang des Menschen mit seiner Melanche, die wir heute als Gallensäure identifiziert haben.

Disstreß, Zorn und Wut lassen die Galle überlaufen, was durch zuviel tierisches Eiweiß noch verstärkt werden kann. Durch zuviel Gallensäure sterben die guten Darmbakterien. Magen und Darm entzünden sich und Allergene, Bakterien und Viren können ungehindert durch den porösen Darm in das Blut einströmen. Das körpereigene Immunsystem ist Tag und Nacht damit beschäftigt, die Eindringlinge zu vernichten. Zu viele Abwehrstoffe können aber auch den eigenen Körper durch Autoaggression angreifen. Es gibt keine Körperzelle und kein Organ, das nicht durch Autoaggression gestört oder vernichtet werden könnte. Der richtige Einsatz von bekömmlich zubereiteten Lebensmitteln auf der Basis von Dinkel, Obst und Gemüse, die alles enthalten was der Mensch zum Leben braucht, ist der Garant für einen optimal arbeitenden Stoffwechsel. Durch die darin enthaltenen Mineralien und Spurenelemente wird die Stoffwechsellage basisch und die Gallensäure neutralisiert.

Margit Linortner und Ulrich Teichert haben sich durch das Hildegard-Wissen inspirieren lassen. Sie haben sich in jahrzehntelanger Praxis mit dem heilenden Einfluß der Lebensmittel beschäftigt. Ihre hier vorliegenden Erfahrungen bestanden sogar den Crash Test der Gemeinschaftsverpflegung in der High Tech Großindustrie. Die beiden Autoren sind auf der Basis des Hildegard-Wissens neue Wege gegangen, die das tägliche Essen bereichern und die Freude und den Genuß am Speisen verstärken. Die hier gewiesenen neuen Wege regen nicht nur die Kreativität der Kochkünstler an, sondern geben wertvolle Anregungen, die eigene Küche wieder zu einer Quelle der Gesundheit und der echten Lebensfreude werden zu lassen.

Dr. Wighard Strehlow,
Hildegardzentrum in Allensbach am Bodensee

# Vorwort der Autoren

Das Wort Ernährung steht im allgemeinen für Essen und Trinken und die Wissenschaft denkt dabei an Aufbau und Versorgung des physischen Körpers. Aus ganzheitlicher Sicht jedoch ist die Aufnahme der Nahrung sowie deren Umwandlung und Wirkung im menschlichen Organismus weit mehr. Es handelt sich um Vorgänge, die mit ihren Substanzen und Schwingungen den Menschen in all seinen Bereichen beeinflussen – außer seinen physischen Körper auch sein Fühlen und sogar sein Denken. Die Schwingungen der Nahrung übermitteln Informationen, beinhalten verborgene Botschaften, die den Menschen in seiner Gesundheit, Vitalität und in seinem Bewußtseinswachstum hemmen oder fördern können. Auch sollte jeder Mensch wissen, daß es möglich ist, bei Nahrungszubereitung und Verzehr Bekömmlichkeit und Verwertbarkeit der Speisen emotional und mental zu beeinflussen. Gefühle und Gedanken, die wir, aber auch jeder Koch und jede Köchin, bei der Herstellung der Speisen haben, eröffnen neue Dimensionen für die Zukunft.

Unser Anliegen ist es, eine, für das beginnende neue Zeitalter passende, Lebens- und Ernährungsphilosophie anzubieten. Diese basiert auf der Erkenntnis, daß wir mit der Nahrung nicht nur unseren Körper, sondern auch unser Fühlen und Denken und unsere Seele versorgen. Das bedeutet, daß wir nicht nur grobe Nahrung aufnehmen, sondern Informationen, Ideen, subtile Formen wie Düfte, Aromen, Klänge und Lichtfarben verinnerlichen. Dieses Buch stellt vieles in Frage und betrachtet gewohnte Dinge aus einem neuen Blickwinkel. Ausgerechnet in einer Zeit, in der vom Kosmos unsere Umstrukturierung gefordert wird, wurde unsere Nahrung total kommerzialisiert und ist zu einem Objekt der Gewinnmaximierung verkommen. Hektik, Streß und Lieblosigkeit, die überall anzutreffen sind, haben ihren Ursprung vor allem in der Programmierung aller konventionell erzeugten Lebensmittelrohstoffe und der daraus gefertigten Nahrungsmittel, mit eben jenen negativen Energien.

Ein Umdenken wird immer notwendiger. Alle wirklich großen Kochkünstler haben sich beim Kreieren ihrer Gerichte nicht stur an jede Vorgabe irgend eines Kochbuches gehalten, sondern sie haben ihrer Kreativität, ihrer Intuition beim Zubereiten der Speisen freien Lauf gelassen. Dadurch übermittelten sie ihre Freude und Liebe an alle die von ihnen bewirtet wurden. Diese Art der Speisenzubereitung, unter Einbeziehung von biologisch verträglich erzeugten Lebensmitteln und Fleisch aus artgerechter Tierhaltung hat den Vorteil, daß dem Fluß des Lebens keine Blockaden entgegengesetzt werden.

Wenn Sie, liebe Leserin, lieber Leser, dies beherzigen, verleihen Sie Ihren Gerichten Ihre persönliche Note: die Speise harmonisiert mit Ihnen und der Natur. Sie selbst Ihre Familie sowie Ihre Gäste werden unbewußt eine angenehme Veränderung nach dem Verzehren der Speisen verspüren. Je mehr Sie von dem Gedankengut dieses Werkes beherzigen, desto mehr Gewinn werden Sie persönlich, Ihre Familie und Ihre Gäste haben.

Bei einem Vortrag über Aurafotografie lernten Margit und ich Adam Mazur kennen. Von seinen Interpretationen der Lichtfarben, der von ihm aufgenommenen "Aurafotos" waren wir begeistert. Ein weiteres Mal begegneten wir ihm bei einer von ihm durchgeführten Lichtwanderung im Wettersteingebirge. Während dessen, erzählte ich den Gruppenmitgliedern über Ernährung und über die Wirkung der Alpenblumen auf das Wohlbefinden. Die Teilnehmer waren so fasziniert, daß sie mich baten meine Erkenntnisse niederzuschreiben. Mit Adam Mazur diskutierten wir über die Lichtfarben, sowie deren Wirkung auf den grobstofflichen und die feinstofflichen Körper des Menschen.

Ich begann, zu überlegen, welchen Einfluß die Lichtfarben auf unsere Nahrung haben könnten. Margit machte sich Gedanken, welche Heilkräfte in den Lichtfarben wirkten. Die Ergebnisse in Kombination mit meinen langjährigen Erfahrungen über Ernährung unter Einbeziehung der Ernährungsvisionen der hl. Hildegard von Bingen, sowie mein Wissen über Pflanzensäfte und -Farben und die Huter`sche Naturell-Lehre bilden die Grundpfeiler des vorliegenden Werkes. Margits Wissen über Heilkräfte und die spirituellen Aspekte des Lebens und ihre Zeichnungen schaffen den Rahmen dieses Buches.

Wir sind überzeugt, daß jeder Interessierte aus unseren jahrzehntelangen Erfahrungen mit den ganzheitlichen Lebens- und Ernährungsformen, großen Nutzen ziehen kann. Wir freuen uns, Ihnen unsere Begeisterung für die neue Lebens- und Ernährungsweise in Vorträgen, Seminaren und praktischen Vorführungen zu vermitteln.

Margit Linortner & Ulrich Teichert

# Zu den Autoren

- Ulrich Teichert

Das Thema Ernährung beschäftigt mich schon seit meiner Jugendzeit. Es war fast selbstverständlich, daß ich den Beruf des Koches ergriff. Meine Sensibilität und die damit verbundenen Fragen nach den Hintergründen des Lebens, führten mich schon im neunzehnten Lebensjahr in den Kreis der "Huteraner" um Herrn Glaser in Frankfurt.

Hier vertiefte ich mich in die Lehre der Menschenkenntnis nach Carl Huter. Ständig war ich bestrebt, das Wissen, das ich außerhalb meines Berufes erwarb, mit der Wirkung der Nahrung auf den Menschen zu verknüpfen. Nachdem ich ebenfalls schon in jungen Jahren mit der Esoterik in Berührung kam, bezog ich auch diese Philosophie in mein berufliches Weltbild mit ein.

Die Tätigkeit in einer Krebsnachbehandlungsklinik für Frauen war ein Schlüsselerlebnis für mich. Hier wurde ich mit den Denk- und Ernährungsmustern der Patientinnen konfrontiert. Ihr Verhalten hat mich zum tiefen Nachdenken bewegt. Durch diese Erfahrung wurde der Grundstein zu meinem Wissen und zu meinen Erkenntnissen gelegt. Mitte der achtziger Jahre lernte ich Dr. Wighard Strehlow kennen und durch ihn die Visionen der hl. Hildegard von Bingen. Mir war sofort die außerordentliche Bedeutung dieser visionären Aussagen in Bezug auf die Ernährung der heutigen Zeit bewußt.

In heutiger beruflicher Position habe ich täglich mit mehreren Tausend Menschen zu tun, die gemeinsam von meinen Mitarbeitern und mir verköstigt werden. Es werden viele Fragen und Wünsche, aber auch Ernährungsprobleme, durch unsere Gäste an mich heran getragen. Die dadurch bedingte intensive Beschäftigung ist der Grund dafür, daß ich in allen Ernährungsfragen auf dem Laufenden bin.

- Margit Linortner - Teichert

Nach meinem Kunststudium in Wien beschäftigte ich mich einige Jahre mit Porträtmalerei. Die Landschaft der verschiedenen menschlichen Gesichter faszinierte mich. Meine Interessen gingen immer mehr in Richtung Esoterik. Das drückte sich in einem romantisch, mystisch, realistischen Kunststil, in dem ich meine Bilder malte, aus.

Von der bildenden Kunst wechselte mein Interesse zur Heilkunst. Ich ließ mich zur Heilpraktikerin ausbilden. Kunst, Naturheilkunde und Esoterik sind die drei Elemente, die in meinem Leben eine wichtige Rolle spielen und sich auch in den Bildern des vorliegenden Werkes wiederfinden. Viel Wert habe ich darauf gelegt, daß die, den einzelnen Kapiteln zugeordneten Illustrationen den Inhalt in Farbe, Form und Symbolik widerspiegeln. Sie können somit auch zum Einstimmen und zur Meditation verwendet werden.

# Einführung

Die Erde und mit ihr die gesamte Menschheit steht vor großen, so weit wir überblicken nie dagewesenen Umbrüchen. Das hängt damit zusammen, daß nach Ablauf eines sogenannten großen oder siderischen Jahres von 25868 Erdenjahren sich unser Sonnensystem einmal um die Zentralsonne Alcyone, die Sonne der Plejaden gedreht hat und jetzt ein neuer Zyklus beginnt. Zur Zeit ist nach Ansicht der Autorin Marciniak unser Sonnensystem und damit auch die Erde in den "Photonengürtel" der Plejaden eingetreten. Dies soll zu vermehrten Naturkatastrophen führen, aber auch die Bewußtseinsentwicklung positiv beeinflussen, da zur gleichen Zeit Kräfte am Werk seien, die uns vor möglichen Schäden schützen.

Das Phänomen der Erhöhung der Schwingungsfrequenz der Erde (die sog. Schumannfrequenz) hängt möglicherweise ebenfalls mit dem Eintritt in den Photonengürtel zusammen. Der unterste Wert dieser Schwingung lag bis vor 5 Jahren bei 7,8 Hertz und ist nach Messungen russischer Wissenschaftler bis heute auf 17,5 Hertz gestiegen. Diese Frequenz resultiert aus dem Einfluß, den die Ionosphäre auf die Erdkruste ausübt. Die immer stärker werdende kosmische Strahlung und durch Ausdünnung des Ozonloches intensivere Lichteinstrahlung, hat die heute bekannte Informationsflut erst ermöglicht und wird sie in den nächsten Jahren voraussichtlich noch verstärken. Hierdurch kommt es zu dem subjektiven Gefühl, daß uns die Zeit davon läuft.

Je weiter wir in den Photonengürtel hineinkommen, desto höher wird nach Frau Marciniak die Frequenz und desto mehr Information und Licht trifft auf die Erde. Deshalb wird eine darauf abgestimmte, individuelle, höher schwingende Ernährung immer bedeutsamer, wie sie in diesem Buch dargestellt wird. Alle Erdbewohner, die sich der Frequenzerhöhung nicht anpassen können oder wollen, fallen aus dem System. Um die eingetretenen Wandlungen jedoch schadlos zu überstehen ist Umdenken für uns alle unumgänglich. Das heißt, wir müssen uns durch unsere Gedanken, Gefühle, Handlungen und unsere Ernährung in eine erhöhte Schwingungsfrequenz begeben, sonst verlieren wir den Anschluß.

Damit wir uns den Anforderungen der nun einsetzenden Neuorientierungen anpassen können und um die kosmischen Hilfen leichter zu empfangen, benötigen wir die in diesem Buch aufgezeigten Gedankenstrukturen und Ernährungsformen, die jeder Menschen individuell auf seine Veranlagung abstimmen muß. Die Frage der Ernährung ist an der Schwelle zum dritten Jahrtausend aktueller als je zuvor, da diese die Basis unserer Existenz bildet und sich mit dem steigenden Bewußtsein verändern muß.

In der neuen Zeit wird der Fleischkonsum abnehmen. Auf Grund der veränderten Sensibilität werden die Menschen erkennen, daß die Tiere ihre Brüder sind. Vegetarier leben durchschnittlich 12 Jahre länger als Fleischesser, nicht nur deswegen, weil sie keine toten Tiere essen, sondern weil sie ihr Leben durch ein gesteigertes Bewußtsein in jeder Hinsicht harmonisiert haben. In diesem Sinne ist allerdings ein Mensch, der kein Fleisch ißt, weil es ihm nicht schmeckt, oder weil z. B. sein Trainer oder Arzt es ihm verbietet, kein Vegetarier.

Das vorliegende Werk hat nicht die Aufgabe, jemanden auf einen Weg zu bringen, der nicht sein eigener ist und aus diesem Grunde nicht zu ihm paßt. Die Bedeutung dieses Buches liegt darin, Impulse zu setzen in Richtung bewußter individueller Nahrungsaufnahme und der damit verbundenen Lebensgestaltung, die dem individuellen Entwicklungsstand einer einzelnen Persönlichkeit angepaßt ist. Unterstützt wird dadurch die harmonisierende Angleichung an die oben erläuterte schwingungs- und strahlungsmäßige Herausforderung des Kosmos. Das vermittelte Wissen richtig angewendet, kann für jede Leserin und jeden Leser der goldene Schlüssel für ein glückliches, erfülltes Leben sein.

# 1. Ernährung im Wandel

Unseren Geschichtsbüchern zufolge, entwickelte sich der Mensch vom Sammler und Jäger über den Ackerbauern und Viehzüchter bis zum heutigen Zivilisations- und Genußmenschen. Zu einer Zeit, als es im nordeuropäischen Raum noch ziemlich "unkultiviert" zuging, hatten sich anderen Orts jedoch Hochkulturen entwickelt, die im Hinblick auf die Ernährung einen erstaunlich hohen Standard aufwiesen. So wurde im alten Indien vor ca. 5.000 Jahren das Ayurveda, das Wissen vom Leben niedergeschrieben. Den vedischen Schriften zufolge ist der Mensch ein einheitliches Wesen, bestehend aus Körper, Geist und Seele. Man unterscheidet im Ayurveda zwischen drei Menschentypen:

**1. Der Vata-Typ = Luft-Typ**
Er ist von schlanker Statur, geistig sehr ansprechbar und kommt leichter als andere aus dem inneren Gleichgewicht. Die bevorzugte und zuträgliche Ernährung ist schwach gewürzt und eher süß, enthält wenig Rohkost und kaum Fleisch, dafür aber süße, voll ausgereifte Früchte und Nüsse.

**2. Der Pitta-Typ = Feuer-(im Wasser)Typ**
Er ist von kräftiger Statur mit stabilem Knochenbau und starkem Willen. Die passende Ernährung ist schwach gewürzt und enthält wenig Saures, viel Obst, Gemüse und Salate aber auch Fleisch und Fisch. Die Bezeichnung "Feuer im Wasser" bezieht sich darauf, daß das Feuerelement im Menschen über die feurigen, ätzenden, aufspaltenden Verdauungssäfte wirkt, die wäßrige Lösungen darstellen. Hier brennt also kein loderndes Feuer.

**3. Der Kapha-Typ = Erde-Wasser-Typ**
Er ist von rundlicher Statur, konservativ und beständig. Die zuträgliche Ernährung sind scharf gewürzte Speisen, bittere Gemüse und Salate, ausreichend Flüssigkeit sowie wenig Fleisch und Fisch.

Reine Typen gibt es nicht. Aus der Betrachtung aller möglichen Mischformen wird klar, daß jeder Mensch ein absolutes Unikat darstellt, das eine ihm persönlich bekömmliche, individuelle Ernährungsform benötigt (für Details dazu siehe die Bücher von Weise: "Harmonische Ernährung" und "Zur eigenen Kraft finden").

Zur gleichen Zeit hatten auch die Chinesen eine sehr hohe Eßkultur. Vor ca. 4.000 Jahren wußte man in China schon, daß die Nahrung einen erheblichen Einfluß auf das Gleichgewicht der polaren Kräfte Yin und Yang, also auf die körpereigene Harmonie und somit auf die Gesundheit des Menschen ausübt. Der Kunst der Speisenzubereitung wurde sehr viel Bedeutung beigemessen. Man war davon überzeugt, daß eine dritte Kraft, die sogenannte Lebensenergie "Chi" positiv beeinflußt wurde, wenn der Koch beim Zubereiten der Speise liebevolle Gedanken hegte. **Der Koch galt in China als ein wahrer Heiler. Auch heute noch genießt er dort ein sehr hohes Ansehen.**

Als dritte dieser Hochkulturen dürfen wir das alte Ägypten nicht vergessen. In diesem Land wurde vor ca. 5.000 Jahren eines unserer heutigen Hauptnahrungsmittel, das Brot entwickelt. Es ist überliefert, daß dort außer der Backkunst auch die Braukunst ihre Wiege hatte. Auch in Ägypten war man der Ansicht, daß die aufgenommene Nahrung den Menschen gesundheitlich und spirituell beeinflußt. **In der ursprünglichen Form dieser Hochkulturen wurde vorwiegend vegetarische Kost bevorzugt.**

Die frühen Römer ernährten sich sehr bewußt. Ihre Hauptnahrung bestand aus Trauben, Feigen, Datteln und Weizen (Dinkel). Es wird berichtet, daß die römischen Soldaten ein Säckchen mit Korn sowie eine kleine Mühle mit sich führten. Im Lager bereiteten sie sich ihre Fladen und ihren Brei zu. War nicht genug Getreide vorhanden, wurde diese Form der Verpflegung gegen die Versorgung mit Fleisch ausgewechselt. Die Soldaten fühlten sich dabei jedoch kraftloser und verlangten ihr Getreide. Die Griechen hatten ebenfalls während ihrer Blütezeit eine sehr hohe Eßkultur. So kennen wir von Hippokrates den Ausspruch: **"Eure Nahrung soll eure Medizin sein"**.

**Es ist bemerkenswert, daß der Niedergang aller Hochkulturen mit einer Dekadenz der Eßgewohnheiten, der eine Verrohung der Sitten folgte, einherging.**

Die heutige Küche Mitteleuropas wurde von der chinesischen Küche beeinflußt. Marco Polo brachte im 13. Jh. von seinen Reisen die Rezepte von Nudeln, Speiseeis und anderen Gerichten, sowie viele Gewürze nach Venedig. Das Haus Medici verband sich durch Heirat mit dem französischen Königshaus und so kamen die streng gehüteten Küchengeheimnisse nach Frankreich und begründeten in abgewandelter Form den hohen Ruf der französischen Küche.

Erst mit Beginn des Materialismus um 1800 setzte sich langsam (zunächst nur bei den Reichen) der hohe Fleisch- Milch- und Fettkonsum durch. Die Verzehrgewohnheiten der "zivilisierten Welt" werden heute vorwiegend von Amerika geprägt. Mit einem unvorstellbar hohen Aufwand an Werbekosten wurde und wird der enorme Verbrauch von Fleisch, Eiern, Fett, Süßstoff, Zucker, Milch- und Milchprodukten gefördert. Das damit verbundene Elend der Tiere, die Überdüngung der Böden, der Einsatz von Fungiziden und Pestiziden und die Verabreichung von künstlichen Hormonen, **vor allem aber die Schäden an der menschlichen Gesundheit** werden dafür in Kauf genommen.

Die moderne Zeit kann als das Zeitalter der "devitalisierten Speisen" bezeichnet werden; diese Speisen sind devitalisiert durch
- zu langes Kochen
- vollkommenes Ausmahlen
- Sterilisieren
- künstliches Düngen
- zu lange, bzw. unnatürliche Lagerung
- Begasung
- Ernten im unreifen Zustand
- Genmanipulation
- künstliche Erzeugung (Design-Food)

Aus biblischer Sicht fand in der Nahrungsauswahl eine **Entwicklung weg vom Ursprung** statt. Den ersten Menschen wurde vor dem Sündenfall von Gott über ihre Nahrung gesagt: "Sehet da, ich habe euch gegeben allerlei Kraut, das sich besamt, auf der ganzen Erde und allerlei fruchtbare Bäume, die sich besamen zu eurer Speise".

Erst nach der Sintflut erlaubte Gott über Noah dem Menschen den Verzehr von Fleisch. Dies war allerdings mit vielen Einschränkungen, z. B. kein Schweinefleisch und kein Fleisch von anderen "unreinen" Tieren (wie Hase, Pferd, Muscheln, Hummer, Krabben etc.) verbunden. Auch Blut oder mit Blut versetztes Fleisch durfte nicht verzehrt werden. Im Islam finden wir ähnliche Ernährungsvorschriften; er untersagt seinen Anhängern unter anderem den Verzehr von Schweinefleisch und Alkohol.

Alle Religionen haben einen exoterischen (offensichtlichen) und einen esoterischen (verborgenen) Aspekt. Die Esoterik (früher nur einem kleinen Teil der Menschheit zugänglich) sagt, daß der Mensch als reines Lichtwesen mit einer sehr hohen Schwingungsfrequenz geschaffen wurde. In diesem Zustand lebte er in der feinstofflichen Welt über unendliche Zeiträume. Nach dem sogenannten Fall, der darin bestand, daß sich die göttlichen Wesenheiten miteinander verglichen, begannen Rivalität und Hochmut, woraus Machtstreben, Kampf und Zwietracht entstanden. Aufgrund des Kausalitätsgesetzes (Ursache und Wirkung) verdichteten sich diese Wesen immer mehr und mit ihnen die sie umgebende Natur. Nun entstand das uns bekannte materielle Universum.

Durch die auf materielle Dinge gerichteten Gedankenstrukturen wird die Schwingung ständig weiter herunter transformiert. Alles verfestigt sich immer stärker. Die Ernährungsweise, die mit diesem Zustand korrespondiert, besteht hauptsächlich aus tierischer Eiweißnahrung.

**Der Tiefpunkt dieser Abwärtsbewegung ist jetzt überschritten. Der Mensch, der sich freiwillig in diese Dichte begeben hat, ist wieder auf dem Wege zu seinem Ursprung zurück ins Licht und muß in umgekehrter Weise seine Ernährung nun der langsam höher werdenden Schwingung anpassen. Hochfrequente Nahrung ist vor allem pflanzliche Kost: Obst, Gemüse und Nüsse, da in ihnen der höchste Lichtanteil gespeichert ist.**

Die Naturwissenschaft kritisiert die vegetarische Ernährung: durch den Verzicht auf tierisches Eiweiß tritt angeblich ein Mangel auf. Man sagt, daß der heutige hohe wissenschaftliche und technische Stand auf dem verstärkten Verzehr von tierischem Eiweiß (Fleisch und Fisch) beruht. Dies trifft tatsächlich zu, denn durch tierisches Eiweiß wird der konkrete, niedere Verstand des Menschen unproportional hochgezüchtet, Intuition und Gefühl aber behindert. Wir alle wissen, daß die Technik, die wir heute kennen, dem Planeten Erde und allem Leben, das sich auf ihm befindet nicht gerade zum Wohle dient.

**Sinn und Zweck dieses Buches ist es, zu zeigen, wie Sie Ihre Ernährung der stetig höher werdenden Schwingung und der dadurch bedingten Veränderung Ihrer Gedankenstrukturen anpassen können.**

# 2. Die Konstitution des Menschen

Jeder Mensch hat eine individuelle Seele. Man nennt sie auch den göttlichen Funken oder das höhere Selbst. Ihr untergeordnet steht die Persönlichkeit, die man auch Ego oder niederes Selbst nennt. Während die Seele die Verbindung zu Gott darstellt ist die Persönlichkeit das Produkt der Erziehung und aus der Integration von Instinkt, Gefühl, Wollen und Denken eines Menschen entstanden. Idealtypisch soll die Persönlichkeit der Seele dienen, denn diese ist unser unsterblicher Wesenskern, der das Potential für jedes Leben beinhaltet und die darüber wacht, daß wir unsere Begabungen einsetzen, damit wir unsere Lernaufgaben meistern.

Der Mensch ist das einzige Wesen mit einem physischen Körper auf der Erde, das höchste Bewußtseinsstufen erreichen kann. Der Mensch ist unter anderem auf diese Welt gekommen, um Erfahrungen in der Polarität der Materie zu sammeln. Nur auf unserem Planeten ist es ihm möglich, z. B. eine Blume in die Hand zu nehmen, sie anzuschauen und ihren Duft in sich einzuatmen.

Er hat sich vor der Inkarnation als Seele seine Aufgaben ausgesucht, die er hier in dieser Welt lösen will. Ja, er hat sich sogar seine zukünftigen Eltern auf Grund deren Zell- und Genstrukturen, sowie Land und Kultur und den Zeitpunkt der Geburt gewählt. Vor der Bildung des physischen Körpers bilden sich auch der Mentalkörper und der Gefühlskörper (auch Astralkörper genannt). In diesen feinstofflichen Körpern, die für das Denken und Fühlen zuständig sind, findet man Wünsche und Begierden wie auch Gedankenstrukturen, welche die Möglichkeit zu späteren Disharmonien (Krankheiten) enthalten und somit auch die Vorlieben für ein spezielles Ernährungsverhalten.

Wenn durch die emotionale und mentale Einstellung im Körper eine Krankheit entsteht, werden die Chromosomen entsprechend geprägt. Bleiben über einen gewissen Zeitraum gleiche Gedankenstrukturen und/oder Gefühlsmuster (die zu einem Symptom führten) erhalten, gerät der Mensch aus seiner Ganzheit, er wird unheil (krank). Es bilden sich Symptome. Die menschlichen Chromosomen werden entsprechend geprägt. So entstehen Erbanlagen.

Das Individuum Mensch (die Person - lateinisch: persona, per sonare,

d. h. Ton, tönen, Klang, Schwingung) ist ein absolutes Unikat. Es hat seine eigenen Gedankenstrukturen und Gefühlsmuster und benötigt schon allein deshalb seine individuelle Ernährungsform. **Der Mensch ist der Spiegel seiner eigenen Gedanken und Vorstellungen sowie seiner Wünsche und Begierden.** Daraus resultiert, daß der Mensch bestimmte Speisen bevorzugt, die diesen wiederum prägen.

Die Form spiegelt den Geist. Daher können wir den Charakter des Menschen an seiner äußeren Form erkennen. Ein gut geschulter Menschenkenner schließt aufgrund der äußeren Form und Strahlung auf den Charakter, die mitgebrachten Veranlagungen des Menschen aber auch auf die ihm zuträgliche Ernährungsform und Lebensweise. Auf dem Gebiet der Menschenkenntnis hat sich Carl Huter größte Verdienste erworben. Um den Rahmen des Buches nicht zu sprengen, wollen wir hier nur ganz kurz auf diese Erkenntnisse eingehen.

Huter entdeckte ein Natursystem, das sich durch eine stets wiederkehrende Form und Gestaltung aller lebenden, d. h. von innen heraus wachsenden Organismen kund tut. Es ist das Dreiteilungsprinzip der Natur, das unter den Lebensformen die Naturelle, Körper- oder Konstitutionstypen ermöglicht. Aus dem Naturelltypus ist die Hauptlebensrichtung oder der Grundcharakter eines Lebewesens zu erkennen.

Huters System basiert auf den drei Keimblättern, wie in der Abbildung auf der nächsten Seite dargestellt wird. Je nachdem welches Keimblatt den Hauptanteil hat, formt sich das individuelle Naturell, die Konstitution des einzelnen Menschen. Huter unterscheidet:

- **Ernährungsnaturell**
- **Bewegungsnaturell**
- **Empfindungsnaturell**

- ERNÄHRUNGSNATURELL: hier überwiegt der Aufbau der Verdauungsanlage. Diese Menschen essen sehr gerne und viel, bevorzugt Fleisch und Fett, das ihnen aber nicht bekommt. Sie neigen zur Überernährung (Überlastung der Verdauungsorgane) und allen damit verbundenen gesundheitlichen Problemen. Eine Ernährungsform, welche die Verdauungsorgane schont, sollte bevorzugt werden (Salate, Gemüse, Obst usw.).

- BEWEGUNGSNATURELL: hier überwiegt der Aufbau des Bewegungsapparates. Diese Menschen bewegen sich sehr gerne, eine Überforderung des Bewegungsapparates ist oft die Folge. Sie neigen zur Askese und vertragen grobe Nahrung und Fleisch.

- EMPFINDUNGSNATURELL: hier tritt der Aufbau der Empfindungsanlage (des Nervensystems) in den Vordergrund. Diese Menschen leben gerne in der Stille, lernen und denken sehr gern und viel und neigen zu Problemen, welche die Nerven betreffen. Die bevorzugte Ernährung bestände aus süßen, leichten Speisen, Obst und sehr wenig Fleisch. Diese Menschen essen wenig und nehmen alles in kleinen Mengen zu sich.

Die Entwicklung der Körpertypen aus den embryonalen Keimblättern:

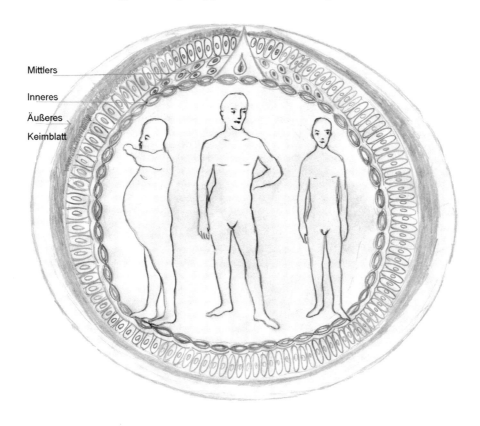

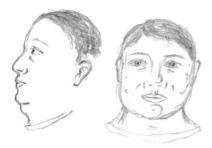

Ernährungsnaturell                    Bewegungsnaturell

Empfindungsnaturell

- HARMONIENATURELL: die drei Grundanlagen sind im Gleichgewicht, die Ernährungsgewohnheiten sind ausgewogen.

- DISHARMONISCHES NATURELL: die drei Grundanlagen sind aus dem Gleichgewicht, die Ernährungsgewohnheiten unausgewogen.

Harmonie            Disharmonie

Beim einzelnen Menschen sind die naturellspezifischen Anlagen unterschiedlich gemischt. Wir kommen somit auch nach Huter zu unzählbaren Mischstufen, d.h. zu einer unendlichen Anzahl von Einzelwesen, von denen jedes seine eigenen, spezifischen Ernährungsbedürfnisse hat.

In jedem Individuum liegt das Verlangen nach Höherentwicklung. Nach der Erkenntnis von Carl Huter besteht die Möglichkeit zu sehen wo die Neigungen, sowie die Belastungen (z. B. hervorgerufen durch Fehlernährung) des einzelnen Menschen liegen. An diesem Punkt kann die bewußtseinsbegleitende Beratung im Hinblick auf die richtige Ernährungsform ansetzen.

Huter sagte, der Mensch kann sich bis zu 75% verändern. Das heißt, er hat die Gnade dreiviertel seiner Grundstruktur zu transmutieren - zu veredeln. Mit anderen Worten, wir können, wenn wir die Kraft dazu aufbringen, fast alle sich in die Stofflichkeit manifestierten Grundhaltungen und das dadurch verursachte Unheilsein, so wie die hierdurch entstandenen Symptome über die richtigen Gedanken, sowie die begleitende Nahrung transformieren.

Grundvoraussetzungen zur Weiterentwicklung sind:
• sich so anzunehmen, sich so zu lieben wie man ist
• sich nicht mit anderen zu vergleichen, nicht zu analysieren, alles so zu akzeptieren wie es ist
• im hier und jetzt leben, das Vergangene loslassen, für alles was auf uns zukommt, was uns geschieht, die volle Verantwortung zu übernehmen.
• zu erkennen, daß die Vergangenheitserlebnisse, egal wie sie waren als Bereicherung der eigenen Entwicklung dienen
• sich nicht zwingen, Speisen zu essen, die man im Grunde ablehnt

Die Einteilung in Naturelle und Naturellformtypen ist nicht nur auf das Menschenreich, sondern auch auf das Pflanzen- und Tierreich bezogen. Wir finden bei den Pflanzen solche, die im Ernährungsformtypus, Bewegungsformtypus, Empfindungsformtypus liegen, sowie solche, die Harmonie oder Disharmonie aufweisen (siehe die Abbildungen).

Wir sagten an anderer Stelle, die Form spiegelt den Geist. Das bedeutet: Anhand der Gestalt ist auch das Wesen der Pflanze zu erkennen. Verzehren wir Pflanzen aus dem Ernährungsformtypus, so stärken wir unseren eigenen Ernährungsanteil. Die Form der Pflanze signalisiert uns die Informationen, die sie für uns bereitstellt. Somit haben wir die Wahl, die Informationen die unseren gegenwärtigen Interessen entsprechen, in uns aufzunehmen.

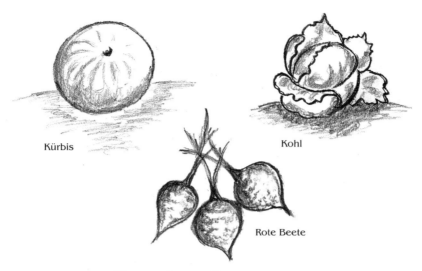

Pflanzen im Ernährungsnaturell

- PFLANZEN DES ERNÄHRUNGSTYPS: Kürbis, Rüben, Kohlarten, Kopfsalat, Melonen, Gurken, Kartoffeln Auberginen usw.
  Die an uns übermittelten Informationen sind die Informationen der Ruhe, des Überlebens in der Materie, sowie der Lebensfreude, der Gelassenheit. In umgekehrter Weise, wenn wir von dieser Nahrung zuviel aufnehmen, verinnerlichen wir die Strukturen des Festhaltens, der Behäbigkeit, des im Irdischen Verhaftetseins.

- PFLANZEN DES BEWEGUNGSTYPS: alle Getreidearten, alle Gräser (z. B. Wildreis), einige Baumarten (z. B. Fichte, Tanne), Knöterichgewächse wie Buchweizen, Quinoa. Die an uns übermittelten Informationen sind die Information von Kraft, Vitalität, Kampf, Beweglichkeit und Beschützen. In umgekehrter Weise verinnerlichen wir die Strukturen der Starrheit, der Unruhe, des Krieges.

- PFLANZEN DES EMPFINDUNGSTYPS: viele Kräuter (Basilikum, Petersilie, Dill), einige Bäume, z. B. die Birke. Die uns übermittelten Informationen sind die Informationen der Feinheit, Intuition, Geisteskraft. In umgekehrter Weise, Nervosität, Hinterlist, Raffinesse.

Petersilie
im Empfindungsformtypus

Rose im
harmonischen
Formtypus

Distel im disharmonischen
Formtypus

- PFLANZEN DES HARMONIETYPS: Rose, einige Bäume (z. B. die Buche, der Apfelbaum), Weinstock, Kiwi.
  Die an uns übermittelte Information ist die Information der Ausgeglichenheit. Eines der wertvollsten Samen unserer Breiten ist die Buchecker, als Zutat in Kuchen ein idealer Nußersatz. Aber auch das aus ihr gewonnene Öl ist sehr wertvoll. Bedauerlicherweise sind Bucheckern aufgrund der mühsamen Beschaffung äußerst rar.

- PFLANZEN DES DISHARMONIETYPS: Disteln, Kakteen, Brennesseln, Tollkirschen, Bilsenkraut, Stechapfel, Löwenzahn.
  Die an uns übermittelte Information ist Unausgeglichenheit. Gerade

dies läßt uns die für den Menschen wertvollsten Pflanzen finden. Diejenigen, die heilende Substanzen aufweisen, geben diese meist nur in homöopathisch potenzierter Form an uns ab, die Pflanzenteile selbst wirken oft berauschend, giftig bis tödlich. Andere wie z. B. Artischocke (eine Distelart), Brennessel und Löwenzahn, wirken als ganze Pflanze äußerst ausgleichend auf den Menschen.

Was für Mensch und Pflanze gilt, hat natürlich im Tierreich ebenso seine Gültigkeit. Die von den einzelnen Tierformtypen vermittelten Informationen sind in etwa dieselben wie wir sie bei den Beispielen Menschen und Pflanzen beschrieben haben (siehe Carl Huter & Amandus Kupfer, Menschenkenntnis Band 1 & 2). Die Natur bildet mit ihren Manifestationen Gleichnisse, aus denen der Mensch lernen soll. Wir können uns und die uns umgebende Natur als Bestandteile eines großen Bilderbuches betrachten. Wir müssen nur begreifen, daß, und wie wir aus diesem Buch die für uns wichtigen Geheimnisse und Erkenntnisse herauslesen können.

Baum Richtung Harmonie          Fichte im Bewegungsprinzip

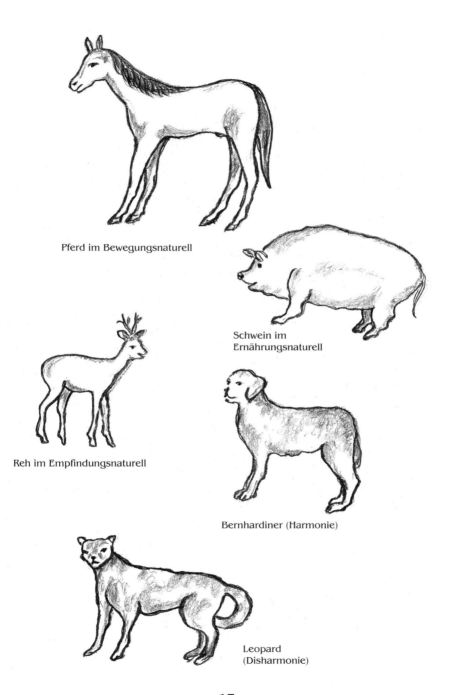

Pferd im Bewegungsnaturell

Schwein im Ernährungsnaturell

Reh im Empfindungsnaturell

Bernhardiner (Harmonie)

Leopard (Disharmonie)

# 3. Die Illusion von Zeit und Raum

In unserer materiellen Welt sind Zeit und Raum festgelegte Begriffe, die scheinbar Eckpfeiler unseres Denkgebäudes bilden. Wir müssen uns darüber im Klaren sein, daß Zeit und Raum, wie wir sie verstehen, an die Materie der dritten Dimension gekoppelt sind (vgl. die Erklärungen über "Dimension" auf Seite 21). Befinden wir uns in anderen Dimensionen, so verändern sich Zeit und Raum schlagartig. Wir müssen erkennen, daß diese Begriffe nur dazu da sind, um uns das Lernen zu ermöglichen. In der kausalen Welt, unserem Ursprung, gibt es weder Zeit noch Raum, es herrscht das zeitlose ewige Sein.

Was verstehen wir unter Zeit? Unsere Definition ist eine andere, als die, welche von der Wissenschaft festgelegt wird. Zeit bedeutet für uns: Ein sich ausdehnendes Sein. Man kann sich das vereinfacht so vorstellen: Ein elastisches Gummiband wird über Daumen und Zeigefinger genommen und auseinandergezogen. Die linke Seite von der Mitte aus betrachtet symbolisiert die Vergangenheit, die rechte Seite die Zukunft. Die Mitte ist das Sein im Hier und Jetzt. Wir haben also vor dem zeitlosen Sein die Vergangenheit, die Gegenwart - das Jetzt - und die Zukunft gebildet. Die Vergangenheit bietet und erfordert die Fähigkeit des Erinnerns.

Wir merken uns im Jetzt die Erfahrungen aus der Vergangenheit und bilden im Jetzt auf der Grundlage dieser Erfahrungen, die sich in Verhaltensmustern äußern, unsere Zukunft. Zeit ist vermutlich aber nicht linear, d. h. Vergangenheit, Gegenwart und Zukunft laufen nicht unbedingt chronologisch ab. Es kommt der Wahrheit vermutlich näher, wenn man davon ausgeht, daß Zeitabschnitte sich nebeneinander befinden können. Auf der Zeitebene in der wir uns jetzt befinden, schreiben wir das Jahr 2000 nach Christi. In Paralleluniversen (die durch unsere Gedanken manifestiert werden), wird auf einer Zeitebene z. B. die Buchdruckerkunst erfunden, auf einer anderen findet gerade der dreißigjährige Krieg statt. Die Zeitebenen der Paralleluniversen haben für uns eine andere Qualität als die Zeitebene, in der wir uns mit unserem Bewußtsein befinden. Die Paralleluniversen lösen sich für uns wie Seifenblasen auf, wenn wir unser Lernziel erreicht haben. In seinem Roman "Brücke über die Zeit" hat Richard Bach über diese Parallelwelten sehr anschaulich und amüsant berichtet.

Zeit und Raum sind nicht die Medien, in denen die Schöpfung stattfindet, sie sind selbst Teil dieser Schöpfung, Teil der Illusion, die wir für unsere Entwicklung benötigen. Deshalb können wir ihren wahren Charakter vorerst nicht begreifen, bis wir eines Tages über die Polarität hinausgewachsen sind und eine genauere Sicht der (feinstofflichen) Wirklichkeit erlangt haben. Im Laufe der Entwicklung unseres Sonnensystems, erhöht sich zur Zeit die Lichtfrequenz aller Planeten und Wesenheiten; sie sollen zu Lichtwesen mutieren, um bestehen zu bleiben. Ein Lichtwesen ernährt sich von Licht. Deshalb müssen wir möglichst viele Lichtquanten in uns aufnehmen - sei es durch Nahrung, sei es durch Gedanken -, um die Veränderungen in allen unseren Körpern zu vollziehen.

Während seiner Entwicklung mußte der Mensch immer mehr Informationen speichern. Durch dieses enorme Informationsvolumen dehnte sich die relative Zeit, die an die Materie gekoppelt ist, scheinbar immer mehr aus. Um diese Flut von Information zu speichern, benötigte der Mensch eine ständig größer werdende Gedächtniskapazität. In der Computersprache würde man von der Speicherkapazität der Festplatte sprechen. Da die Lichteinstrahlung auf unser Sonnensystem sich von Jahr zu Jahr erhöht, werden wir mit einer Flut von Informationen überschüttet. Diese Lichteinstrahlung (Licht = Information) hat ihren Ursprung in der Zentralsonne der Plejaden. Ihre Aufgabe ist, die Evolution zu beschleunigen. In der Bibel wird dieser Zeitabschnitt, als das "Trennen von Spreu und Weizen" beschrieben.

Die Zeit ist die Basis für die chronologisch ablaufenden Entwicklungsprozesse. Je mehr sich jedoch das individuelle Bewußtsein dem ewigen Sein (Gott) nähert, um so schneller verläuft die relative Zeit. Die Zeit verkürzt sich scheinbar. Im Mittelalter war die Lichteinwirkung und somit der Informationsfluß noch so gering, daß rd. 100 Jahre benötigt wurden, um das Wissen zu verdoppeln. Es ist noch nicht lange her, da benötigten wir dafür noch sieben Jahre. Aufgrund der schnellen Entwicklung in der Computerwissenschaft(-technik) benötigen wir hierfür heute lediglich 2 Jahre und 4 Monate, Tendenz sinkend.

Der Raum ist mit der Zeit verbunden. Der Informationsfluß bewegt sich durch das Raum-Zeit-Kontinuum immer schneller. Aus diesem Grund verkürzt sich scheinbar die Zeit und verkleinert sich scheinbar der damit zusammenhängende Raum. Für uns Menschen hat es den Anschein als würden sich die Zeitabläufe beschleunigen und die Effektivität des Seins zunehmen.

Um dies verständlicher zu machen, geben wir ein Beispiel: Vor einigen Jahren gab es schon Computer, welche die Größe eines Einfamilienhauses hatten, mit der Speicherkapazität von einem Megabit. Heute kann man diese in Taschenrechnerformat bekommen. Also: Immer mehr Information, benötigt immer weniger Raum, Tendenz sinkend. Am Ende unseres Weges sind wir wieder raum- und zeitlos, also im Hier und Jetzt, im ewigen Sein, eins mit Gott, in der real existierenden "ewigen" Welt. Wir haben die Illusion von Zeit und Raum überwunden und unsere Aufgaben in der materiellen Welt erfüllt.

Zum Schluß dieses Kapitels wollen wir noch kurz auf das Thema "Dimensionen" eingehen, wie sie an verschiedenen Stellen in diesem Buch verwendet werden. Mathematisch betrachtet ist z. B. die erste Dimension der Punkt, die zweite Dimension der Strich, die dritte Dimension umfaßt den Raum mit Länge, Breite und Höhe. Wir wollen uns aber mit dem philosophischen Aspekt der Dimensionen befassen. Philosophisch gesehen sind alle Dimensionen, von denen es 12 gibt, Bewußtseinszustände. Alle Bewußtseinszustände existieren gleichzeitig nebeneinander und sind miteinander verbunden. Sie unterscheiden sich durch ihre Frequenz und ihre Wellenlänge. Vereinfacht können wir uns das wie bei einem Fernseher vorstellen. Auch hier sind die einzelnen Programme durch unterschiedliche Frequenzen getrennt obwohl alle gleichzeitig existieren und auch über ein speziell ausgelegtes Gerät gleichzeitig abrufbar sind.

Als Menschen lebten wir bis vor einigen Jahren in der dritten Dimension. Dies ist die Dimension der Materie und der Zeitstruktur wie wir sie kennen; diese ist linear und setzt sich aus Vergangenheit, Gegenwart und Zukunft zusammen. In der heutigen Zeit befindet sich die Menschheit und mit ihr der Planet Erde in einer Transformationsphase am Anfang der vierten Dimension. In dieser vierten Dimension verstärken sich alle Emotionen. Auch die Illusion der Trennung zwischen Gut und Böse kommt gravierend zum Ausdruck. Die Polaritäten spitzen sich zu. Viele Menschen haben in dieser Übergangsphase oft das Gefühl Teile der Realität seien unwirklich, fast so wie in einem Traum.

Die vierte Dimension ist die letzte Dimension in der die Polarität eine bedeutende Rolle spielt. Die fünfte Dimension ist die Lichtkörperdimension; das bedeutet, jede Wesenheit ist sich ihrer Meisterschaft bewußt. Während sich in der dritten und vierten Dimension unsere Gedanken zeitverzögert manifestierten, realisieren sie sich hier bedeutend schneller und jeder Mensch erkennt den Zusammenhang zwischen Gedanken und Schicksal und reagiert dementsprechend. Jetzt wird allen bewußt, es gibt keine Täter und Opfer, jeder ist Schöpfer. Wer sich in dieses Thema vertiefen möchte, dem empfehlen wir das Buch „Zurück in unsere Zukunft....." von Bob Frissell und vor allem das Buch der „Lichtkörper Prozeß" von Tashira Tachi-ren.

# 4. Der Abbau von Schuld

In fast allen Medien der Welt werden täglich Berichte veröffentlicht, die in den Menschen starke Ängste und Schuldgefühle erzeugen. Im Zusammenhang mit unserer Ernährung, wird vorwiegend über Massentierhaltung, Legebatterien, Tiertransporte, düngen mit künstlichem Dünger, spritzen mit den verschiedensten Giften, schwere Krankheiten wie z. B. BSE durch den Verzehr von Rindfleisch, berichtet. All diese Veröffentlichungen pflanzen in die Tiefe der menschlichen Seele unbewußte Ängste und Schuldkomplexe ein. (Von Rudolf Steiner wissen wir, daß in pflanzenfressenden Tieren größte Disharmonien entstehen, wenn man ihnen tierische Substanzen als Nahrung gibt. Essen Menschen das Fleisch dieser Tiere, können schwere Krankheiten auf die Verzehrer übertragen werden).

Verzehrt nun ein so programmierter Mensch Speisen von Tieren oder Pflanzen, über deren Aufzucht negativ berichtet wurde, so suggeriert ihm sein Unterbewußtsein, daß diese Nahrung für ihn unbekömmlich und krankmachend sei. Andererseits: Nimmt ein Mensch irgendeine Nahrung zu sich und ärgert sich nach dem Verzehr darüber, daß er sich dazu hinreißen ließ, diese zu essen, oder macht er sich Vorwürfe darüber, daß er von den Speisen zuviel zu sich genommen hat, so entstehen in ihm Schuldkomplexe. Hierdurch wird auch die beste Nahrung zur krankmachenden Belastung.

Ein sich selbst bewußter Mensch weiß, daß alles was auf dieser Welt geschieht, so wie es geschieht richtig ist, und einem höheren Zweck dient. Viele Menschen haben Schuldgefühle in sich, wenn sie tierische Nahrung zu sich nehmen. Leid läßt sich aber durch Liebe und Licht umwandeln. Deshalb hüllen wir alle Wesen, Orte und Situationen, die mit diesem Leid in Zusammenhang stehen, in Liebe und Licht. Solange wir Informationen aus niedrig schwingenden Lebensmitteln benötigen, sollen, ja müssen wir diese auch zu uns nehmen. Sie werden uns weiter helfen, wenn wir sie mit Genuß und Freude verzehren.

Der entwickelte, gereifte Mensch wird nach und nach immer weniger tierische Nahrung zu sich nehmen wollen und immer mehr auf pflanzliche Kost übergehen. Nur durch freiwillig in Kauf genommene Mühe, kann Freude an unserer Entwicklung entstehen. Dieser

Vorgang muß bewußt vonstatten gehen; jeglicher Zwang oder falscher Ehrgeiz verkehrt alles ins Gegenteil.

Es ist zu beobachten, daß Vegetarier und noch öfter Veganer aufgrund des Verzehrs von vermeintlich höher schwingender Nahrung sich für besser halten als andere und auf ihre Fleisch verzehrenden Mitmenschen herunter blicken. Allein diese Gedanken transformieren die Schwingung des so handelnden Menschen so tief herunter, daß alle bisherigen Bemühungen in Bezug auf ethische Nahrungsaufnahme zunichte werden.

Schuldgefühle machen den Menschen machtlos, versetzen ihn in das Opferbewußtsein. In dieser Rolle fühlen sich die meisten Menschen recht wohl. Dem reifen Menschen jedoch ist es unwürdig, so zu denken und zu handeln. Für alles was wir denken, für alles was wir tun, für alles was auf uns zukommt müssen wir die volle Verantwortung übernehmen. Erst wenn wir das bewerkstelligen können, transformieren wir unser Schuldgefühl.

Jiddu Krischnamurti, ein großer Weisheitslehrer unserer Zeit hat das so ausgedrückt: "Wenn wir nicht bereit sind, für alles, für wirklich alles, was in unserem Leben geschieht uns verantwortlich zu fühlen, dann werden wir nicht die geringsten Fortschritte machen."

Schuldgefühle können auch von den Fehlern aus der Vergangenheit kommen, wenn wir an diese immer wieder denken. Was war, das war, hatte seinen Sinn und war vollkommen in Ordnung, so wie es war. Leben wir aber dem Augenblick, d. h. im Hier und Jetzt, dann treffen Vergangenheit und Gegenwart zusammen und bilden für uns die unmittelbare Zukunft. Nur hier herrschen absolutes Vertrauen, absolute Sicherheit. **Es ist sehr beruhigend zu wissen, daß wir alle ein Teil Gottes sind.**

Viele spirituell veranlagte Menschen sind der Meinung, wir befinden uns auf der Erde in der schlimmsten, niedrigsten Ebene, dem dichtesten "Vorposten" der Ewigkeit. Sie denken, daß alles was es auf der feinstofflichen Ebene gibt, viel besser sei als die materielle Welt. Für uns ist das Gegenteil wahr. Nur hier auf diesem wunderschönen blauen Planeten ist es möglich, z. B. eine Rose in die Hand zu nehmen und ihren herrlichen Duft in sich einzuatmen, oder herzhaft in einen aromatischen Apfel hineinzubeißen. Wer schon einmal an einer frisch gemähten Wiese im Juni vorbeigekommen ist, hat sich sicher vom Duft des Heues berauschen lassen. Oder wer kennt nicht die zauberhafte Stimmung in einem von der Sonne durchstrahlten Laubwald im Frühjahr und das erhabene Gefühl nach einem schwierigen Aufstieg auf einen Berggipfel?

Alle diese Eindrücke sind nur hier in der Materie möglich. Das hängt mit der Schwere, der Dichte der Materie zusammen. Alle Eindrücke hier in der Grobstofflichkeit sind dicht und intensiv. Je feinstofflicher, desto feiner, weniger einprägsam ist auch der Eindruck (für materielle Lebewesen ist dieses ein traumähnlicher Zustand).

Schuldgefühle lassen sich durch die Liebe zu uns selbst und damit auch zu allen anderen Wesenheiten kompensieren. Das Wissen darüber, daß wir eine göttliche Struktur haben, daß wir Aspekte Gottes sind, erzeugt in uns ein Bewußtsein bar aller Ängste und Schuldgefühle. Unser Gottesbewußtsein ermöglicht es uns, alles zu transformieren, alles in eine höhere Schwingung zu bringen, zu unserem Wohle, zum Wohle der getöteten Tiere und der Pflanzen, zum Wohle der geschundenen Erde, zum Wohle des ganzen Universums.

Dadurch werden wir zu der Entwicklungsstufe geführt, die bar jeglichen Schuldgefühls ist. Allen Menschen wird bewußt werden, daß Schuld als solche nicht existiert. Verstandesmäßig und logisch können es jetzt schon sehr viele Menschen begreifen. Bevor sie es aber leben können, werden sie immer wieder Schuld manifestieren bis sie es gelernt haben, darüber hinaus zuwachsen. Wir wissen, daß unsere Sprache eine gewaltige Kraft im gesamten Kosmos ist und daß sie als Klang auch Formen bildet. Es sind zwar auf den ersten Blick nur verbale Formen, sie wirken aber trotzdem manifestierend, gestaltend, erschaffend.

Um eine Welt ohne Schuld zu erschaffen, müssen wir nach und nach das Wort Schuld aus unserem Sprachgebrauch entfernen. Das bedeutet, daß das von uns so oft verwendete Wort "Entschuldigung" solange seine manifestierende, destruktive Kraft aufbauen wird, bis wir auf dessen Gebrauch zu verzichten gelernt haben und unsere Verhaltensmuster bewußt korrigieren. Wir möchten es mit einem Beispiel beleben, und verdeutlichen:

Wie uns Adam Mazur erzählte, hatte er sich in der Hauptstadt Nepals, Kathmandu, verlaufen. Seine Gruppe saß zwei Stunden lang in einem heißen Bus und wartete auf ihn. Alle warteten auf die übliche

Entschuldigung von ihm und brachten dieses auch zum Ausdruck. Als er der Gruppe aber mitteilte, daß er dieses nicht könne, reagierte sie mit Verständnislosigkeit. Bei seinem Vortrag am Abend ging er auf dieses Thema kurz ein, erklärte mit einigen Sätzen wie die Verspätung zustande kam und bedankte sich bei allen von ganzem Herzen für die ihm entgegen gebrachte Geduld. Die Teilnehmer verstanden ihn nun und konnten seine Erklärung leichter annehmen als eine Entschuldigung. Danach hat er sich bei seiner Reisegruppe für das ihm entgegengebrachte Verständnis bedankt.

Wer um Entschuldigung bittet, bittet darum, daß der nächste ihm sein Schuldgefühl abnimmt. So überträgt er diese Bürde auf die Schultern des andern. Dieses hat viel mit Unfreiwilligkeit, aber auch mit unangenehmen Gefühlen zu tun. Wer anderen Schuld gibt, oder wer sich ständig selbst schuldig fühlt, wirkt mit an der Verbreitung der Schuld. Mit der Beachtung dieses Themas verstärken wir das Schuldgefühl. Immer mehr Menschen nehmen diese Energie in sich auf. Die Zahl derer, die unter der Schuldenlast leiden müssen, wird immer größer. Wirken wir aber bewußt in die andere Richtung, tragen auch wir mit dazu bei, die Schuldenlast bei allen unseren Mitmenschen abzubauen. Wir helfen mit, bei allen immer mehr Verständnis für die Bedingungen des neuen Zeitalters zu wecken.

# 5. Transformation der Angst und Aggression

Die Kette der sicht- und fühlbaren Seinszustände hier auf unserem Lernplaneten beginnt mit dem Mineral und endet mit dem Menschen. Oberflächlich betrachtet erscheinen uns Steine als leblos. Daß auch im Stein Leben vorhanden ist, wollen wir mit folgendem Beispiel verdeutlichen.

Eine Kristalldruse, die im ungeöffneten Zustand einen grauen Steinklumpen darstellt, fasziniert uns, wenn wir diesen öffnen, durch Farbe und Glanz ihrer Kristalle. Wir wissen, daß Kristalle in für uns unglaublich langen Zeiträumen wachsen, daher besitzen sie also einen geheimnisvollen Stoffwechsel und somit Leben und Gefühl. In Streßsituationen drückt sich das in ihnen befindliche Leben, genau wie bei allen anderen Wesen in Aggression aus.

Beim Aneinanderschlagen zweier Steine entstehen Funken. Diese künden davon, daß im Stein Aggression vorhanden ist, die durch Gewalteinwirkung von außen frei wird. Schon die erste Manifestation der Materie, das Mineral birgt, wie wir gesehen haben, Aggression in sich. Der Stein selber wird durch aggressives Verhalten mancher Pflanzen, die über ihre Wurzeln Säuren ausscheiden, um das Mineral aufzulösen und in ihren Körper einzubauen, teilweise verzehrt. Allerdings kann die Umwandlung des Gesteins in neue Lebensformen auch durch tierische Einzeller geschehen.

Die Pflanze wiederum errichtet mit den Bausteinen aus dem Mineralreich, die unter anderem auch Angst und Aggression enthalten, ihre Körperstrukturen. Heute wissen wir, daß Pflanzen alle nur erdenklichen Emotionen haben. Wie C. Backster in seinem Buch "Das geheime Seelenleben der Pflanzen" schildert, reagieren diese sowohl auf Lob und Tadel, als auch auf Zuneigung und Ablehnung. Ja, sie haben sogar Angst, wenn sie merken, daß ihnen Blätter oder Äste abgeschnitten werden sollen. Sie entfalten sich optimal bei klassischer Musik und verkümmern bei Heavy Metal Musik.

Den nächsten Evolutionsschritt stellt das Tierreich dar. In der klassischen Nahrungskette verinnerlicht das Tier Informationen aus dem Mineral-, Pflanzen-, und Tierreich (Raubtiere). Somit manifestieren

29

sich auch alle Ängste und Aggressionen, die in den unbewußteren Naturreichen aufgebaut wurden, in den bewußteren Evolutionsbereichen. Durch diese Tatsache drückt sich im Emotionalverhalten jeder Tiergattung eine Facette des menschlichen Ausdrucks aus. So kennen wir die Treue des Hundes, die Sensibilität des Schweines, die Anmut bei gleichzeitiger Gefährlichkeit der Katzen, die Klugheit der Rabenvögel usw. Nach neuesten Erkenntnissen muß Delphinen und Walen eine Sonderstellung im Evolutionsprozeß eingeräumt werden. Sie haben die Gestalt eines Tieres, aber ihre Sprache als Kommunikationsmittel ist hoch differenziert und komplexer als die des Menschen.

Einerseits nehmen Tiere durch ihre Nahrung Aggressionen und Ängste in sich auf, die, wie wir sahen, als Informationen in Mineralien und Pflanzen vorhanden sind, andererseits bauen sie neue Ängste und Abwehrhaltungen durch das ihnen von den Menschen zugefügte Leid auf. Der heutige Mensch steht dem Tierreich noch viel näher als er es wahr haben will. Er stellt eine Übergangsstufe dar und ist somit noch nicht die Krone der Schöpfung. Wie ein roter Faden ziehen sich Aggression und Angst vom Mineralreich bis zum Menschen hoch. Wir können beides als Grundinformation der Materie betrachten.

**Das Evolutionsziel des Menschen ist die Transformation von Angst, Aggression und Egoismus des individuellen Bewußtseins hin zum allumfassenden kosmischen Bewußtsein; d. h., wir müssen unser kleines Egobewußtsein zugunsten des universellen Bewußtseins wandeln.**

Jakob Lorber (österreichischer Mystiker des 19. Jahrhunderts) beschreibt das folgendermaßen: Das gesamte Universum hat die Gestalt eines riesengroßen Menschen, den er als Weltenmensch (Makrokosmos) bezeichnet. Dieser setzt sich aus Atomen, Zellen und Organen zusammen wie wir dies auch vom menschlichen Körper (Mikrokosmos) her kennen. Jeder von uns ist Teil dieses Weltenmenschen und hat dafür Sorge zu tragen, daß es zu keinen Disharmonien in dessen Organismus kommt. Das bedeutet, daß jeder sich vervollkommnen muß, damit die kosmische Evolution voranschreitet. Jeder ist mit dem Ganzen verbunden und daher auch dafür verantwortlich.

Wie weit wir noch von diesem Ziel entfernt sind, zeigt uns der zur Zeit herrschende Egoismus auf der Welt, der sich in Kampfbereitschaft, Machtbesessenheit, falsch verstandener Globalisierung bei gleichzeitiger Abgrenzung gegen andere zeigt. Er ist ein Zeichen für einen

Tiefstand der menschlichen Entwicklung, der im Wassermannzeitalter überwunden werden soll. Der Mensch, der am Anfang seiner spirituellen Entwicklung steht, befindet sich weitgehend im Beeinflussungsfeld der Materie. Er hat sein Ego noch nicht überwunden und ist nicht im Gleichklang mit den Lernzielen die ihm von seiner Seele gestellt werden. Derjenige, der den Wandlungsprozeß nicht aus sich heraus vollziehen kann oder will, entscheidet sich für einen leidvollen Weg...

Das Thema Vereinheitlichung ist zur Zeit ein Hauptthema auf der Erde. Wir kennen alle die Schlagworte: Globalisierung, Zusammenschlüsse, Zentralisierung, Synergieeffekte usw. Im Grunde genommen ist gegen die Einheit nichts einzuwenden, denn alles ist ohnehin miteinander verbunden – alles ist eins. Vereinheitlichung zum Wohle der Menschheit wäre eine großartige Sache, denn unsere Aufgabe als Mensch ist es, daß jeder jedem hilft, daß der eine für den anderen da ist. Was aber geschieht zur Zeit? Alle Zusammenschlüsse und Globalisierungen sind ganz klar reine Egomaßnahmen. Hier steht noch nicht das Wohl des Menschen im Vordergrund, sondern das sich aufblähende Ego, der Gigantismus einzelner Personen. Zur Zeit werden Angst vor Arbeitslosigkeit, Krankheit, Vermögensverlust geschürt und dadurch im weiteren Verlauf Aggressionen aufgebaut. Weil die Verantwortlichen diese Schritte der Vereinheitlichung nur in Hinblick auf ihre eigene Machtausdehnung und Gewinnmaximierung vollziehen, werden langfristig die von ihnen beabsichtigten Ziele nicht erreicht werden können. Die Bewußtwerdung, die unter anderem darauf abzielt, mit der Erde und allen ihren Lebensformen in Harmonie zu leben, wird über die "Gewinnmaximierer" hinweg rollen.

Auch die Chemie- und Pharmaindustrie die zur Zeit dabei ist, einen großen Teil des Lebensmittelsektors zu übernehmen (das heißt, immer mehr Nahrungsbestandteile werden künstlich - in Großlabors - hergestellt), wird sich ihre Manipulationen auf Grund der immer schneller voranschreitenden Bewußtwerdung der Menschen nicht mehr lange leisten können. Durch den Grundsatz, "zu meinem und zu aller Wohl", werden wir fähig, Liebe und Urvertrauen in uns aufzubauen und Angst und Aggression loszulassen. Somit werden wir dem allumfassenden Bewußtsein gerecht.

Alles was auf unserem Planeten geschieht, unterliegt informativen Prägungen. Diese können gedanklicher oder materieller Art sein. Auf Grund der Polarität können sie sich positiv oder negativ auswirken.

Das Medium mit dem größten Informationsspeichervermögen ist hier in der materiellen Welt das Wasser. Wasser ist der Hauptbestandteil aller inkarnierten Wesenheiten. Der Mensch besteht in etwa zu 75 % (zu zwei Dritteln) aus Wasser. Beim Trinken gelangen alle Informationen, die sich in der Flüssigkeit befinden in den menschlichen Körper. Hier manifestieren sie in Kombination mit artspezifischen Gedanken ihre Auswirkungen.

In der heutigen Zeit können im Wasser folgende Informationen zusätzlich gespeichert sein: Chemische Rückstände, Pflanzengifte, Insektizide, Hormone, Urinstoffe, Nitrate, Phosphor und vieles mehr. Das Problem hierbei ist nicht so sehr die Verseuchung durch materiell sichtbare oder mit unseren Geräten erfaßbare Substanzen, denn diese könnten mit bekannten technologischen Möglichkeiten beseitigt werden, sondern die Umprogrammierung der molekularen Verbindungen (Clusterstrukturen), in denen allerlei Informationen gespeichert sind, die sich aus der vorherigen Verwendung des Wassers ergeben. Denken Sie dabei z. B. an die Tatsache, daß im Ruhrgebiet Trinkwasser bis zu dreimal verwendet wird – es wird zwischen dem Einsatz als Trinkwasser immer wieder materiell gereinigt und in den Untergrund zurückgeschickt. Dies löscht jedoch die Informationen nicht! Hier Helfen Geräte zur Energetisierung von Trinkwasser, wie sie z. B. Grander, Plocher und andere anbieten. Geeignet sind auch die sogenannten Purpurplatten oder Tachionenscheiben.

Bei den Pflanzen finden wir eine ähnliche Situation vor. Auch hier werden Informationen geändert (z. B. durch künstlichen Dünger, Spritzmittel usw.), aber auch neue, destruktive Informationen hinzugefügt. Vor allem aber prägt sich die Ausstrahlung und Abwehrhaltung der gepeinigten Erde (verursacht z. B. durch unnatürlich bearbeitete Böden, Atombombenversuche usw.) in die Pflanzen ein.

Tiere wiederum speichern einerseits die Informationen des Wassers andererseits die der Pflanzen. Neue werden auch hier hinzugefügt, z. B. durch die Qualen und Leiden der Tiere, vorwiegend durch die Massentierhaltung, dem inhumanen Tiertransport und der inhumanen Schlachtung. Aber auch durch die ungeheuer hohe Medikamentengaben und der nicht artgerechten Fütterung (z. T. mit Fäkalien).

Der Mensch, der am Ende der Nahrungskette steht, nimmt folgende Prägungen in sich auf, die er je nach Bewußtseinsstand mehr oder weniger leicht überwinden kann:

- die destruktive Schwingung des Trinkwassers
- die Abwehrhaltung der Erde (die sich z. B. in Erdbeben oder Vulkanausbrüchen und Wetterkatastrophen zeigt)
- die veränderte Urinformation der Pflanzen
- die panische Angst der Tiere
- die bis zum Kannibalismus getriebene Aggression der Tiere
- die Wirkung, der den Tieren verabreichten Hormone und Medikamente
- die Resignation der geschundenen Kreaturen
- die Information des sich nicht ernähren Könnens, des nicht verändern Könnens, der Hilflosigkeit und der körperlichen Schmerzen

Das Blut ist neben dem Wasser (Blut der Erde) der beste Informationsträger:
- Rot  -  die Farbe der Kraft
- Dunkelrot  -  die Farbe des Blutes  -  die Farbe der Aggression
- Hellrot  -  die Farbe der Liebe

**Je roter das Fleisch, desto aggressiver die Information.**
Aggression ist konzentrierte dunkelrote Lichtkraft. Diese wirkt teils allein durch Farbinformation, verstärkt aber noch durch zusätzliche Informationen, die im roten Fleisch der Landtiere gespeichert sind. Die Wirkung der dunkelroten Lichtkraft erzeugt im Blut des Menschen die negative Elektrizität. Diese verursacht die inneren Spannungen, die in der Breitenachse zum Ausdruck kommen.

Es gibt gewisse Situationen, die der Kraft bedürfen, die uns die rote Farbe übermittelt. Menschen, die sich mit festgelegten Aufgaben in die Inkarnation begeben haben, benötigen die Aggression um bestimmte Vorhaben, die Kraft und Durchsetzungsvermögen erfordern, zur Durchführung zu bringen. Aggression entlädt sich immer schlagartig, explosiv. Wird diese Energie unterdrückt, sammelt sie sich im feinstofflichen Körper und führt im physischen Körper zu Symptomen, die schwere Krankheiten signalisieren. Alle Informationen die wir zu uns nehmen, verursachen nicht nur auf der stofflichen, der materiellen Ebene, sondern auch auf der nichtstofflichen, der astralen Ebene, Wirkungen. Das heißt:

- **Angst ist eine seelische Krücke**
- **Angst ist der größte Krafthemmer**
- **Angst ist die Ursache aller Aggressionen**
- **Angst verhindert unser Weiterkommen in jeder Hinsicht**

Der große Dichter, Friedrich Schiller, sagte sinngemäß: "Wenn wir den Menschen all ihre Ängste nehmen, machen wir sie zu Göttern".

Wer die Furcht gemeistert hat, kann sein ganzes Schicksal ändern. Von diesem Menschen geht eine starke Strahlung der Energie, der Erkenntnis und der Liebe aus, welche die Haltung einer ganzen Welt erheben kann. Das klingt sehr gut, aber wie können wir diesen Prozeß einleiten? Jeder Mensch hat seine eigene Wahrheit, jeder filtert aus den ihm verfügbaren Informationen seine eigene Wahrheit heraus und baut dadurch seine eigene Welt auf. Das bedeutet, jeder von uns kann sein Weltbild so formen, daß er im Laufe der Zeit immer mehr Vertrauen zu sich selbst und somit zum Universum aufbaut. Hierzu werden in allen Kapiteln dieses Buches Möglichkeiten und Techniken in verschiedensten Variationen angeboten.

Die Umpolung von der Aggression zur Vitalität erreichen wir durch sportliche Betätigung, durch positive Gedanken, durch vegetarisch /ethische Nahrung die positive Elektrizität in sich trägt, sowie durch Visualisierung der weißen und der goldenen Lichtfarbe. Die umgepolte, konzentrierte dunkelrote Lichtkraft wirkt sich im Ätherischen und Astralen belebend aus. Die strahlend hellrote Lichtkraft ist leicht, sie vermittelt Güte und Liebe und vermischt sich gerne mit anderen Lichtenergien z. B. mit hellgelb. Zusammen ergeben sie die Lichtfarbe orange, welche sich auf uns erheiternd und Lebensfreude erweckend auswirkt. Darüber hinaus fördert sie unser Organisationstalent.

Vertrauen entsteht durch Wissen um die kosmischen Gesetze und deren Umsetzung in unseren Alltag.

# 6. Ernährung und Bewußtseinswachstum

Jede Zeit bedarf der ihr gerechten Verhaltensregeln. Das Fischezeitalter geht zu Ende, das Wassermannzeitalter beginnt. Dieses Zeitalter hat wie alle anderen auch seine eigenen Gesetze. In geistiger Hinsicht bedeutet dieses, Umwandlung, Gnade, Freiheit, Vergebung. Lichtenergetisch gesehen findet nun das Verschmelzen des saphirblauen solaren Strahls der Kühle, der Macht, des männlichen Prinzips mit dem rosa Strahl der Liebe, der Wärme des weiblichen Prinzips statt. Daraus entsteht der hellviolette solare Strahl, der uns die Transformation ermöglicht und mit dem Kronenchakra in Verbindung steht.

Das Bedeutendste in Hinsicht auf unsere Ernährung ist die höher werdende Schwingungsfrequenz. Dadurch benötigen wir neue Nahrungskombinationen und Lebenseinstellungen. Wir müssen es lernen, alte Ernährungsformen, Verhaltensregeln und Denkmuster loszulassen. Die in diesem Zeitalter benötigten Energien vermitteln uns leichte, sonnengereifte, sonnenlichtdurchflutete, lichtspeichernde Speisen. Durch Meditation und Kontemplation wird unsere Intuition verfeinert. Wir spüren dann in uns, was für uns persönlich zuträglich ist.

Es werden immer mehr Menschen freiwillig den Verzehr von tierischem Eiweiß und Gemüsen der "alten Zeit" reduzieren oder ganz darauf verzichten. Gemüse der alten Zeit sind: Porree, Kohl, Spinat, Kartoffeln, Kopfsalat, Zwiebeln und Knoblauch. Immer mehr Menschen werden sich der vegetarischen Kost zuwenden.

Wir haben uns hier auf der Erde inkarniert, um unser Bewußtsein weiter aufwärts, weg von der dichten Materie hin zur lichten Geistwelt zu entwickeln. Unser Planet befindet sich in der Polarität und ist allein schon deshalb geeignet, gegensätzliche Erfahrungen zu sammeln und sammeln zu lassen. Auf der Ernährungsebene können hier Informationen über eine hohe Zahl von Energiedichten gespeichert werden. Auf Grund der Polarität erkennt der Geist den Qualitätsunterschied der aufgenommenen Informationen; erst die Dunkelheit läßt uns das Licht erkennen. In Bezug auf unsere Ernährung bedeutet dies: Durch Krankheit und Leid, entstanden durch Ernährungsfehler, gewinnen wir neue Erkenntnisse und Einsichten und reifen daran.

Alles was wir im Laufe unseres Lebens erfahren, wird gespeichert. Auch jede Information, die wir aus unserer Nahrung beziehen. Dieses bringen wir zu irgendeinem Zeitpunkt als Quintessenz in die allumfassende, vollkommene Energie mit ein. **Ziel jeder Bewußtseinsentwicklung ist es, über die Polarität hinauswachsen.**

Seit sich unser Bewußtsein aus der Einheit gelöst hat, die Bibel nennt es: "Vertreibung aus dem Paradies", müssen wir zwischen Gegensätzen wählen. Wir gaben uns nicht damit zufrieden, alles so zu akzeptieren wie es war, sondern wir wollten die Geheimnisse des Lebens ergründen. Hierzu war nötig, unsere Seele mit dem Mantel der Materie zu umhüllen und in diese hinabzusteigen. Der Mensch muß seitdem in den verschiedenen Verkörperungen unzählige Situationen des materiellen Lebens erfahren. Wie oben beschrieben, erhöht sich zur Zeit die Schwingungsfrequenz des gesamten planetaren Lebens der Erde. Durch die erhöhte Schwingung beschleunigt sich das Bewußtseinswachstum eines großen Teils der Menschheit. Immer mehr Menschen erkennen nun ihr Ziel: **über die Polarität hinauswachsen.**

Wie können wir auf dem Ernährungssektor diesen Ausgleich herstellen? Im Fleisch und Blut des Menschen und der Tiere ist negative "Elektrizität" gespeichert (vgl. die Erläuterungen im Kasten auf der nächsten Seite; negativ ist nicht als abwertend zu betrachten). Im Gegensatz dazu ist im Wasser und in den meisten Pflanzen positive "Elektrizität" enthalten. Durch das Trinken von Wasser und den Verzehr von positiv geladenen Pflanzen bringen wir die "Elektrizität" (eine Art von Energie) in Harmonie, d. h. wir lassen zu, daß Strom fließt, wir bringen etwas in Bewegung, wir bauen Blockaden ab. Wie an anderer Stelle schon gesagt, bauen wir durch Gedanken des Neides, der Angst, des Hasses usw. ebenfalls negative Elektrizität auf. Ebenso fördert Bewegungsmangel und Trägheit negative Elektrizität. Mit Gedanken der Fürsorge, des Vertrauens, der Liebe usw. schaffen wir auf der Bewußtseinsebene den Spannungsausgleich. Aber auch maßvoll betriebener Sport sowie Bewegung in frischer Luft wirken ausgleichend. Schafft der Mensch den Ausgleich nicht, erhält er, um wieder in die Mitte zu kommen, eine Krankheit geschickt.

Die Folgerung aus oben gesagten: Die ideale Ernährungsform für den entwickelten Menschen ist eine Nahrung bestehend aus
- frischen, reifen Früchten, Nüssen, Gemüsen, Sprossen und Samen
- bewußt ausgeführter Bewegung in frischer, sauerstoffreicher Luft
- aufbauenden Gedanken und Emotionen

| **POLARITÄTEN** (aus Weise, Zur eigenen Kraft finden, S. 27, ergänzt) | |
| --- | --- |
| männlich | weiblich |
| aktiv | passiv |
| extravertiert | introvertiert |
| hell | dunkel |
| ausdehnend | zusammenziehend |
| yang (zentrifugal) | yin (zentripetal) |
| **positive Elektrizität** | **negative Elektrizität** |
| plus | minus |
| rechte Körperhälfte | linke Körperhälfte |
| vorausschauend | rückblickend |
| oberflächlich | tiefgründig |
| heiter | ernst |
| Sonne | Mond |
| Luft & Erde | Wasser & Erde |

Auf der Erde leben Menschen der verschiedensten Evolutionsstufen nebeneinander. Alle diese Menschen bedürfen der Informationen, um in ihrer Entwicklung voran zu kommen. Es wird vorhergesagt, daß die Erde bis Ende des kommenden Jahrhunderts ihre Schwingung weiter erhöhen wird. Dazu muß das gesamte Leben auf der Erde sein Bewußtsein erhöhen. Zur Zeit ist das Konzept des Bewußtseinswachstums vielen Menschen noch nicht einmal bekannt, geschweige denn, daß sie bewußt und aktiv daran arbeiten.

Diese Menschen sind nach wie vor damit beschäftigt, auf einer niedrigen Schwingungsfrequenz Informationen zu sammeln; dabei unterstützt sie die tierische Kost. Es sind dieses meistens Menschen, die schwere, anstrengende körperliche Arbeiten verrichten, aber auch solche, die eine gewisse Aggression benötigen, um ihre Aufgabe zu erfüllen, z. B. Soldaten, Bauarbeiter, Metzger, Landwirte, Politiker und Manager alten Stils und andere.

Menschen, die sehr wenig Elektrizität in sich haben und denen sich auf Grund ihrer Veranlagung nicht die Möglichkeit bietet diese aufzubauen, benötigen Fleisch in kleinen Mengen. Wir erkennen diese Menschen an ihrer geringen Breitenachse und relativ weichem Gewebe. Sie brauchen über Fleischverzehr zugeführte Elektrizität, wenn sie sich in der Welt behaupten wollen. In umgekehrter Weise sollten Menschen mit starker Breitenachse und relativ festem Gewebe fleischlose

Nahrung bevorzugen, da sie ohnehin schon viel elektrische Energie in sich tragen. Durch zusätzlichen Fleischverzehr würden sie ihre negative Elektrizität und ihre Neigung zu impulsiven Reaktionen verstärken. Werden diese Spannungen unterdrückt (und das ist fast immer notwendig), kommt es unter anderem zu Stoffwechselerkrankungen.

Eine sich selbst aufgezwungene fleischlose Kost ist schädlich. Fleischverzehrende Menschen befinden sich aus der Sicht vieler Esoteriker in der Regel auf den unteren Stufen der menschlichen Entwicklung, der Ebene des Genießens, Wünschens und Begehrens. Man sagt, diese Menschen denken vorwiegend an den Beischlaf, an reichliches und gutes Essen sowie an berauschende Getränke. Ihre Lebensziele sind äußerer Reichtum und Macht. Ihre Gesundheit möchten sie durch Pillen und Spritzen erkaufen. Es ist der Mensch, der sich noch voll im Materialismus befindet und nicht bereit ist, die Verantwortung für seine Handlungen zu übernehmen. Dies soll keine Verurteilung sein. Wir gehen alle durch diese Schulklassen; auch ist es uns bewußt, daß Gott in allem ist.

Der Mensch sollte seine Nahrung seinem jeweiligen Bewußtseinsstand anpassen. Versucht er umgekehrt seinen Bewußtseinsstand aus der Nahrung abzulesen, die er sich zugelegt hat, gelangt er in die Disharmonie (z. B. in spirituellen Hochmut). Hin und wieder findet man diesen bei Vegetariern.

**Es ist nicht möglich, einen höheren Bewußtseinsstand (höhere Schwingungsfrequenz) allein durch den Verzehr ethischer, pflanzlicher Kost zu erlangen. Ein höherer Bewußtseinsstand setzt edle Gedanken und Taten voraus. "Man kann sich nicht in das Himmelreich hineinessen"** (Hauschka).

Essen sollte, in welcher Form auch immer, ein Akt der Freude bleiben. Beim Speisen ist unbedingt auf positive Emotionen zu achten. Ein aufgezwungener Verzicht führt in die gedankliche Abhängigkeit und macht unfrei. Er führt immer zum Gegenteil von dem, was wir erreichen wollen. Vegetarische Kost, ohne die dazu passende geistige Einstellung macht noch keinen edlen, friedlichen oder hoch schwingenden Menschen aus.

Trotz aller spiritueller Weiterentwicklung befinden wir uns hier und jetzt immer noch auf dem Planeten Erde und werden nach den Schriften der Zeitlosen Weisheit, die allen bedeutenden Religionen und Philosophien zugrunde liegt, noch viele Millionen von Jahren hier bleiben – jedenfalls die meisten von uns. Wir sind ein wesentlicher Teil der Erde, sie ist nicht nur unsere Heimat, wir sind voll in sie integriert. Sie ist symbolisch unsere Mutter (lat.: mater, Materie, Mutter).

Erde und Menschheit sind also sehr eng miteinander verflochten. Das bedeutet aber nicht, daß sich die Erde überhaupt nicht weiter entwikkeln könnte, wenn die Menschen unter Einsatz ihres freien Willens dies zu verhindern suchten. Wenn wir uns der erhöhten Schwingung der Erde nicht anpassen und sie weiterhin ausbeuten und verwüsten, wird sie uns "Schwierigkeiten machen" (Erdbeben, Unwetter, Vulkanausbrüche, Überschwemmungen) und uns so zwingen, zu kooperieren. Wir sollten darauf bedacht sein, uns immer wieder mit ihr zu verbinden, zu "erden", d. h. möglichst engen Erdkontakt herzustellen. Dieses können wir erreichen z. B. durch Barfuß gehen, auf der Erde liegen, der Erde liebevolle Gedanken senden. Sie bietet uns die Nahrung für unsere Entwicklung.  Hierfür allein verdient sie schon unseren allerhöchsten Dank. Ohne Erdung würden wir unseren Gefühlen schutzlos ausgeliefert sein und würden uns in einem Meer von Emotionen verlieren.

Begibt sich der Mensch auf die Suche nach Höherem, wie z. B. dem Sinn des Lebens, seinem Ursprung oder seinen wahren Zielen, erhöht sich allmählich seine Schwingungsfrequenz. In dieser Phase ist es wichtig, darauf zu achten, daß aufgrund des Resonanzgesetzes die aufgenommene Nahrung der neuen Frequenz angepaßt wird. Dieser Anpassungsprozeß stellt sich bei den meisten Menschen ganz automatisch ein. Das bedeutet: Mehr Verlangen nach höher schwingender Kost, also nach mehr pflanzlicher Nahrung. Allerdings darf sich der Mensch, will er in der Harmonie bleiben, von den Argumenten der Werbung, die den Verzehr von tierischem Eiweiß propagiert, nicht mehr beeinflussen lassen. Auch sollte er sich diesbezüglich nicht durch seine nähere Umgebung dazu verleiten lassen.

Auf dieser Stufe beginnt der Mensch aus esoterischer Sicht, den spirituellen Pfad zu betreten. Instinkt, Handeln, Fühlen und Denken haben eine gewisse Integration erreicht, vernünftiges Handeln paart sich mit einem guten Gefühl im Bauch. Das Ego (das überbewertete Ich, die Persönlichkeit), wird immer mehr vom Du und vom Wir beeinflußt. Das Bewußtsein, daß Gott in Allem ist, ist erwacht. In der heutigen Zeit gelangen viele Menschen auf diese Ebene.

Der Mensch verfeinert sein Bewußtsein:

- wenn er sich auf seine göttliche Herkunft besinnt
- wenn er sich vermehrt mit höheren Zielen beschäftigt
- wenn er sein Potential erkennt und zum Wohle der Anderen lebt

Schwingt sich der Mensch auf dieser Ebene ein, verlangt er auch nach feinerer Nahrung. Manche Menschen verzichten zusätzlich auf Produkte des Tieres, d. h. sie bevorzugen nun eine vegane Kost ohne Eier, Milch und Milchprodukte. Im Prozeß der spirituellen Weiterentwicklung wird der Mensch irgendwann zu der Überzeugung gelangen, daß er ein göttliches Lichtwesen ist. Diese Bewußtwerdung erhöht seine Schwingungsfrequenz weiter. Das Verlangen nach subtiler Nahrung verstärkt sich. Er bevorzugt nun gespeicherte Sonnenenergie in Form von Früchten, Nüssen, Sprossen und Körnern (vor allem Dinkel), Meeresalgen und Blüten. Zusätzlich können Sonnenlichtfarben über die Speisen aufgenommen oder visualisiert werden. Dies ist eine fortgeschrittene Stufe der menschlichen Entwicklung. Die rote Phase des Lebenskampfes ist beendet, die blaue Phase des Vertrauens in die All-Liebe des Allerhöchsten hat begonnen.

**Vegetarisch - was bedeutet das?**

Vegetus kommt aus dem Lateinischen und sagt soviel aus, wie lebenskräftig, rüstig, vital. Vegetarisch ist also eine Form der Ernährung, die für Stärke und Lebenskraft steht - ganz im Gegenteil aller Schulweisheiten und landläufig verbreiteten Ansichten. Der griechische Philosoph Pythagoras sagte: "Die vegetarische Kost ist die Voraussetzung für den Frieden unter den Menschen".

Ein auf Fleisch verzichtender Mensch, der nicht aus seinem Innersten heraus ethisch handelt, ein Mensch also, der in sich die rote Farbe des Kampfes noch nicht umgepolt hat, ist unserer Meinung nach kein Vegetarier, sondern ein Mensch, der sich lediglich, aus welchen Gründen auch immer, fleischlos ernährt. Von diesem Menschen geht kein Friede aus. Wenn er noch das Verlangen nach Fleisch in sich trägt und dieses Verlangen unterdrückt, transportiert er seinen inneren Kampf nach außen. Ein so handelnder Mensch kann zum Quell des Unfriedens für sein Umfeld werden. Er integriert den Dogmatismus der Pflanzen, verhält sich oft uneinsichtig, starrsinnig und dominant.

Allerdings muß ein Mensch, der durch übermäßigen Fleischgenuß in die Disharmonie gekommen ist, für einen gewissen Zeitraum völlig auf tierisches Eiweiß verzichten. Er schafft so den Ausgleich, und verhindert, krank zu werden. Achtet er dabei bewußt auf die Reinheit seiner Gedanken, ernährt er sich zusätzlich mit Speisen, die positive Elektrizität enthalten (Wasser, Kräuter, Gemüse), kann er die Umpolung einleiten, um in eine harmonische Grundstimmung zu gelangen. Er hat dann den Grundstein für eine Umwandlung seines Inneren gelegt. Nach längerer Zeit wird dies auch in seinen äußeren Formen sichtbar werden. In diesem Zusammenhang ist es auch sehr wichtig zu wissen, daß uns nur "rechts drehende" Nahrung förderlich ist.

Wir wollen dies näher erläutern: Der Mensch, der im Grunde ein kosmisches Wesen ist, unterliegt solange, wie er auf diesem Planeten lebt, den Besonderheiten der Erde. Das heißt unter anderem, alle seine Zellen und Flüssigkeitssysteme sind, genauso wie die Erde, "rechts drehend". Aus diesem Grunde ist es für ihn förderlich, rechts drehende Nahrung zu sich zu nehmen. Die Erde ist in dieser Beziehung eine Ausnahme in unserem Sonnensystem. Als "rechts drehend" wird auf ihr in der Regel all das bezeichnet, was "in Harmonie ist" (mit sich selbst und mit dem Planeten). Dies trifft auf die meisten Lebewesen zu (mit wenigen Ausnahmen, z. B. den Katzen, die "links drehend" sind und den Delphinen, Walen, Affen und den Menschen, die "bipolar" sind, also die Anlagen für rechts und links in sich tragen). Die meiste denaturierte Nahrung ist für den Menschen schädlich, weil sie links dreht.

In jedem von uns ist die Kraft, mit der alles verwandelt und regeneriert werden kann. Mit seinen Gedanken hält jeder Mensch einen goldenen Schlüssel in der Hand. Will er Situationen meistern, muß er den Schlüssel nur in das richtige Schloß stecken. Wie wir wissen haben sich die Völker alter Hochkulturen Jahrhunderte lang vorwiegend vegetarisch ernährt und sich dabei bester Gesundheit erfreut. Die Unwissenheit über den Wert der vegetarischen Ernährung ist immer noch weit verbreitet. Woher kommt die Behauptung, daß vegetarische Ernährung zu Mangelerscheinungen führt? Z. B. durch Veröffentlichungen, wie die der Amerikanerin Frances Moore Lappé in ihrem Buch:" Diet for a small planet", aber auch aus der Unwissenheit über Ernährung im Allgemeinen.

Auch mit Kuchen und Torten aus Weißmehl, Schokolade, Cornflakes, raffiniertem Zucker, heißgepreßten oder mit chemischen Lösemitteln gewonnenen Ölen und vielen anderen denaturierten Lebensmitteln, kann der Konsum von tierischem Eiweiß umgangen werden. Diese Art des Vegetarismus (im Volksmund auch als "Puddingvegetarismus" bezeichnet), führt unweigerlich zu schweren Mangelerscheinungen. Man unterscheidet:

- **VEGANER:** diese lehnen jegliche tierische Nahrung ab, also auch Eier, Milch- und Milchprodukte. Um Probleme mit der Beschaffung von Kalzium, Eisen und dem Vitamin B12 (Wachstumsvitamin) zu lösen, wäre dieser Gruppierung die Technik der zusätzlichen Nahrungsaufnahme direkt aus dem Sonnenlicht zu empfehlen.

- **LACTOVEGETARIER:** die außer pflanzlicher Nahrung auch Milch- und Milchprodukte verzehren.

- **OVO-LAKTO-VEGETARIER:** die außer pflanzlicher Kost noch Eier und Milchprodukte verzehren.

Jeder Vegetarier sollte sich vollwertig, ernähren, ansonsten verspielt er den gesundheitlichen Vorteil der vegetarischen Lebensweise.

### Wie kommt das Bewußtseinswachstum in Gang?

Außergewöhnliche Ereignisse im Leben eines Menschen, die diesen innerlich sehr stark bewegen, erwecken in ihm das Verlangen, sein bisheriges Leben neu zu überdenken. Es beginnt ein innerer Prozeß der Neuorientierung. Auf der Suche nach höheren Werten kommen die verschiedenartigsten Formen der Lebensbewältigung auf ihn zu. Je nach Gedankenstruktur, wird das eine abgelehnt und das andere verinnerlicht. Zwangsläufig wird auch nach neuen Formen der Ernährung gesucht.

Auf diesem Sektor werden eine Unmenge von "gesundmachenden, schlankmachenden, fitmachenden" Diätmethoden angepriesen. Fast allen ist eines gemeinsam: Sie versprechen viel, können aber das was sie versprechen in der Regel nicht halten. Der Grund dafür ist ganz einfach: Es gibt nach René Egli ("Das Lolaprinzip") ein "universelles Gesetz", das besagt, "was ich beachte, das wächst".

Wenn ich z. B. nach einer Diät suche, um gesund zu werden, sage ich mir, daß ich nicht gesund, also krank bin. Ich beachte das Kranksein und verstärke es durch meine Gedanken und Gefühle. Oder ich lebe nach einer Diät, um schlank zu werden. Was suggeriere ich mir? Ich beachte in diesem Fall ganz eindeutig das "Zu-dick-sein". Also sage ich mir, ich sei zu dick. Ich schenke dem Dicksein meine Beachtung und nehme unaufhaltsam zu. Selbstverständlich reduziert sich nach einer strengen, einseitigen Diät (z. B. einer Eierdiät) anfangs das Gewicht, weil ich zu wenig Kalorien aufnehme, weil ich mich kasteie. Was passiert aber, wenn ich diese Diät beende? Mein Gewicht nimmt rasch wieder zu; in der Regel habe ich hinterher ein höheres Gewicht als vorher (der bekannte Jo-Jo-Effekt) und kann mich glücklich schätzen, wenn ich keine schweren körperlichen Schäden zurückbehalte.

Ein anderes Beispiel: Auf einer Bergwanderung lernten wir einen jungen Mann kennen. Dieser wollte mit aller Gewalt reich werden. Seine volle Aufmerksamkeit ging in die Richtung "Ich werde Geld haben, ich bekomme einmal viel Geld, ich werde reich sein". Ja, dieser Mann schleppte auch noch einen Kassettenrekorder und etliche bespielte Kassetten mit auf den Berg hinauf. Bei jeder längeren Rast stülpte er sich die Kopfhörer über und ließ sich mit folgenden Texten berieseln: "Ich werde reich, ich bekomme viel Geld". Auch hier findet sich der selbe Fehler: Ständig suggerierte sich dieser junge Mann: "Ich bin arm, ich lebe nicht in der Fülle". Das viele Geld, so teilte er seinem Unterbewußtsein mit, kommt irgendwann. Nur, er hatte vergessen zu sagen, wann es kommt.  Es erübrigt sich wohl zu erwähnen, daß dieser Herr bisher nicht zu Reichtum kam. Wenn er die Technik der Suggestion nicht ändert, wird er nie an sein Ziel gelangen.

Wir können eine Situation nur dann verändern, oder ein Ziel durch Suggestion erreichen, wenn wir unserem Unterbewußtsein ein
**"ICH  BIN ..."**
eingeben, und danach dem Thema über eine längere Zeit keinerlei Beachtung mehr schenken. Das Schlimmste was wir uns antun können, ist eine Sache verkrampft anzugehen. Generell möchten wir dazu bemerken, daß uns das Unterteilen in Positiv und Negativ an die Polarität fesselt. D. h. wir kommen immer mehr in die Bewertung, also immer weiter weg von der Harmonie. In Verbindung mit der Vervollkommnung unseres Bewußtseins und im Zusammenhang damit mit der dafür benötigten Lebensmittelauswahl bedeutet dies: **"Niemals verkrampft oder mit Gewalt eine Sache erreichen wollen".**

Ein Beispiel: Solange ich mit meinen Gedanken die Gefühle beherrschen will, solange bin ich nicht in der Lage auf meine innere Stimme zu hören und zu mir selbst zu stehen. Gefühle lassen sich auf Dauer vom Verstand nicht zügeln, unterdrücken oder beherrschen. Sie dienen aber der Einheit, die ich bin, als tragendes Element.

**Wenn ich zu mir stehe, mich so wie ich bin annehme, lebe ich im Vertrauen, was weder meine Gedanken noch meine Gefühle verkrampft.** Ich orientiere mich an meiner inneren Stimme, an meinem höheren Selbst, weder beherrsche noch bekämpfe ich alles was mir zugetragen wird. Wenn ich mich so verhalte, kommt nach dem Resonanzgesetz nichts auf mich zu, was mir schaden könnte.

**Lichtenergetisch betrachtet wird die blaue Farbe als tragendes Element hell und leuchtend. Sie vereint sich mit dem hellgelb leuchtenden Gedankengut sowie mit dem hellrot leuchtenden Willensgut meiner durchgeistigten Persönlichkeit.**

Je länger ich diese Idealstimmung halten kann, desto gesünder und harmonisierender wirke ich auf mein Umfeld. Jede Art von Positivismus der in meinen Gedanken entsteht, wird immer urteilen müssen und dadurch die Polarität bilden. Polarität bewirkt Disharmonie, Verspannung und Drang nach dem Fortschritt, weil die Unzufriedenheit im Sein diese Ziellosigkeit bewirkt. Ziellosigkeit deshalb, weil Fortschritt immer die nächste Ebene des Fortschrittes nach sich zieht.

Disharmonie bewirkt nach dem Resonanzgesetz wieder Disharmonie. Aus diesem Kreislauf auszusteigen war und ist die Grundlage aller Religionen und aller geistigen Bewußtseins-Erweiterungs-Lehren. Wir folgern daraus, daß wir der Bewußtseinserweiterung nicht zu viel Beachtung schenken, ihr also locker entgegen sehen sollten. Die Aufwärtsentwicklung wird sich von ganz allein einstellen, wenn man sich dieses wünscht, aber nicht ständig daran denkt. Dieses gilt für alle Situationen im Leben. Voraussetzungen sind:
- wir sollten uns so akzeptieren, wie wir sind
- wir sollten uns selbst so lieben, wie wir sind

Unsere Weiterentwicklung ist nur dann gesichert, wenn wir wissen,
- daß wir in den Weiten des Universums einmalig sind
- daß wir in unserem Inneren suchen müssen
- daß auch in uns ein göttlicher Funke (eine unsterbliche Seele) ist
- daß wir in Wirklichkeit diese Seele sind

Das Wunder: "Wir essen uns unsere Höherentwicklung einfach so an, wie einen dicken Bauch", gibt es nicht. Solange wir im Außen suchen, solange kommen wir nicht an unsere Ziele. **Alles, was wir ändern wollen, müssen wir zuerst in uns selbst verändern.** Hier liegt das

Geheimnis. Eine Möglichkeit unseren inneren Reifungsprozeß zu beschleunigen, liegt in dem Wissen um die richtige Form der Nahrungsaufnahme.

Die Nahrungsaufnahme beginnt bereits beim Anblick der Speisen, sowie durch deren Geruchswahrnehmung. Hier werden subtile Stoffe, z. B. ätherische Öle über unser Nervensystem an das Gehirn und an die feinstofflichen Körper abgegeben. Zu diesen ätherischen, subtilen Stoffen gehören unter anderem die Duft-, Aroma- und Farbstoffe unserer Nahrung.

Die Nahrungsaufspaltung (Verdauung) für den physischen Körper beginnt bereits im Mund. Voraussetzung ist: gründliches Kauen und Einspeicheln der Speisen. Durch den Speichel werden bereits beim Kauen Mehrfachzucker in Einfachzucker zerlegt. Darüber hinaus gehen Informationen über das Lymphsystem an die inneren Organe (z. B. Leber, Bauchspeicheldrüse), damit diese die für die Verdauung im Dünndarm benötigten Enzyme bereitstellt. Mit anderen Worten: Jede Nahrung trägt die für ihre Aufspaltung benötigten Informationen von Natur aus in sich. Das ist auch ein Grund dafür, daß wir nicht zu viel verschiedene Lebensmittel miteinander kombinieren sollen. Es werden sonst unsere Enzymsysteme überfordert.

**Hier wird die Gefahr der genmanipulierten Lebensmittel offensichtlich. Sie bringen auf Dauer gesehen, unser gesamtes Körpersystem in Disharmonie, weil sie unseren Verdauungsorganen Informationen übermittelt, welche diese nicht kennen.** Aufgrund der immer stärker auf den Markt drängenden Nahrungs-Erzeugnisse aus genmanipulierter Herstellung sowie der Möglichkeit die Deklarationsvorschrift für genmanipulierte Erzeugnisse ohne die geringsten Schwierigkeiten zu umgehen, wollen wir auf dieses Thema etwas ausführlicher eingehen.

Vordergründig und rein materiell betrachtet und mit den nötigen werbewirksamen Argumenten vertreten, erscheint der Austausch von Genen und das damit verbundene Verändern der Eigenschaften einer Pflanze oder eines Wesens in Richtung auf speziell gewünschte Eigenschaften durchaus vorteilhaft zu sein. Wer jedoch die Nutznießer dieser Vorteile sind, in wieweit das Allgemeinwohl betroffen wird und andere Fragen in Zusammenhang mit der Gentechnik können Sie der Schrift "12 Fragen und Antworten zur Gentechnik in Lebensmitteln" entnehmen, das von Greenpeace herausgegeben wurde.

Umweltgifte, die der Mensch bisher in die Natur eingebracht hat, so negativ sie sich auch auf ihr Umfeld auswirken, sie lassen sich bis auf radioaktive Rückstände immer wieder eingrenzen bzw. abbauen, wenn auch oft über lange Zeiträume und verbunden mit vielen Schäden. Anders verhält es sich mit genmanipulierten Produkten. Hier werden Pflanzen, Bakterien, Viren usw. nicht durch natürliche Kreuzung (nach den Mendel`schen Gesetzen) verändert, sondern wahllos zwischen Pflanze und Tier hin und her kombiniert. Der Unterschied zwischen natürlicher Züchtung und Genmanipulation ist folgender.

Natürliche Vererbung und Kreuzung kann ausschließlich in der gleichen Gattung geschehen. Es ist nicht einmal möglich, eine Kartoffel mit einer Rübe zu kreuzen, obwohl beides Pflanzen sind und zudem auch noch unter der Erde wachsen. Um so weniger läßt sich die Tomate mit einem Tiefseefisch kreuzen, etwa um die Tomate frostresistent zu machen. Mit der Gentechnik erscheint jedoch alles möglich. Hier werden Zellinformationen aus beliebigen Arten und Naturreichen in den Zellkern anderer Arten eingebracht. Es könnten theoretisch menschliche Zellkerne mit Genen von Katzen verschmolzen werden, um z. B. ein menschenähnliches Wesen zu schaffen, das auf Grund seiner Krallen auf Bäume klettern könnte.

Zur Zeit steht die Gentechnik noch am Anfang und trotzdem gibt es schon eine Unzahl genmanipulierter Nahrungsbestandteile. Die traurige Geschichte der Genmanipulation führt der US-Chemiekonzern Monsanto an; von diesem wurden Sojabohnen gentechnisch so verändert, daß sie gegen ein "Unkrautvernichtungsmittel" des gleichen Konzerns resistent wurden, mit dem Erfolg, daß die Anbauflächen noch stärker und einseitiger belastet werden. Von wissenschaftlicher Seite aus wird behauptet, daß die Gentechnik beherrschbar sei und keinerlei Gefahren hervorrufe. Kurz gesagt, man wisse, was man tue. Daß dieses nicht der Fall ist, wollen wir an zwei Beispielen belegen, die wir dem Informationsblatt "Einkaufsnetz" von Greenpeace, Oktober 1997 entnehmen.

- Die Firma Monsanto fütterte Kühe mit ihren manipulierten Sojabohnen. Auf unerklärliche Weise stieg der Fettgehalt der Milch an.

- Gentechniker pflanzten Sojabohnen Gene von Paranüssen ein, um den Nährwert der Bohnen zu steigern. An der Universität von Nebraska wurde festgestellt, daß diese Sojabohnen nun auch die paranußspezifischen Allergene übertrugen.

Das Einschleusen fremder Gene kann neue, unserem Körper unbekannte Aminosäuren und somit unbekannte Eiweiße entstehen lassen. Auf Grund der Tatsache, daß unser Körper auf ihm unbekannte Proteine in der Regel mit Abwehr reagiert, können durch Manipulation neu erschaffene Eiweiße nicht nur die Ursache für Verdauungsprobleme sein, sondern auch Allergien auslösen. Das durch den Abwehrkampf geschwächte Immunsystem läßt dann andere Krankheiten zu; somit wirkt genmanipulierte Nahrung indirekt krankheitsfördernd.

Durch Pollenflug kann es zu Vermischungen von Wildpflanzen mit gentechnisch veränderten "Nutzpflanzen" kommen. Die neu entstandenen Pflanzengattungen könnten die Anbauflächen überwuchern und müßten unter Umständen mit großen Mengen von Vernichtungsmitteln bekämpft werden.

In Deutschland ist Genmanipulation noch nicht frei und undeklariert zulässig. Auch gibt es seit 1997 den EU-Erlaß, daß genmanipulierte "Lebensmittel" kennzeichnungspflichtig sind. Aber wo viel Geld zu verdienen ist, werden Gesetze von abhängigen Politikern den Wünschen der Industrie angepaßt. Ein Blick in die Tagespresse zeigt uns, wie so etwas abläuft. Im Falle der Deklarationspflicht genmanipulierter Nahrung weicht der Nachsatz – "aber nicht für Lebensmittel in denen Genmanipulation nicht nachweisbar ist" - alles wieder auf. Auf den ersten Blick könnte man meinen, o. k., was nicht nachweisbar ist, kann auch nicht schaden. Aber wir wissen, daß die Information zählt. Aus der Homöopathie wissen wir, daß die Wirkung eines Medikamentes mit dessen Verdünnung (Potenzierung) wächst.

Die Vorschrift der Nachweisbarkeit sieht wie folgt aus: Nicht zu deklarieren sind z. B. von genveränderten Bakterien produzierte Stoffe wenn diese Lebensmittel zugeführt werden. Dies gilt auch für pflanzliche Bestandteile, die weiterverarbeitet werden, z. B:

- Genmanipulierte bakterielle Mikroorganismen produzieren Enzyme; diese finden auch in Deutschland in der Brot- und Marmeladenherstellung Verwendung, ohne daß darauf hingewiesen werden muß. Andere genmanipulierte Mikroorganismen scheiden Milchsäure aus, die Joghurt schneller reifen lassen soll.

- Erzeugnisse direkt aus der genveränderten Sojabohne wie Öl und Sojamehl sowie die daraus hergestellten, Nahrungsmittel, Majonnaise, Brot, usw. sind deklarationsfrei. Auch bei Produkten, die

unter Verwendung des aus Sojaöl gewonnenem Lecithins hergestellt werden entfällt die Kennzeichnungspflicht. Hierzu zählen Nahrungsmittel wie Kakao, Schokolade, Milch, Speiseeis, Kuchengla-
suren, Salatsaucen, Suppenwürze, Brot usw. Vielen Tierfuttermit-
teln ist genmanipuliertes Soja beigemengt.

- Zur Käseherstellung wird das im Kälbermagen vorkommende Enzym Lab benötigt. Gentechnikern gelang die Isolierung des Gens
Prochymosin aus dem Kalbsmagen; sie übertrugen dieses Gen in
das Bakterium Escherichia coli. Dieses genmanipulierte Bakterium
produziert nun das an Stelle von Lab verwendete Chymosin. In der
Bundesrepublik Deutschland ist dessen Verwendung zwar nicht
zulässig, aber Käse, der aus Italien, Belgien, Dänemark, Holland,
Portugal, Norwegen, Schweden, England, Ungarn und der Schweiz
importiert wird, kann unter Verwendung von Chymosin hergestellt
sein. In den USA ist Chymosin seit 1990 zugelassen. Der Marktan-
teil lag 1997 bei 60%.

Schauen wir einmal in die Regale der Kaufhäuser: Pizza und Käse aus
Italien, Milcherzeugnisse aus Holland und Dänemark, Wein aus Frankreich, Bier aus England, usw. Addieren wir die Halbfertigkomponenten
deutscher Nahrungshersteller hinzu, die diese im Ausland beziehen,
dann stellt sich die berechtigte Frage, ob in Deutschland erzeugte
Endprodukte wirklich genmanipulationsfrei sind. Erschreckend ist,
daß sich einer der größten Nahrungsmittelhersteller, der unter anderem auch Babykost produziert, offen zur Genmanipulation bekennt.

Auf der körperlichen (physischen, materiellen) Seite werden wir einerseits durch neu entstehende Eiweiße Verdauungsprobleme bekommen. Andererseits werden Viren, die aus reiner Nukleinsäure bestehen, die Erbsubstanzinformationen enthalten kann, mit speziellen
Mustern verändert und bevorzugt als Überbringer von Informationen
eingesetzt.

**Die durch Genmanipulation entstehenden widernatürlichen Ei-
genschaften benötigen für ihre Aufschließung im Verdauungstrakt speziell abgestimmte Enzyme. Diese stehen aber
nicht zur Verfügung; der Organismus gerät in Unordnung.** So
entstehen Allergien und andere schwere Krankheiten. Wir wissen um
die Gefährlichkeit der Viren, es erübrigt sich die Frage, was alles geschehen kann, wenn manipulierte Viren frei werden und ungehindert
künstliche, unbekannte Krankheiten oder Seuchen verbreiten.

Wie wir an anderer Stelle berichtet haben, hat alles zwei Seiten, eine materielle und eine geistige. Wir gehen nun auf die unserer Meinung nach tiefgreifenderen Wirkungen auf unsere seelischen und geistigen Strukturen ein, die durch genmanipulierte Nahrung hervorgerufen werden können. Wie wir wissen, steht alles in Wechselwirkung miteinander und unsere Nahrung besteht nicht nur aus Kalorien und anderen grobstofflichen Bestandteilen. Sie ist vielmehr in erster Linie Information, sie hat eine geheime Botschaft. Wenn wir sie essen, integrieren wir diese Informationen in unser Zellgedächtnis.

Der Geist, der die Form bestimmt, bedient sich beim Aufbau seiner Strukturen dieser Informationen. Alles was lebt unterliegt ständigem Wandel. Nicht nur unser sichtbarer Körper, sondern primär unsere unsichtbaren, feinstofflichen Körper werden entsprechend unserer geistigen Grundveranlagung unter Verwendung der im Lichtkern der Zellen gespeicherten Informationen ständig neu aufgebaut. Hier setzt die destruktive Wirkung genmanipulierter Nahrung ein. Verzehren wir z. B Gemüse, dem ein Gen zur langen Haltbarkeit eingesetzt wurde, so handelt es sich dabei um ein Gen, welches das Reifen des Gemüses verhindert. Wir nehmen also in diesem Fall mit dem Gemüse die Information des Nichtreifens, des nicht Weiterkommens, in uns auf. Wie wir leicht feststellen können, ist es "theoretisch gesehen" möglich, daß wir über unsere tägliche Nahrung lenkbar, manipulierbar sind.

**Unserer Überzeugung nach ist hier auch die Ablehnung der Genmanipulation breiter Bevölkerungskreise begründet. Menschen, bei denen noch nicht alle Teile ihrer naturgegebenen Intuition verschüttet sind, verspüren zu Recht ein großes Unbehagen bei dem Gedanken an genmanipulierte Nahrung.**

# 7. Die Qualität des Lichtes in unserer Nahrung

Unsere Nahrung sollte aus **Lebens**mitteln bestehen, aus Mitteln zum **Leben**! Wir brauchen sie in feinstofflicher (subtiler) oder grobstofflicher Form, je nach unserem Bewußtseinsstand. Das bedeutet, je "lichter" unser Bewußtseinszustand, desto höhere Lichtkonzentration muß unsere Nahrung haben (zur Grenze zwischen dem grob- und feinstofflichen Bereich siehe das Buch "Die Sieben kosmischen Strahlen" von O. Weise).

**Alles was existiert ist Energie. Auch alles was wir essen ist Energie. Wir benötigen sozusagen frische Energieformen, um verbrauchte Energien zu ersetzen.** Im Universum gibt es jedoch keinen Verbrauch von Energien, es gibt nur ein Fließen von Energien. Wenn wir hier von Energieverbrauch schreiben, so meinen wir lediglich die Energien, die unser Körper aufnimmt und umwandelt und in umgewandelter Form weiter fließen läßt.

Nach diesem Prinzip funktioniert das ganze Universum. Jedes Wesen, das existiert bedarf der Ernährung. So benötigen z. B. feinstoffliche Wesenheiten, menschliche Emotionen, um sich davon zu ernähren. Wir Menschen stärken und kräftigen die Himmelsbewohner mit Emotionen wie Freude, Glück, Liebe und Vertrauen. Mit Gefühlen wie Zorn, Depression, Haß und Angst ernähren wir die Schattenwesenheiten. Wir erkennen daraus, wie groß unsere Möglichkeiten der Einflußnahme auf den Ablauf der Ereignisse in allen Dimensionen ist. Aber auch die große Verantwortung jedes einzelnen von uns für alles was auf der Welt und anderswo geschieht, wird uns dadurch bewußt.

Energie beruht auf Schwingung. Mittel zum Leben sind demnach Schwingungen differenzierter Frequenzen. **Es ist ein großes Geheimnis, daß die Nahrungsaufnahme nur vordergründig eine Aufnahme von Brennstoffen (Kalorien) bedeutet, dahinter steht die Verinnerlichung von Informationen und Bewußtseinsinhalten. Je weiter der Mensch von seinem Evolutionsziel entfernt ist, desto größer ist sein Verlangen nach grober und dichter Nahrung. Gedanken, Worte und Handlungen entsprechen somit seinen inneren Strukturen, die in Resonanz mit den Informationen stehen, die er seiner Nahrung entnimmt.**

Mit unserer Nahrung nehmen wir als grobstoffliche Wesenheiten nicht nur Energien zu uns, um "verbrauchte" Energien zu ersetzen, sondern wir nehmen die Informationen des Bewußtseins der Pflanzen oder Tiere, die uns als Nahrung dienen in uns auf. Wir integrieren also jene Informationen, die diese in ihrem Licht gespeichert haben in unsere Körper, sofern deren artspezifische Eigenschaften mit unserer gedanklichen Grundtendenz im Einklang sind. So entnehmen wir z. B. den Pflanzen die Subtilität der Friedfertigkeit, wenn wir Friedfertigkeit in uns tragen, wir übernehmen von ihnen deren Kampfbereitschaft (Aggressionen) und deren Dogmatismus, wenn wir selber kampfbereit und dogmatisch sind. Sture, starrköpfige Menschen holen aus den Pflanzen die Charaktereigenschaften heraus, die mit ihren eigenen korrespondieren.

Einige interessante Techniken haben Pflanzen aus ihrer Standortgebundenheit heraus entwickelt. So wissen wir, daß es Pflanzen gibt, die mit allen möglichen chemischen Kampfstoffen ihr Terrain verteidigen bzw. ausweiten. Andere verhindern das Wachstum ihrer Konkurrenten, in dem sie diesen das Licht durch Verdrängung nehmen. Die geheimnisvolle Welt der Pflanzen läßt uns ständig neue Wunder entdekken. Bäume haben z. B. eine Überlebensstrategie entwickelt, die sie befähigt, auch auf Störstellen (Erdverwerfungen, Erd- und Wasserstrahlen, Elektrostrahlen) zu überleben. Ihre Wuchsform weicht dabei jedoch von derjenigen auf normalen Standorten ab.

**Was ist das für eine Strategie?**
Die Y-Form ist das Symbol, welches die Kraft aus dem Kosmos zieht. Y-förmige Verästelungen an Bäumen weisen z. B. darauf hin, daß diese auf Störstellen wachsen. Die Pflanzen benötigen die kosmische Kraft auf Grund ihrer Ortsgebundenheit zum Überleben auf Plätzen der Lebenskraftminderung. Das Gegenteil vom Y-Symbol ist das Zeichen der bittenden Hände, durch dieses Zeichen wird Kraft, Macht abgegeben. Allerdings wird dadurch auch Platz für neue Kräfte geschaffen, auf deren Qualität wir voll Einfluß nehmen können.

Nehmen wir ein Beispiel: Ein "Aura"videogerät zeigt mir auf der Leinwand die Bewegung des elektromagnetischen Feldes eines Menschen in Farbe. Ich setze verbale, bewußt ausgewählte negative Impulse in den Raum, die meinen Probanden ärgern sollen. Tatsächlich sehen wir beide, er und ich, daß seine Aura sich auf der weiblichen, also aufnehmenden linken Körperseite verändert, verdunkelt, verdichtet, verkleinert. Danach sage ich sofort, daß dies nur eine Probe, Prüfung

53

war und in Wirklichkeit sei er ein phantastischer Mensch. Darauf wirken sich diese Komplimente aus. Seine linke Seite verändert sich wieder. Die weibliche Seite wird entspannter, leuchtender, heller, größer. Man könnte meinen, ich hätte seine "Aura" verändert. Dies trifft aber nicht zu. Die Veränderung hat er selbst durchgeführt, auf Grund von meinen unterschiedlichen Impulsen. Ich kann ihm also seine Energie nicht rauben, auch nicht eine andere Energie hinzufügen. Nur er allein ist in der Lage seinen ätherisch astralen Zustand zu verändern. (Anmerkung: die sogenannten "Aura"kameras zeichnen nicht die feinstoffliche Aura sondern nur elektromagnetische Felder auf!)

Je bewußter der Umgang mit der eigenen Lichtfarbenenergie ist, desto glücklicher werden die annehmenden und tragenden Aspekte der Persönlichkeit aufgebaut. Wenn sich Jemand energetisch schützen möchte, braucht er nur seine Liebe zu vergrößern, das heißt, den Respekt vor sich selbst zu stärken und damit vor jedem anderen Menschen auch. In diesem konkreten Fall bräuchte ein Proband auf Grund der positiven Impulse denkend und fühlend diese nur anzunehmen und die Dankbarkeit mir gegenüber eventuell verbal zu äußern.

Bei den negativen Impulsen müßte er mir klarmachen, daß er sie nicht annehmen kann, denn sonst würde sich seine "Aura" verdunkeln, verkleinern verdichten. Er akzeptiere und respektiere meine Meinung, aber meine Meinung ist nicht seine und dadurch findet auf der linken Auraseite auch keine Veränderung statt. Auf der Bewußtseinsebene wird eine Stärkung sichtbar werden (Adam Mazur).

Es ist zu beachten, daß ein Kritiker, der jemanden kritisiert, der noch nicht soweit entwickelt ist, diese Kritik umpolen zu können, an der Verdunkelung der Aura des Kritisierten und den daraus entstehenden Folgen zumindest mitverantwortlich ist. Darüber hinaus baut er karmische Verflechtungen auf.

Bewußtseinsinhalte, die wir mit tierischer Nahrung zu uns nehmen entsprechen dem artspezifischen Grundcharakter des jeweiligen Tieres. Details darüber sind im Kapitel "Fragen und Antworten" zu finden. Je niedriger die Schwingungsfrequenz, in der wir uns befinden, desto stärker ist unser Verlangen nach niedrigen Energieformen, mit denen wir unseren Körper wieder aufladen. Hierzu zählen: Fleisch, Fertigprodukte, manipulierte, künstlich veränderte Nahrungsformen.

Steht der Mensch am Anfang seiner Bewußtwerdung bedarf er verstärkt der Information aus tierischer Nahrung. Seine niedrigen Bewußtseinskräfte sind auch besonders geeignet, Fleisch zu verdauen, da es nur ein Naturreich unter ihm steht. Für die überwiegende Verdauung von Pflanzennahrung ist ein höherer Bewußtseinsgrad nötig. Am meisten Bewußtseinskraft benötigt der Mensch zur Verdauung von Mineralstoffen aus rein anorganischer Umgebung – sie stehen drei Stufen unter ihm. Nach Rudolf Steiner kann der Mensch zur Zeit als einzigem Mineral nur etwa 3g Kochsalz täglich verdauen – d. h. so umwandeln, daß es in lebende Zellen seines Körpers eingebaut werden kann. Die Zufuhr von Mineralien und Spurenelementen sollte deshalb immer über den Verzehr von Pflanzen laufen.

Jeder sollte aber auch wissen, daß er beim Verzehr von Fleisch, Eiern, Milch- und Milchprodukten alle darin abgelagerten toxischen Stoffe, wie Insektengifte, Pflanzengifte und sonstige den Stoffwechsel störende Toxine, sowie alle Informationen, d.h. Ängste, Aggressionen, die das Tier während der Aufzucht, dem Transport und bei der Schlachtung erlitt, in sich aufnimmt.

Er nimmt aber auch Purine und Cholesterin, sowie alle Medikamentenrückstände, die vorwiegend bei der Massentierhaltung eingesetzt werden, um ein Überleben der Tiere auf engstem Raum zu ermöglichen, in sich auf. Darüber hinaus belasten ihn auch noch Hormone, die den Tieren verabreicht wurden, um ein schnelleres Wachstum zu gewährleisten. Diese Nahrung enthält sehr wenig Licht-Energie-Lebenskraft. Die wenigste Lebenskraft enthalten genmanipulierte und künstlich veränderte oder künstlich hergestellte Nahrungsmittel - ja, sie können sogar als lebensfeindlich bezeichnet werden.

**Gerät der Mensch in Dauerstreß, findet er nicht mehr zur Ruhe und Gelassenheit zurück, um diesen Streß zu kompensieren. Macht er sich über einen längeren Zeitraum negative Gedanken (Neid, Haß, Angst, Zweifel), manifestieren sich Symptome in seinem Körper, die je nach Art der destruktiven Gedanken und der dazu passenden Nahrung an den dafür prädestinierten Körperstellen erscheinen. Dabei spielen persönliche Veranlagungen ebenfalls eine Rolle.**

Auch wenn wir zuviel tierische oder pflanzliche Nahrung essen und uns darüber Selbstvorwürfe machen, kann es zu oben genannten Problemen kommen. Das richtig eingesetzte Essen ist das allerbeste, preiswerteste, und wirksamste Medikament. Das wußte schon Hippokrates, indem er sagte: **"Die Nahrung soll eure Medizin sein"**.

Durch tierisches Eiweiß in Verbindung mit artspezifischen negativen Gedanken und Emotionen können Krankheiten, vorwiegend Stoffwechselstörungen wie Gicht (Abkapselung, Ichbezogenheit), Rheuma (Sturheit, Starrheit, Unbeweglichkeit), Diabetes (nicht lieben können, nicht annehmen können), nicht genießen können), Krebs (Haß, Abschied) und Nierenleiden (Angst, Probleme im mitmenschlichen Bereich), verursacht werden.

**Die Ursache für die Unbekömmlichkeit des Fleisches liegt unter anderem darin begründet, daß in ihm nicht viel Sonnenlichtenergie gespeichert werden kann und es sich dadurch schneller zersetzt. Hat sich der Mensch etwas höher entwikkelt, stellt er seine Ernährung nach und nach auf pflanzliche Kost um.**

Der qualitative Unterschied zwischen einer aus Fleisch und einer aus Pflanzen bestehenden Nahrung liegt in der Menge der aufgenommenen Sonnenenergien, d. h. alle unsere Nahrungspflanzen sind Hauptträger der Lebensenergie, sie vermitteln uns alles Nötige, um unseren Körpern das Überleben im Evolutionszyklus zu sichern.

Die Sonnenlichtenergien sind in konzentrierter Form vor allem in reifem **Obst, Früchten, Nüssen und Samen gespeichert**. Diese Lebensmittel beinhalten auch keine Abwehr- und Kampfmechanismen, keinen Dogmatismus und keine Unflexibilität mehr. Beim Verzehr wird die gespeicherte Sonnen-Lebens-Energie von allen unseren Körpern aufgenommen. Da diese Nahrung kaum belastende Informationen übermittelt, hinterläßt sie auch wenig feinstoffliche und grobstoffliche Schlacken. Aus diesem Grund harmonisiert sie das Seelenleben und verursacht auch keine Verdauungsprobleme.

Auch in das Leben der Pflanzen hat der Mensch massiv eingegriffen. Durch Monokultur benötigen diese mehr Düngemittel. Um auch hier ein Überleben der Pflanzen zu garantieren und die Erträge zu maximieren müssen Herbizide und Fungizide eingesetzt werden. Diese Maßnahmen transformieren die Schwingungen herunter, dadurch verlieren die Pflanzen die Fähigkeit genügend Licht- Lebenskräfte aufzunehmen und zu speichern. Nimmt ein negativ gepolter Mensch solche pflanzliche Nahrung zu sich, kann er ebenfalls krank werden.

Selbst die Lebenskraft eines ausgeglichenen Menschen wird durch die Aufnahme dieser Pflanzen geschwächt.

**Im Fleisch der Wildtiere, in wildwachsenden Kräutern und anderen Wildpflanzen finden wir höhere Schwingungen als in Zuchttieren und Kulturpflanzen. Wir haben erkannt, daß die Nahrung die wir zu uns nehmen, eine in Form manifestierte Lichtkraft darstellt. Ebenso wissen wir, daß Lebensmittel nicht nur auf den physischen Körper Einfluß nehmen, sondern auch den ätherischen Lichtleib des Menschen versorgen**

Wie dieses funktioniert können wir leicht ausprobieren. Wir wollen, unseren Hunger mit einem Apfel zu stillen. Diesen verzehren wir aber nicht in zwei Bissen und schlucken ihn auch nicht sofort hinunter, sondern wir nehmen uns Zeit, putzen den Apfel, polieren ihn liebevoll, riechen daran und erfreuen uns an seinem Aussehen. Wir nehmen visuell die Schönheit der Frucht wahr und bedanken uns dafür, daß uns diese Köstlichkeit zur Verfügung gestellt wurde. Wir werden verblüfft feststellen, daß unser Hunger zum Teil bereits gestillt wurde, obwohl wir noch nichts Grobstoffliches verzehrt haben. Danach beißen wir Stück für Stück von dem Apfel ab, wobei wir jeden Bissen lange genüßlich kauen und den Geschmack, sowie den Geruch wahrnehmen. Bevor wir hinunterschlucken, versuchen wir bewußt den Pegel unseres Hungers neu zu erspüren und werden feststellen, daß wir in der zweiten Phase wieder um einiges satter geworden sind, obwohl wir noch kein Stück des Apfels hinuntergeschluckt hatten. Durch diesen Vorgang wurden bereits zwei Drittel unseres Hungers gestillt. Der Astral- und Ätherkörper haben feinstoffliche Nahrung aufgenommen. Der Rest ist für den physischen Körper vorgesehen (Adam Mazur).

**Deshalb haben Wissende und Weise alter Hochkulturen sehr viel Wert auf meditative Stimmung beim Essen gelegt (z. B. innere Ruhe, sich Zeit nehmen, langes Kauen). Hiermit kommt auch zum Ausdruck, wie sehr sich Atmosphäre und Stimmungslage auf die Qualität des Speisens auswirken.**

Früher wurde von den Christen das Tischgebet als meditative Einstimmung zu den Mahlzeiten genutzt. Heute wird fast nur noch in den christlichen Klöstern vor dem Essen gebetet und während des Essens geschwiegen. Gerade in der heutigen Zeit, mit der sich verändernden Schwingungsfrequenz des gesamten planetaren Lebens wäre ein

Segnen der Nahrung von großer Wichtigkeit für unsere Gesundheit Denn durch das Segnen wird das Essen unserer persönlichen Schwingungsfrequenz angeglichen. Aber nicht nur allein die meditative Einstimmung auf unsere Nahrung ist wichtig, sinnvoll ist es auch, auf die richtigen Lichtverhältnisse während des Speisens zu achten.

Wir alle schätzen Kerzenlicht beim Essen. Zweckmäßiger jedoch wäre es, die Nahrung von Sonnenlicht durchfluten zu lassen. Erst dadurch kommen die lichtvollen Farben der Speisen voll zur Geltung. In den alten Hochkulturen wurden die Speisen ausschließlich vor dem Sonnenuntergang verzehrt. Jetzt im neuen Jahrtausend entdecken immer mehr Menschen diesen Brauch wieder und verlegen ihre Tischzeiten in die hellen Tagesstunden und verstärken somit die Wirkung der Lichtfarben der Lebensmittel, denn diese wirken in der Regel stärker auf unser Unterbewußtsein, als wir es mit unserem Tagesbewußtsein wahrnehmen.

Die Pflanzen setzen die Farben im Bereich der Kommunikation ein, in dem die einzelnen Arten sich gegenseitig ihre momentanen Zustände signalisieren. Sie kommunizieren somit untereinander, aber auch mit den Tieren und den Menschen. Das bedeutet, daß sie uns unter anderem die Reife ihrer Früchte anzeigen, denn an der Farbe erkennen wir die Reife einer Frucht. Durch leichte Experimente können wir selbst einige Erfahrungen in Bezug auf die Wirkung der Farben erlangen. Aufgrund unserer unzähligen Vorleben ist alles Wissen in uns vorhanden. Durch Experimente und Versuche wird das in uns gespeicherte Wissen uns wieder bewußt.

Beispiel: Wir legen 10 rote Kirschen und 10 grüne Kirschen auf einen Teller und reichen diesen unseren Gästen zum Verzehr. Unschwer werden wir feststellen, daß die Gäste ausschließlich zu den roten Früchten greifen. Auch wenn die Gäste in eine intensive Unterhaltung verwickelt sind, wird nicht einer von ihnen unbewußt zu den unreifen Früchten greifen. Dasselbe Verhalten werden wir in Bezug auf alle anderen Lebensmittel beobachten.

Unter anderem ist der Mensch über die Farbgebung manipulierbar. Dies macht sich der Handel zunutze. So werden z. B. die zum Verkauf ausgestellten Würste mit Nitrit behandelt, damit sie schön rot und frisch aussehen. Andere bestrahlen Fleisch mit künstlichem, roten Licht, damit es kraftvoll und lebendig wirkt. Auf Fischmärkten läßt das über die Ware gesprühte Wasser diese appetitlich frisch erscheinen.

Jeder Mensch weiß in seinem Unterbewußtsein um die Tatsache, daß Fleisch und Fisch nur in ganz frischem Zustand für unser Verdauungssystem gerade noch verträglich sind. Schon nach ein paar Stunden bekommt Fleisch durch die zersetzenden Bakterien eine unansehnlich braun/graue Färbung, welche uns signalisiert, daß dieses Produkt nicht mehr ganz frisch ist. Beim Fisch werden zuerst die Augen trübe, danach wird die Haut glanzlos.

Beim Gemüse und bei den Früchten sehen wir dieses Beispiel ganz deutlich. Wenn diese anfangen zu faulen, bekommen sie an den sich zersetzenden Stellen eine braune Färbung. Dies zeigt uns, daß die Braungraufärbung dem Menschen in der Regel Ungenießbarkeit signalisiert. Wir geben also bewußt durch Manipulation unseren Produkten die richtige Farbe und sind der Meinung, daß dadurch alles in Ordnung gebracht wurde. Damit uns bei der Auswahl der Speisen keine Fehler unterlaufen, welche unserer Gesundheit abträglich wären, hat uns die Natur noch zusätzlich mit dem Geruchssinn ausgestattet. Wir könnten also im Normalfall, die uns zuträgliche Auswahl unserer Nahrung treffen. **Handeln wir trotzdem gegen diese beiden Sinne, werden wir krank.**

Jetzt erst erkennen wir, daß wir den falschen Weg gegangen sind. Unser Körper wird  zur Ruhe gezwungen. Der sich selbst so unersetzlich vorkommende Mensch hat nun plötzlich sehr viel Zeit und kann im Krankenbett über sein Leben und seine Lebensweise nachdenken. Er wird nun nach einem Weg suchen müssen, der von weniger gesundheitsstörenden Handlungen begleitet ist, um sein Unheilsein zu korrigieren. Auf der Suche nach neuen Wegen kann der Mensch sich die Signale der Farben zu nutze machen.

- Die Erde ist bräunlich, die nahrhafte Erde ist schwarz – die Farbe Schwarz beinhaltet alle Farben in konzentrierter Form.

- Konträr dazu steht die "Farbe" Weiß. Sie reflektiert alle Farben des Lichtes. D. h., Weiß gibt ab, es behält nichts für sich allein. Die schwarze Farbe jedoch speichert das Licht in konzentrierter Form. Diese Farbe vereinnahmt alles, sie gibt von sich aus nichts ab.

Die Pflanzen holen sich die entsprechenden kondensierten Lichtkräfte in Form von aufgelösten Mineralien aus der Erde und bauen damit ihren physischen Körper nach dem Muster, das in ihrer ätherischen Blaupause vorprogrammiert ist, auf. Die grüne Farbe entsteht durch

Chlorophyll, das sich vom Blut des Tieres und des Menschen nur dadurch unterscheidet, daß es anstatt Eisen, Magnesium bindet. Rote Blutkörperchen erhalten ihre Farbe durch Hämoglobin, das in sehr vereinfachter Form Eisendioxid entspricht. Chlorophyll dagegen entspricht Magnesiumdioxid.

- Um die Wirkung der dunkelroten Farbe zu verdeutlichen, müssen wir uns einen Menschen vorstellen, der zuviel rote Lichtenergie zu sich genommen hat. Die Energie beginnt in ihm zu wirken und er strahlt Unruhe und Aggression aus. Er hat die Möglichkeit durch schwere körperliche Tätigkeit, intensiven Sport, Kampf oder andere nach außen gerichtete Kraftakte diese abzubauen, d.h. zu harmonisieren. Wenn seine Verhaltensmuster und seine passive, an einen Schreibtisch gebundene Arbeit es nicht erlauben, wird diese Energie sich früher oder später gegen ihn disharmonisierend richten.

- Die grüne Farbe der Blätter spendet uns lebensnotwendigen Sauerstoff und wandelt unser Abfallprodukt, das ausgeatmete Kohlendioxyd in Sauerstoff um. Bei den Früchten zeigt uns die Farbe Grün meist deren Unreife an. Hellgrüne Lichtnahrung bewirkt Gesundheit und Harmonie. Dunkelgrün dagegen Ängste und Erdung. Wenn wir uns während des Tages in einem Laubwald aufhalten, sind wir umflutet von hellgrünem Licht. Mit der einsetzenden Abenddämmerung wird die Farbe immer dunkler, aus der hellgrünen Farbe, die auf uns harmonisierend und gesundmachend einwirkte, wird nun zunehmend Dunkelgrün, wir bekommen Angst. Mit zunehmender Dunkelfärbung verstärken sich unsere Angstgefühle. Viele Menschen versuchen diesen Zustand durch lautes Singen oder Pfeifen zu überspielen.

- Die gelbe Farbe wirkt aktivierend und erheiternd auf unsere intellektuellen Kräfte. Jede natürlich gelbgefärbte Nahrung verstärkt in uns die Fähigkeit des logischen Denkens und die Verstandeskräfte.

- Die blaue Farbe wirkt auch in unseren Lebensmitteln beruhigend und kühlend. Daraus können wir schließen, das z. B. Blaubeeren unsere Körpertemperatur leicht senken können.

Professor Nils Finsen hat im Jahre 1903 den Nobelpreis dafür erhalten, daß er die objektive Wirkung der Farben auf den menschlichen Körper nachgewiesen hat. Einige seiner Untersuchungen belegen die Temperatur senkende Wirkung der blauen Farbe. Demnach könnten wir blaue Trauben genauso gut zur Senkung der Körpertemperatur einsetzen, wie die blaue Farbe. Jedes Nahrungsmittel hat seine artspezifischen Grundmuster, die durch die Farbgebung verstärkt oder abgemildert werden:

- Pflaumen tragen nach Hildegard von Bingen das Signum des Zornes in sich; dieses wird durch die Farben Grün, Blau und Gelb abgemildert, durch die Farbe Rot verstärkt.
- Dunkelrot ist die Farbe des Zornes, die Farbe der Aggression.
- Rot wirkt immer aktivierend, weil es die wärmste der Farben ist.
- Die blaue, beruhigende, deaktivierende Farbe ist die kälteste.
- Die grüne Farbe, die in den Spektralfarben die Mitte bildet, harmonisiert, sie wirkt zentrierend.

Für unsere spirituelle Entwicklung benötigen wir sehr oft die violette Färbung unserer Nahrung. Aber die Natur bietet uns wenig violett gefärbte Lebensmittel. Wir können dieses umgehen, indem wir dafür sorgen, daß wir gleichzeitig rot und blau gefärbte Speisen auf unseren Teller geben: rot und blau gemischt ergibt violett. Die großen Unterschiede in der Schwingung von rot und blau bewirken die energetische Spannung, die wir benötigen, um an den transformierenden Prozeß der Weisheit zu gelangen.

**Wir können uns mit den Farben der Nahrung aktivieren, erheitern oder beruhigen; wir können auch mit ihnen meditieren.**

In diesem Zusammenhang ist es sehr wichtig, sich vorzustellen, wie die braune Farbe sich auf unseren Zustand auswirkt. Wir werden feststellen, daß frische Nahrungsmittel die intensivsten und leuchtendsten Farben haben. Je älter und überlagerter die Produkte sind, desto fahler sind ihre Farben. Auch die frischesten, schönsten und farbintensivsten Grundprodukte in einer total verkochten Form, bekommen eine einheitliche braungraue Färbung. Diese informiert uns über die physiologische Wertlosigkeit dieses Gerichtes. Dasselbe betrifft alle konservierten oder in irgend einer anderen Form veränderten Lebensmittel.

Eine große Ausnahme bilden manche Tiefkühlgemüsesorten. Durch das Blanchieren (kurzes Abbrühen durch kochendes Wasser) und sofortiges Schockgefrieren erhalten diese eine intensive, teilweise unnatürlich leuchtende Färbung. Diese Tatsache belegt ganz eindeutig die Feststellung, daß im gesamten Kosmos nichts Absolutes zu finden ist. Es gibt nur ein sowohl als auch. Untersuchungen, die auf der Basis des Biophotonennachweises nach Professor Popp aufgebaut waren, ergaben jedoch ein fast vollständiges Fehlen der Lichtkräfte (Biophotonen) in der Tiefkühlnahrung.

Über die aufbauende Lichtfarbenwirkung unserer Speisen können wir uns ein Bild machen, indem wir uns bei Sonnenschein vor einen Teller mit knackig frischem Salat, der mit bunten, eßbaren Blüten dekoriert wurde, setzen. Nach einer gewissen Zeit der Betrachtung hören wir in uns hinein. Wir werden mit Verwunderung feststellen, wie angenehm und heiter unsere Gefühle sind, vorausgesetzt wir hatten die richtige Intuition bei der Auswahl der Farben.

Wir werden zwangsläufig die Frage stellen: "Wie entsteht die Farbe der Lebensmittel und was ist ihre Wirkung"? Die Farbe entsteht aufgrund der unterschiedlich feinen kristallinen Strukturen der Lebensmittel, die das Licht verschieden brechen. Also wirkt auch hier wie überall die Form. Die Farbe unserer Nahrung steht in einer harmonischen Verbindung zu der gesamten Pflanze von der sie abstammt. Wenn wir diese ganzheitliche, natürliche Ordnung willentlich zerstören oder disharmonisieren, z. B. durch Genmanipulation, Bestrahlung mit radioaktiven Isotopen, Färben, oder durch künstliche, farbige Lichtstrahlen eine nicht vorhandene Frische des Nahrungsmittels vortäuschen, verliert dieses seine Berechtigung uns als Mittel zum Leben zu dienen.

**Ab dem Zeitpunkt jeder Veränderung der naturgegebenen Informationen wirkt ein Nahrungsmittel auf uns immer disharmonisierend.**

Für Menschen, die Fleisch für ihre Entwicklung benötigen, ist es gesünder, ein natürliches, leicht bräunlich gefärbtes Stück Fleisch zu kaufen als ein künstlich rot manipuliertes. Das gleiche gilt auch für Fisch, Obst und Gemüse. Es ist unserer Gesundheit zuträglicher, weniger farbenprächtige Gemüse und Früchte in unsortiertem Zustand, dafür aber frisch, reif und natürlich als unreif geerntete, gewachste, gefärbte, unnatürliche Ware der irreführenden Handelsklasse A zu kaufen und zu verzehren. Leuchtend frische Farben können auch durch Genmanipulation erreicht werden. Dieses ist immer ein Eingriff in die von der Natur vorgegebene Form des DNA Musters. Im Laufe der Evolution stellte sich der menschliche Körper auf die Schwingung der natürlichen Produkte ein. Mit der Information genmanipulierter oder aus ihrem natürlichen Verbund herausgelöster Nahrung weiß er nichts anzufangen, sie desorientiert ihn.

**Künstlich veränderte Lebensmittel wirken sich immer negativ auf den Verzehrer aus.** Hiermit soll nicht gesagt werden, daß wir unsere Aufwärtsentwicklung durch den Verzehr manipulierter, unethischer Nahrung für immer verhindern. Irgendwann, und mag es auch noch so lange dauern, werden wir wieder an unserem göttlichen Ursprung angekommen sein. Ab diesem Zeitpunkt haben wir die geistige Reife erlangt, die neue Weltordnung mitzugestalten. Zur Zeit stehen die meisten Menschen jedoch erst am Anfang dieses Entwicklungsprozesses, sie leisten sich noch viele Fehleinschätzungen, die sich zerstörerisch auf sie und unseren Planeten auswirken.

Wir wollen mutig voranschreiten, denn wir wissen, daß die Veränderung der Schwingungsfrequenz der Erde uns allen die Chance gibt, unser Ziel zu erreichen. Wir wissen aber auch, daß wir auf dem Wege zu diesem Ziel durch bewußtes Handeln uns eine Menge Umwege ersparen können. Dieses erreichen wir, indem wir uns auf unseren göttlichen Ursprung besinnen, Respekt und Achtung voreinander haben, sowie liebevoll und verantwortlich mit allen Lebensformen umgehen. Das theoretische Wissen wird nur dann zur Weisheit, wenn wir bereit sind, es durch eigene Erfahrungen zu verinnerlichen. Diese werden dann in unsere Ganzheit aufgenommen und bilden einen Teil unseres Charakters.

**Wir haben also die Möglichkeit, mit unseren Gedanken und Emotionen, unseren Speisen sowie deren Farben, viel für unsere spirituelle Weiterentwicklung, Gesundheit und Harmonie beizutragen.**

# 8. Rechtes Denken und Zubereiten

Wenn wir unser integriertes Denken, Fühlen und Wollen auch für unsere Ernährung einsetzen, dann merken wir, daß alle von uns aufgenommenen Strukturen sich harmonisierend auf uns auswirken. Dieses bedeutet aber, daß wir die Gesetze der Einheit (Ganzheit) nicht nur im Denken, Fühlen und Handeln und in der Ernährung im Allgemeinen, sondern auch in der Zubereitung unserer Speisen einhalten müssen.

Nehmen wir ein Beispiel: Ein strenger Moslem, der glaubt, Schweinefleisch schadet seiner physischen und geistigen Entwicklung, kommt unter bestimmten Umständen in die Situation dieses Fleisch zu verzehren. Sein physischer Körper wird darauf anders reagieren, als der Körper eines Menschen, der davon überzeugt ist, daß Schweinefleisch gut schmeckt und ihm auf Grund dieser Einstellung auch gut tut. Dem Moslem und dem Vegetarier wird das Schweinefleisch schaden, im Gegensatz zum in den Schweinebraten verliebten Bayern, dem dieses vordergründig guttun wird.

Dies hängt damit zusammen, daß die Gedankenstrukturen mit der Nahrung in Harmonie stehen müssen. Die Gefühle spielen dabei eine weittragende Rolle. Das Bewußtsein eines Vegetariers, das mit seiner globalen, philosophischen Einstellung zum Leben zusammenhängt, ist anders als das Bewußtsein eines Menschen, der sich darüber weniger Gedanken macht und auch andere Lebensziele verfolgt. Dieses Gesetz gilt für alle. Der jeweilige, individuelle Bewußtseinszustand und die entsprechende Entwicklungsstufe eines Menschen müssen mit seinen Handlungen und mit seiner Nahrung übereinstimmen. Jede Disharmonie birgt in sich die Gefahr einer Krankheit, eines Unheilseins.

Da aber jeder von uns den Drang in sich trägt, nach einer höheren Entwicklungsstufe zu streben, wird auch jeder von uns ab und zu in den "Genuß" der Disharmonie gelangen (Adam Mazur). Das mag der Grund dafür sein, daß ein Teil der Menschen, die sich "optimal" und vollwertig ernähren, krank ist - ihre innere Struktur steht im Gegensatz zur eingenommenen Nahrung.

Wie wir beobachten können, erfreuen sich Menschen, die sich ganz anders ernähren, als es die Ernährungsgurus predigen, häufig bester Gesundheit. Ein Mensch ist also gesund, wenn Entwicklungsstand und Nahrung des Betreffenden in Harmonie sind.

Wie kann der Einzelne seine Intuition in Bezug auf Ernährung sensibilisieren? Wir empfehlen, einmal im Jahr zu fasten. Die beste Zeit dafür ist das Frühjahr. Beim Fasten werden nicht nur Körper und Gemüt gereinigt, sondern es werden auch alle Sinne, vor allen Dingen die Intuition, die uns hilft alle unsere Lebensumstände und somit auch die Ernährung optimal zu erfassen, gestärkt.

Jeder neue Gedanke, ein neues Gefühl, ein neuer Wunsch, ein neues Erlebnis, ein neues Lebensmittel versetzt uns zuerst in die Disharmonie. Je besser für mich ein Vortrag ist, desto mehr (u. U. unbequeme) Veränderungsimpulse beinhaltet dieser (Adam Mazur).

Auf die Ernährung bezogen bedeutet dieses: Hat sich z. B. jemand ausschließlich mit Produkten aus Weißmehl ernährt und stellt dann seine Ernährung abrupt auf Vollkorn um, wird er anfangs starke Probleme im Verdauungstrakt haben. Das Gleiche gilt für einen Menschen, der vorwiegend gekochte Nahrung zu sich genommen hat und nun plötzlich auf Rohkost umstellt. Jede Nahrungsumstellung muß langsam vonstatten gehen, damit die Verdauungsdrüsen die notwendigen Enzyme bilden können. Ebenso müssen sich die entsprechenden Darmbakterien in ausreichender Anzahl bilden. Auch muß die Umstellung der Ernährung mit der Umstellung der Gedanken in Einklang gebracht werden.

Alles was neu ist, harmoniert zunächst nicht mit meinen Strukturen. Das Neue im Anfangszustand bewirkt in mir Disharmonie, diese wiederum führt zur Aktivierung meines Dranges nach Harmonie, was als Konsequenz in eine neue Ordnung mündet. Man kann also verkürzend sagen: **Disharmonie ist eine notwendige Zwischenebene zu einer neuen Ordnung.**

Auf unsere Ernährung bezogen bedeutet dies: Disharmonie ist wie der Sauerteig, der erst durch Gärung ein bekömmliches Produkt (Brot) entstehen läßt. Wir können uns nicht weiterentwickeln, wenn wir es nicht zulassen, von der Harmonie in die Disharmonie zu schreiten, um dann in umgekehrter Weise von der Disharmonie in eine neue, weiterentwickelte Harmonie zu gelangen (Adam Mazur).

Auch dieses Buch wird sich dadurch, daß es viele neue Impulse für die Zukunft des Lesers beinhaltet, zuerst disharmonisierend auf die Leser/innen auswirken. Einige Gedanken, die hier niedergelegt sind, werden abgelehnt, andere ganz oder nur teilweise übernommen. Dadurch entsteht ein verändertes Bewußtseinsbild, individuell geprägt durch die Einmaligkeit des einzelnen Lesers. Schon in den Veden, ist festgehalten, daß das Wichtigste und, die meisten glaubten sogar das Einzige, zur Bewußtseinsentwicklung die Kommunikation - also Klang, Licht usw. sei.

Eine außerordentlich große Kommunikationsmöglichkeit mit der gesamten Außenwelt, bietet uns die tägliche Nahrungsaufnahme. Die Verträglichkeit unserer Nahrung ist immer individuell zu betrachten. Sie ist, wie wir wissen abhängig von unserer Konstitution, unserem Temperament, unserer seelischen Struktur, ja selbst von der jeweilig momentanen Stimmungslage.

Beispiele: Jemand, der schwere körperliche Arbeiten zu verrichten hatte und sich zum Essen in einen Speisebetrieb begibt, hat Verlangen nach deftiger Kost. Ein anderer, dessen Aufgaben im Managementbereich liegen und der kurz vorher eine nervenbelastende Auseinandersetzung zu führen hatte und sich dadurch in aggressiver Stimmung befindet, hat ebenfalls Verlangen nach schwerer Kost. Beide wählen z. B. einen Schweinebraten aus.

Der körperlich Arbeitende spürt eine Stärkung nach Verzehr der Mahlzeit. Der am Schreibtisch Arbeitende wird durch die Schwere des Essens belastet. Es überfällt ihn eine bleierne Müdigkeit. Er ist zeitweise nicht mehr in der Lage konstruktive Gedankenarbeit zu leisten. Seine Aggressivität wird nicht ausgeglichen, sondern noch verstärkt. Kann er sich in diesem Zustand nicht ausruhen, sondern gerät in Streßsituationen, in denen er auf Grund der Etikette seinem Zorn nicht freien Lauf lassen kann, richtet sich die Aggression zerstörerisch gegen ihn selbst. Wenn dieser Mitarbeiter auf Dauer keine gesundheitlichen Schäden bekommen soll, wären Ruheräume, die anstelle des Arbeitsplatzes nach dem Speisen aufgesucht werden können, eine Form der Vorsorge. Denn dadurch würde er von Konfrontationen während der Überlastungsphase verschont bleiben.

Da diese Möglichkeit in den meisten Betrieben nicht vorhanden ist, wächst das Bewußtsein dieses Gastes für eine ihm wirklich bekömmliche Ernährung durch häufiges Unwohlsein. Er wird durch "Leid" zum

Nachdenken gebracht. Seine Gedanken werden sensibler, dadurch wächst in ihm das Verlangen nach einer Ernährungsform, die voller Lebenskraft ist. Übrigens wären Ruheräume nur vordergründig eine Lösung Es würde lediglich zu einer späteren Symptomverschiebung kommen. Es manifestierten sich Krankheiten an anderen Körperzonen. Außerdem ist es sehr wichtig, dem Menschen die Eigenverantwortung für seine Handlungen zu lassen, um den Lernprozeß und somit seine Weiterentwicklung nicht zu behindern. Bei dem Gast der schwere körperliche Arbeit verrichtet, werden die Probleme auftreten sobald er diesen Arbeiten nicht mehr nachkommt, oder durch andere Lebensumstände sensibilisiert wird.

Einzelne Situationen und Eindrücke bringen die Menschen zum Nachdenken. Hieraus entstehen Erfahrungen, die zu einer Verfeinerung, zu einer Sensibilisierung führen können. Das Leben ist einem stetigen Wandel unterworfen, bei dem viele Menschen bewußtseinsmäßig wachsen. Die steigende Bewußtwerdung hat eine feinere Strukturierung zur Folge. Der Mensch wird freier, er ist nicht mehr so abhängig von den Launen seiner Vorgesetzten. Er entwickelt mehr und mehr eigene Ideen und ist öfters bereit, diese zu vertreten. Auf diese Entwicklungsstufe gelangen nun immer mehr Menschen, auch Jüngere.

Wie wir sagten, muß die innere Struktur des Menschen mit seiner Nahrung in Einklang (Resonanz) stehen. Je feiner, freier, eigenständiger und selbstbewußter ein Mensch ist, desto frischere und natürlichere Lebensmittel benötigt dieser. Jede Art von Manipulation, Verfälschung, unnatürliche Veränderung usw. stehen mit diesem Menschen nicht mehr in Resonanz. Nahrungskombinationen, die dieser früher scheinbar problemlos vertrug, können nun zu Verdauungsproblemen wie Völlegefühl und „Blähbauch" führen. Leider sind den meisten Menschen diese Zusammenhänge nicht bekannt, denn es ist ein Dilemma, daß einerseits immer mehr Menschen naturbelassene Nahrung benötigen, andererseits aber in immer größerem Umfang denaturierte Speisen und sogenannte „Convenience-Produkte" zum Einsatz gelangen.

Viele Menschen machen sich deshalb Sorgen um ihre Gesundheit und finden niemanden, der ihnen helfen kann. Zuhause können Sie, liebe Leserinnen und Leser dieses Problem leicht lösen, indem Sie auf frische und natürliche Kost umsteigen und darüber hinaus auf Fertigprodukte verzichten. Ganz anders sieht es aber aus, wenn Sie außer Haus speisen müssen. In den meisten Restaurants haben seit langem

Fertigprodukte Einzug gehalten, vor allem aber in Einrichtungen der Gemeinschaftsverpflegung wie Krankenhäusern, Mensen und Betriebsrestaurants.

Was können Sie tun, wenn bei Ihnen die oben geschilderten Unpäßlichkeiten auftreten?
- Wählen Sie ausschließlich Speisen, von denen Sie wissen, daß diese frisch zubereitet wurden
- Vermeiden Sie Speisenkombinationen mit zu vielen Komponenten
- Speisen Sie in Ruhe und Gelassenheit

Wenn Ihre Probleme weiter bestehen bleiben, bitten Sie um ein Gespräch mit dem Leiter des Verpflegungsbetriebes und dem Küchenchef. Ermitteln Sie gemeinsam mit den Verantwortlichen, welche Speisen unter Verwendung von denaturierten Zutaten hergestellt wurden. Fragen Sie, ob es auch Gerichte gibt, die mit Zutaten aus biologischem Landbau und artgerechter Tierhaltung hergestellt wurden. Lassen Sie sich alle Speisen nennen, die als Fertigprodukte zugekauft wurden und meiden Sie diese.

Sollte trotz aller Ihrer Bemühungen keine Änderung eintreten, können Sie davon ausgehen, daß alle Speisen in diesem Betrieb unter Verwendung denaturierter Zutaten erzeugt wurden. Ihre Gesundheit muß es Ihnen wert sein, das Speisenangebot dieser Einrichtung zu meiden. Denn Ernährungsfehlverhalten führt nicht sofort zu Krankheiten, sondern erst Jahre - bis Jahrzehnte später. Dies betrifft vor allem die jüngeren Menschen, die als Auszubildende oder Studenten auf die Gemeinschaftsverpflegung angewiesen sind. Denn mit 20 oder 25 Jahren verstoffwechselt man scheinbar problemlos alles, aber 20 oder 30 Jahre später rächt sich Ernährungsfehlverhalten. Lesen Sie zu diesem Thema auch in Kap. 14 nach.

Die Gedankenmuster eines vorwiegend oberflächlichen und autoritätshörigen Menschen stehen dagegen in Resonanz mit manipulierten Nahrungsmitteln (wie Weißmehl, Industriezucker, Konserven, Fertigprodukten und dergleichen). Das ist ein Grund dafür, daß ein Teil der Tischgäste sogenannte Convenience-Produkte bevorzugt. Nicht nur die "ungesunden" Lebensmittel oder "falsch" zubereiteten Speisen, sondern auch die destruktiven Gedankenmuster die ein Mensch in sich trägt, lassen diesen intuitiv zu jenen Nahrungsmitteln greifen, die mit ihm in Resonanz stehen.

Wir wollen dieses mit einem Beispiel verdeutlichen: Uns ist ein Betrieb bekannt, der gemäß unserer Erkenntnisse und unserer Philosophie über ganzheitliche Mitarbeiterverpflegung arbeitet. Diesem Betrieb ist eine separate Einrichtung angeschlossen, in der es ausschließlich Speisen gibt, die nach Richtlinien des Naturkostverbandes hergestellt werden. (Alle Erzeugnisse stammen aus kontrolliert biologischem Anbau, Fleisch aus kontrollierter artgerechter Tierhaltung und humaner Schlachtung). Hier wird u. a. auf Wunsch der Tischgäste auch Leberkäse angeboten, allerdings nach Richtlinien des Naturkostverbandes ohne Zusatz von Phosphat, Nitrit, Glutamat usw. Um den Fettgehalt etwas zu verringern wird ein Teil des Schweinefleisches durch Rindfleisch ersetzt. Vor kurzem wurden wir von einem Gast angesprochen, der die gewohnte schöne rötliche Färbung, sowie die locker, flaumig, saftige Konsistenz des Leberkäses vermißte. Wir erklärten ihm die Zusammenhänge. Seine Reaktion: Alles schön und gut, gesündere Kost, artgerechte Tierhaltung hin oder her, belastend oder nicht, im Falle des Leberkäses sollte eine Ausnahme gemacht werden.

Hier wird ganz deutlich, wie die Gedanken eines Menschen sein Ernährungsverhalten bestimmen. Das läßt uns erkennen, daß Gesundheitsprobleme nicht unbedingt aus dem Ernährungsfehlverhalten entstehen müssen, sondern daß das Ernährungsfehlverhalten der Ausdruck destruktiver Gedanken sein kann. Auf Grund der Tatsache, daß die Entwicklung der meisten Menschen immer schneller hin zu mehr Selbstbewußtsein und Eigenverantwortlichkeit wächst, werden immer weniger Menschen oberflächliche Nahrungsmittel akzeptieren. Wer sich den veränderten Bedürfnissen seiner Gäste nicht anpaßt, wird eines Tages Speisen produzieren, die im Gegensatz zum Bewußtsein seiner Kunden stehen und diese verlieren. Mit der Zeit begreifen immer mehr Menschen, daß ihre Gesundheit und Leistungsfähigkeit nur durch frische und lebendige Nahrung erhalten wird.

Flüchtig betrachtet stehen obige Aussagen im Widerspruch zueinander. Aber: Je niedrig schwingender der Mensch ist, desto dichter darf seine Nahrung sein. Solche Menschen würden erkranken wenn sie hochschwingende Nahrung auf Dauer zu sich nehmen müßten. Deshalb ist darauf zu achten, daß das Speisensortiment immer den sich verändernden Bedürfnissen der Gäste angepaßt wird. So finden wir in einem gut geführten Speisebetrieb alle Ernährungsformen vor, mit einer Einschränkung: Nahrungsmittel, die künstlich in Chemielabors hergestellt, oder genmanipuliert wurden, werden nicht angeboten.

Auch für gesundheitsbewußte Menschen der Zukunft, die mehr Wissen über die Zusammenhänge von Gesundheit und Nahrungsaufnahme haben, und deshalb auch bereit sind mehr Geld für ihre Lebensmittel zu investieren, werden die richtigen Nahrungsmittel bereitgestellt. Informationen über "vernünftiges" Eßverhalten sind sehr wichtig. Niemals darf dieses allerdings missionarisch geschehen, sondern es bedarf eines langsam wachsenden Prozesses.

Eine weitere Möglichkeit, auf Menschen fördernd einzuwirken bietet uns das Wissen um die Wirkung der Farbenergien. Ein Tischgast z. B., der sich in den Speisesaal begibt und kurz davor ein verärgerndes Telefonat geführt hat, das zu einem Überschuß an roter Energie in seiner Aura beiträgt, müßte zum Ausgleich viel grüne Nahrung in sich aufnehmen, um wieder ins Gleichgewicht zu gelangen. Grün ist die komplementäre, ausgleichende Farbe zu rot.

Ein anderer Tischgast, der sich an seinem Arbeitsplatz gelangweilt hat und sich nun mit einer leicht melancholischen Stimmungslage im Restaurant einfindet, benötigt die aktivierende Farbe (Rot), die ihm z. B. ein Tomatensalat vermitteln kann. Ein nächster Gast, auf Grund seiner Vormittagserfahrung, depressiv und pessimistisch eingestellt, benötigt die erheiternde Wirkung der Farbe hellgelb. Wiederum ein anderer Gast, der trotz leichten Fiebers in die Arbeit gegangen ist, kann sich mit der blauen, temperatursenkenden Farbe über die Speise eine leichte Besserung seines Zustandes verschaffen. Wir könnten dieses Thema noch weiter vertiefen.

Die intuitiven Kräfte, die der Mensch bei der Weiterentwicklung seines Bewußtseins entwickelt, lernt er bewußt einzusetzen, um die für ihn persönlich zuträglichen Speisen auszuwählen. Aus diesem Grunde ist es äußerst wichtig, daß ein breit gefächertes Speisenangebot auch in Hinblick auf die Farbgebung jedem Einzelnen die Chance bietet, die Nahrung nach seinen individuellen Bedürfnissen auszusuchen. Daraus folgt, daß jede strenge Diätform, jedes anerzogene Ernährungsverhaltensmuster, welches gegen die persönlichen Bedürfnisse eines Menschen wirkt, keine langfristigen, positiven Veränderungen bringen kann. Es unterdrückt lediglich einen lebendigen Prozeß und läßt den Menschen in seiner mentalen und physischen Struktur erstarren. Dieses ist auch der Grund dafür, daß es den meisten Menschen z. B. nach einer Schlankheitsdiät gesundheitlich nicht besser geht. Das mühsam weggehungerte Körpergewicht ist in kürzester Zeit wieder zurückgekehrt und die Psyche zumindest stark belastet.

Uns sollte auch bewußt sein, daß sich die Bedürfnisse eines Menschen täglich mehrmals verändern können. Eine Person, die für ihre geistige Arbeit am Vormittag die gelbe Farbe benötigte, wurde kurz vor der Mittagspause mit organisatorischen Aufgaben betraut und benötigt nun zur Unterstützung ihrer Tätigkeit die Farbe Orange. Will sie am Abend zur Ruhe kommen, bedarf sie der blauen Farbe (z. B. eines blauen Cocktails). Je bewußter wir uns ernähren, desto individueller werden wir unsere Nahrung nicht nur in Hinblick auf Lebensmittel sondern auch auf deren Farben auswählen.

Ich gebe Ihnen ein Beispiel aus der Praxis: Ein uns bekannter Betriebsleiter, der für die Bereitstellung der täglichen Mittagsspeisen in einem Verpflegungsgroßbetrieb eines Konzerns tätig ist, propagiert diese Form der Nahrungsaufnahme bewußt seit Jahren. Es wird auf ein farbenfrohes, frisch zubereitetes, vielseitiges Speisenangebot geachtet, wobei die speziellen, von den Tischgästen geäußerten Wünsche berücksichtigt werden. Ein Großteil der Grundprodukte kommt aus biologischem Anbau, Fleisch vorwiegend aus artgerechter Tierhaltung. Es wird auf Eier zurückgegriffen, die von freilaufenden Hühnern stammen. Für Vegetarier, selbst für Veganer, stehen spezielle Speisenkombinationsmöglichkeiten bereit. Es ist selbstverständlich, daß täglich frische Gemüse, die in Spezialgeräten, ohne Wasser gegart werden, (um die wertvollen Mineralstoffe und Vitamine zu schonen), angeboten werden.

Damit die Tischgäste ihre Speisen ernährungsphysiologisch aufwerten können, stehen kaltgepreßte Öle, frisch gehackte Kräuter, verschiedene Körner und Samen, Sprossen, Balsamico-Essig und dergleichen zur Selbstbedienung zur Verfügung. Begleitend zum Speisenangebot werden Informationsschriften ausgelegt, die den Tischgast auf eine optimale Ernährung hinweisen. **Jedem einzelnen bleibt es freigestellt, hiernach zu handeln.** Diese Politik führte im Laufe der Jahre bei den Gästen zu einem hohen Ernährungsbewußtsein, das sich z. B. nicht nur in den Zahlen der abgegebenen vegetarischen Speisen widerspiegelt, sondern auch in der allgemeinen Frequentierung des Betriebsrestaurants. Der Statistik zufolge ernährt sich in der BRD ca. 6% der Gesamtbevölkerung vegetarisch. In dem genannten Betrieb sind es bereits je nach Speisenangebot bis zu 60%. Dieser Erfolg war nur deshalb möglich, weil das Bewußtsein der Tischgäste für optimale Ernährung in einem jahrelangen Prozeß, ohne jeglichen Zwang und Missionsarbeit entstanden ist.

Neue Gerichte, die öfter angeboten werden sollen, testet man vorher in Aktionswochen auf ihre Tauglichkeit. Nach einer Umfrage werden die neu kreierten Speisen und Menüs, die den Tischgästen zusagen, in das allgemeine Speisenangebot aufgenommen. Lebensmittel, deren Verzehr aus ökologischer oder umwelttechnischer Sicht nicht vertretbar ist, werden sofort nach Erhalt der Information aus dem Speisenplan gestrichen. Das waren in der Vergangenheit: Haifischflossensuppe, Schwalbennestersuppe, Schildkrötensuppe, Thunfische und in neuester Zeit die Papageienfische, die an den Korallenriffen leben und unter anderem für die wunderschönen, weißen Strände sorgen.

Vor kurzem lief eine Aktion mit einer fettfreien Frittiermaschine. Die damit zubereiteten Lebensmittel wären zuträglicher für die Leber (keine verkohlten Fettrückstände). Dieses würde auch die Umwelt schonen (keine Altölentsorgung) und die Kosten senken (kein Fetteinkauf). Geschmacklich kamen diese Produkte bei den Tischgästen nicht an. Auf den Einsatz der Geräte, die nicht gegen den Willen der Kunden eingesetzt werden, wurde verzichtet. Es hatten sich ca. 80% der Tischgäste gegen diese Speisenzubereitung ausgesprochen.

Die Belegschaft wird ständig mit neuen, interessanten Ideen konfrontiert. Dieses kann die starren Eßgewohnheiten auflockern. Im Gegensatz zum Versuch des fettfreien Frittierens, führte in der Vergangenheit eine Speiseeisaktion bei den Gästen zu Euphorie. Es wurden Spezialitäten eingesetzt, die man mit einem Marktführer absprach. Die Grundprodukte stammten vorwiegend aus artgerechter und ökologischer Erzeugung. Z. B. wurde statt Zucker Honig verwendet, statt fetthaltiger Sahne Quark.

In einer andere Aktion wurde ein 2,80m langer Heringshai in einem Eisbett den Tischgästen zur Besichtigung dargeboten. Am nächsten Tag tranchierten die Köche den Fisch vor den Augen der Konsumenten. Die Tranchen (Steaks) wurden für jeden Gast persönlich gegrillt und mit den dazugehörigen Beilagen zu einem köstlichen Menue komponiert. Um sich die Ausmaße der organisatorischen Problematik vorzustellen, muß man bedenken, daß in einem einzigen Betriebsrestaurant täglich über 2.500 Menues verkauft werden.

In jüngster Zeit wurde eine Aktion „Speisen nach Hildegard von Bingen" durchgeführt. Alle Speisenkombinationen wurden ausschließlich mit den von Hildegard empfohlenen Lebensmitteln, vor allem Dinkel, Edelkastanien, Quittenmus usw. zubereitet. Zum Würzen wurden ebenfalls nur hildegardsche Gewürze wie Galgant, Bertram, Ysop, Poleiminze, Griechenklee usw. verwendet. Alle Nahrungsbestandteile, die Hildegard als Küchengifte bezeichnet, wie Erdbeeren, Lauch (Porree), Pflaumen und Pfirsiche wurden weggelassen. Diese Aktion hatte einen durchschlagenden Erfolg. 60% der Essensteilnehmer bedienten sich mit den alternativen Gerichten. Tischgäste, die noch einige Zeit vorher über Verdauungsprobleme klagten, fühlten sich plötzlich wieder wohl. Den Köchen machte das kreative Arbeiten sehr viel Spaß. Diese Aktion zeigte ganz deutlich, in welche Richtung die Mitarbeiterversorgung gehen müßte. Die Tischgäste jedenfalls sind gesundem Essen aufgeschlossen und nehmen dankbar jede Anregung und Aufklärung in dieser Richtung an.

Das Bewußtsein für die Wirkung der liebevollen Gedanken und Gefühle bei der Herstellung der Speisen ist diesem Betriebsleiter bekannt. Er achtet deswegen auf die richtige Atmosphäre des Umfeldes und auf die Liebe zum Beruf bei seinen Mitarbeitern und bei sich selbst. Vor ca. 30 Jahren, als er noch neu im Geschäft war und noch impulsiver reagierte als jetzt, wurde er mit einem Problem konfrontiert. Er ging sehr grob mit einem Mitarbeiter um, den er zufällig dabei beobachtete, wie dieser einer Forelle, die aus einem Aquarium gefangen wurde und für einen Gast zubereitet werden sollte, aus Bequemlichkeit bei lebendigem Leib den Bauch aufschlitzte.

Heute arbeitet er mit anderen Methoden: Es wird dafür gesorgt, daß die Mitarbeiter eine aufgabenbewußte, verantwortliche Gemeinschaft bilden. In diesem Betrieb weiß man, daß es harmonischer Zustände bedarf, um die Lebensmittel mit denen gearbeitet wird, in bekömmliche (hochschwingende) Speisen zu verwandeln. Auf ein gutes Betriebsklima wird ebenso geachtet wie auf den Bezug von Produkten, die aus Betrieben mit ähnlicher Philosophie kommen. Damit wirkt dieser Betriebsleiter gemeinsam mit seinen Mitarbeitern direkt auf die Gesundheit der Essensgäste über die Nahrung ein.

Disharmonische Speisen entstehen z. B. bei der Erzeugung in einer ungerechten Tierhaltung, bei Genmanipulationen, bei Überdüngung und Vergiftung mit Spritzmitteln beim Gemüseanbau und natürlich auch durch negative Gedanken und Handlungen der Mitarbeiter beim Zubereiten der Speisen. Letztendlich kann man sagen, daß alles, was den Tieren und den Pflanzen in ihrer Entwicklung schadet, mit Verstärkung auch dem Menschen schadet, der sie verzehrt.

Die liebevolle Herstellung von Speisen und die Kreativität der Köche wie jeder einzelnen Hausfrau, die täglich mit Liebe für ihre Familie kocht, trägt auch mit dazu bei, daß wir das Bewußtsein für die Kettenreaktion in der Natur nach und nach begreifen und auf Grund dessen menschengerechter, besser gesagt naturgerechter handeln.

**Welche Techniken kennen wir, um die Schwingung der Nahrung an unsere körpereigene Frequenz anzupassen?**

Um unseren Speisen die Möglichkeit zu geben, ihre aufbauenden Wirkungen voll zu entfalten, können wir uns der in allen Religionen bekannten Praxis des Segnens der Nahrung bedienen. Bei den Christen zählt hierzu das Tischgebet. Das Segnen der Nahrung hat den Vorteil, daß wir uns energetisch mit ihr verbinden. Aufgrund des synergetischen Gleichklanges beginnt die Nahrung dann schon vor dem Verzehr ein Teil von uns zu werden und der Körper empfindet sie weniger als Fremdstoff. Der Vorteil dabei sind eine bessere Bekömmlichkeit, kein Abzug von Lebensenergie während der Nahrungsaufspaltung in unserem Körper sowie eine bessere Aufnahme der Nährstoffe durch unsere feinstofflichen Körper.

**Die Praxis des Segnens:**

- Frisches Obst: Wir nehmen die Frucht zwischen unsere Hände, halten diese ins Licht und senden ihr liebevolle Gedanken.
- Getränke in Gläsern: Gleicher Vorgang wie oben
- Speisen die sich auf einem Teller befinden: Wir halten beide Hände über den Teller und senden der Speise Liebe und Licht.

Unter Liebe und Licht verstehen wir die Herstellung von Kommunikation zwischen der Pflanze und mir oder dem Tier und mir, d. h. einem Wesen, das sich mir als Nahrungsmittel zur Verfügung gestellt hat, mit all seinen Informationen und in Lichtenergie gespeicherten Erkenntnissen und Essenzen, die ich zu meinem Aufbau verwenden möchte. Je stärker ich die Verbindung zwischen der Schönheit der Farben und meiner Dankbarkeit gegenüber den Wesenheiten der Nahrungsmittel herstelle, desto bereichernder wird für mich die Mahlzeit sein. Auch die alten vedischen Schriften berichten, daß mit der Dankbarkeit im Laufe der Zeit die gröbste Materie in Helligkeit, Licht, Freude und Glück verwandelt werden kann.

Als nächstes erfolgt ein langsames, bedächtiges, intensives Kauen. Bereits beim Kauen werden feinstoffliche Informationen aber auch Duft- und Aromastoffe an unser Gehirn, die Nerven- und Lymphbahnen und an die feinstofflichen Körper abgegeben. Der Prozeß der Nahrungsaufnahme beginnt allerdings nicht erst im Mund, sondern schon bei der mentalen Verbindung mit der Speise. Wenn wir diese Weisheiten beherzigen, werden wir große Schritte im Hinblick auf unsere Vervollkommnung machen. Hier liegt auch das Geheimnis, daß wir mit Duftstoffen, ätherischen Ölen aus Kräutern und Gewürzen, Essenzen und Blüten unsere Speisen verfeinern können. Auch einem frisch geernteten Apfel entströmt ein solch angenehmer Duft, daß wir allein schon durch das Einsaugen dieses Duftes eine Art Sättigung erlangen.

Ein Mensch der um das Geheimnis des "förderlichen" Speisens weiß, wird für eine angenehme, friedvolle Atmosphäre während des Essens sorgen. Auch ist es vorteilhaft beim Decken der Tafel soviel Konzentration walten zu lassen, daß ein Verlassen der Speisentafel während des Mahles nicht erforderlich ist, um vergessene Dinge zu holen. **Das Speisen sollte schweigend und mit Freude geschehen.**

Die angenehme Erfahrung dieses Brauches haben wir in den Jahren 1977 – 1980 gemacht. Meine Frau und ich lebten einmal im Jahr für eine Woche im Benediktiner Kloster in Neresheim. Dort machten wir Exerzitien und meditierten gemeinsam mit den Mönchen. Wir verbrachten einige Tage mit ihnen in vollkommenem Schweigen. Beim Essen herrschte ohnehin absolutes Redeverbot. Die Speisen wurden in Dankbarkeit, vollkommener Gelassenheit, Ruhe, innerer und äußerer Stille, langsam und bedächtig kauend eingenommen. Jedesmal waren wir erstaunt, mit wie wenig Nahrung das Sättigungsgefühl erreicht wurde. Wir erhoben uns mit einem herrlich, leichten Gefühl von der Tafel. Wie anders ist es doch, wenn man hastig und schnell die Nahrung hineinstopft. Die eine Woche in Neresheim brachte uns jedesmal so viel Entspannung und Erholung, so daß wir noch Monate davon zehren konnten.

Auf eine andere Erfahrung, die wir bereits erwähnten, wollen wir in folgendem Zusammenhang zurückkommen: Wir unternahmen gemeinsam mit 10 Personen im Wettersteingebirge eine siebentägige sogenannte Lichtwanderung. Unser Leistungspensum bestand in täglich mindestens zwölfstündigem, anstrengendem Bergwandern. Wir ernährten uns mit Hilfe der Lichtaufnahmetechnik, d. h. wir visualisierten die benötigten Lichtfarben, um Kräfte (Energien=Nahrung) aus dem Sonnenlicht zu empfangen; ebenso wurden täglich zwei Meditationen durchgeführt. Lediglich am Abend tranken wir in den Berghütten bis zu 1 Liter Apfelschorle.

Eine Dame wollte diesen Zustand nicht mehr missen und ernährte sich auch nach dieser Wanderung weiterhin ausschließlich mit Sonnenenergie. Bemerkenswert war, daß sie keinerlei Gewicht verloren hatte. Allerdings stellte sie dann später zu Hause ihre Ernährung auf Bitten der Familie auf vegetarische Kost um. Einige der Gruppenmitglieder nahmen zwischen 2 kg bis 14 kg ab. Ein Mitglied behielt sein Gewicht und ein anderes nahm 1 kg zu. Anhand des oben aufgeführten Beispieles ist die Effektivität der Lichtnahrungsmanifestation bei den einzelnen Personen ersichtlich. Je mehr Gewichtsabnahme, desto mehr Aufmerksamkeit verlangt die Technik der Manifestation.

Wir sind der Überzeugung, daß diese Form der unmittelbaren Sonnenlichtaufnahme, ohne Umwege über die feste Nahrung einen Quantensprung in der Bewußtseinserweiterung auslösen kann. In diesem Zusammenhang kommen wir kurz auf die Australierin, Jasmuheen zu sprechen. Jasmuheen beschloß im Jahre 1993 keine feste Nahrung mehr zu sich zu nehmen. Diesem Entschluß gingen 20 Jahre Meditation und mentales Training voraus. Nach einer Umstellungszeit von 21 Tagen war sie in der Lage, vollkommen auf feste Nahrung zu verzichten. Das einzige, was sie seit dieser Zeit zu sich nimmt, sind einige Tassen Tee pro Tag. Sie löste mit diesem Verhalten nicht nur bei der Wissenschaft größten Unglauben aus. Der anfänglichen Skepsis trat sie entgegen, indem sie sich von Medizinern und Journalisten einige Zeit beobachten ließ. Jasmuheen hat damit bewiesen, daß der Mensch die Fähigkeit besitzt, ohne feste Nahrung allein im Vertrauen auf die Hilfe der geistigen Welt zu überleben.

# 9. Fressen und Gefressen werden

Das gesamte Universum ist so konstruiert, daß die eine Form von der anderen Form profitiert. Alle Wesenheiten im gesamten Kosmos sind aufeinander angewiesen. Es ist eine Illusion, wenn wir glauben, daß wir etwas ganz allein, ohne Hilfe anderer erschaffen können. Die Menschen, die dieses Gesetz verstanden haben und auch anwenden, werden mit allem was sie beginnen, erfolgreich sein. Die Menschen, die sich in diese Gesetzmäßigkeit nicht hineinbegeben können, sind oft neidisch auf Erfolge anderer.

Die Ursache von Mißerfolg ist begründet in ungeordneten Gedankenstrukturen. Die Energien werden oft in gegensätzliche Richtungen geleitet und heben sich dadurch gegenseitig auf. Wenn wir negative Erfahrungen benötigen, bekommen wir Hilfe von den Schattenwesenheiten, die uns dann die entsprechenden Erfahrungen bringen, die mit Leid und Schmerz verbunden sind. Wenn wir in positiver Erfahrung leben wollen, brauchen wir die Hilfe von den Lichtwesenheiten, welche uns ermöglichen, Glück, Zufriedenheit und Harmonie in Fülle zu erleben.

Beide Erfahrungen müssen wir in unserem Licht speichern, um dann später bewußte Entscheidungen treffen zu können. Ohne die Erfahrungen von Leid können wir die Intensität des Glückes nicht bewußt in uns aufnehmen.

Wir können dies durch ein Beispiel verstärken, in dem wir uns mit einem Menschen unterhalten, der in der sogenannten "Dritten Welt" gelebt hat. Er wird solange alles für in Ordnung halten, auch die für uns unmenschlichen Verhältnisse in Kauf nehmen, solange er keine anderen Erfahrungen gemacht hat. Erst wenn dieser für kürzere Zeit den Wohlstand (z. B. den der westlichen Welt) erfahren hat, beginnt in ihm die Unzufriedenheit zu entstehen (Adam Mazur).

Aus jeder Situation können wir das Negative oder das Positive herausholen und danach leben. Ich kann an einem Sommermorgen auf die Terrasse gehen und den wolkenlosen Himmel betrachten, die Wärme spendende Sonne genießen und mich freuen über den lichtvollen Tag, der vor mir steht. Oder ich kann meine Gedanken in die andere

Richtung lenken, die mit der unerträglichen Hitze des Tages verbunden ist. Die Gedanken werden von den Gefühlen getragen und anschließend von Willensimpulsen in die Realisationsphase geführt. Die gleiche Situation kann unterschiedliche Realitäten hervorrufen. **Welche es sind, beschließen wir selbst.**

Die Art, oder besser gesagt die Verhaltensmuster, die wir einmal aufgenommen haben, beeinflussen unsere Handlungsweise, den Willen, unsere Gefühle und unsere Gedanken. Solange uns dieser Zustand nicht bewußt wird, werden wir immer von den äußeren Umständen gesteuert. Die meisten Menschen auf dieser Entwicklungsebene richten sich in ihrem Handeln nach dem Denken, Fühlen und Wollen was ihnen das sogenannte Ego (anerzogenes niederes Selbst, Persönlichkeit, Charakter) vorschreibt.

Das Ego spiegelt die Summe unserer Denk-, Fühl- und Willenserfahrungen. Die meisten von uns haben ein sehr großes Erfahrungsgut aus unzähligen Inkarnationen in ihrem "Lichtkörper" (Kausalkörper, Seele, höheres Selbst) gespeichert. Sie können damit in ihrer Welt sehr viel bewegen. Das Ego hat aber nicht all die Informationen die das höhere Selbst hat. Dieses ist das in einem anderen Raum-Zeit-Kontinuum existierende Element in uns, das über die eigenen Erfahrungen hinaus Zugang zu wesentlich mehr Informationen hat. Diese unsere Seele wird von den christlichen Religionen auch Funken Gottes genannt. Da dieser Funken nicht räumlich ist, ist er überall und nirgends. Der bekannte englische Biologe Rupert Sheldrake hat ihn in seinem neuen Buch "Die Seele ist ein Feld" in Anlehnung an die Sprache der Physik als ein Feld bezeichnet.

Die meisten Menschen pendeln in ihren Handlungen zwischen den Erfahrungen des Egos und denen des höheren Ichs. Je bewußter der Mensch ist, desto klarer entscheidet er sich für sein göttliches Ich, desto weniger Umwege muß er gehen und desto himmlischer wird sein Leben aussehen. Die Schwierigkeit bei dem Einzelnen ist, die Entscheidung, das Ego-Denken, das Ego-Fühlen und das Ego-Wollen zu verlassen und auf das Unbekannte, weil nicht eigene Erfahrungsgut des Universums zu vertrauen, das über die Intuition und die Seele zu uns fließen kann. Das Gebet aus der Kirche "Herr, dein Wille geschehe" bedarf aktiver Hingabe, um nicht zu einer Floskel degeneriert zu werden statt tiefe Weisheit zuzulassen. Das Entscheidende ist das Vertrauen in das universelle Göttliche, was uns ohne Umwege in das ewige glückliche Leben führen kann.

Erst wenn wir bereit sind, den Mut aufzubringen, für die Konsequenz, die mit unserer Lebensaufgabe verbunden ist, gerade zu stehen und immer wieder die Frage stellen "Was will ich wirklich", verlassen wir die Ebene des biologischen Kreislaufs. Wir werden nicht mehr fressen und gefressen werden, sondern besinnen uns der Urkraft, die durch uns und in uns wirkt - an den göttlichen Funken. Dieser Gott in uns ermöglicht es uns, das Leben in Freiheit und in der Gestaltung und der Erschaffung des gesamten Universums zu genießen.

Die Entstehung der Welt ist nicht, wie uns die Bibel suggeriert abgeschlossen, sondern befindet sich in einem ewigen Prozeß. An diesem, von uns mit gestalteten Prozeß können wir uns erst dann bewußt beteiligen, wenn wir die Gesetze, nach denen die Welt aufgebaut ist, in uns aktiviert haben. Wir streben alle danach, das Werden in unserem Sinne beeinflussen zu können. Die Menschen, die diese Bewußtseinsebene noch nicht erreicht haben, und dadurch automatisch nach dem Zufallsprinzip Erfahrungen sammeln und aufgrund des Resonanzgesetzes entsprechende Folgen ernten, bereichern die gesamte kosmische Einheit.

Hiermit relativiert sich wieder das Gut und Schlecht. Der bewußte, harmonisch mitgestaltende Mensch wird automatisch in der Harmonie der Bedingungslosigkeit und der Erwartungslosigkeit der Liebe leben. Er wird zu dem geistigen Menschen. Dieser lebt in Respekt vor der Schöpfung und ist unverletzlich gegenüber den Projektionen seiner Umwelt. Dadurch befreit er sich von dem Gesetz Fressen und Gefressen werden, also von der Polaritätsordnung, die noch Schuldbewußtsein beinhaltet.

Wenn wir die Christusebene erreichen wollen, wird uns dabei von entsprechenden Lichtwesenheiten geholfen. Es reicht alleine die Absicht. Mit dem Wollen beginnen wir den Prozeß, der uns auf dem Entwicklungsweg zu einer höher entwickelten Wesenheit bringt. In unserem neuen Lichtkleid benötigen wir die physische Nahrung nicht mehr. Wir brauchen die anderen Bewohner unseres Planeten nicht mehr zu töten, um uns aus deren konzentrierten Lichtkraftinformationen zu ernähren, weil wir uns die Fähigkeit erarbeitet haben, die Lichtinformation direkt aus der Quelle zu beziehen.

Die Quelle ist immer das Nächsthöhere, nach dem wir in unserer Entwicklung streben. Die erste Stufe ist die Kraft der Sonne und die Lichtinformation, die sie auf ihrem Wachstumsweg gesammelt hat und teilweise von der Zentralsonne bezieht. Die Zentralsonne holt ihre Energie wiederum von der Urzentralsonne. Dieses ist die Form der Nahrungsaufnahme, deren sich alle Lichtwesen bedienen. Wir ersehen daraus, daß alles Leben voneinander profitiert. Je höher entwickelt ein Lebewesen ist, desto weniger Leid fügt es seinen Mitgeschöpfen zu.

Von dem irdischen Prinzip "Fressen und Gefressen werden" ist der Mensch nur dann befreit, wenn er sich aus eigener Kraft darüber erheben kann. Das heißt, je weniger Leid der Mensch der Schöpfung zufügt, desto weniger Leid wird ihm zugefügt. Wenn uns Hilfen aus der geistigen Welt für unsere Höherentwicklung gegeben wurden, haben wir die Verpflichtung aufstrebende Lebewesen ebenfalls zu unterstützen. Wir müssen Vorbild für unsere Mitgeschöpfe sein, damit sich diese an uns orientieren können. Damit dienen wir dem gesamten göttlichen Urimpuls.

Dadurch, daß die Menschen, die sich an uns orientieren wollen, uns ihre Aufmerksamkeit schenken, geben diese uns wiederum Lichtenergie, welche wir für unsere Weiterentwicklung unbedingt benötigen. So schließt sich der Kreislauf des Prinzips "Fressen und Gefressen werden" auf einer höheren Entwicklungsstufe.

# 10. Ernährung und Chakren

Im Kapitel "Die Qualität des Lichtes in unserer Nahrung" haben wir bereits über die Wirkung der Farben berichtet. Aufgrund des großen Einflusses, den die Lichtfarben der Nahrung auf unser Befinden und unsere Entwicklung ausüben, wollen wir auf dieses Thema in Verbindung mit den Chakren noch näher eingehen.

Wenn wir erkannt haben, wie unsere Chakren funktionieren, können wir über die Lichtfarben unserer Speisen bewußt auf die Gesundheit unserer Körper (Äther-, Physischer-, Emotional- und Mentalkörper), sowie deren Entwicklung einwirken. Die Chakren sind dazu da, die Informationen aus dem Universum zu empfangen und an unser Nervensystem weiterzuleiten. Sie sind verbunden mit den endokrinen Drüsen, welche die Brücke zwischen Geist und Materie bilden:

- die Hypophyse mit dem Scheitelchakra
- die Epiphyse oder Zirbeldrüse mit dem Stirnchakra
- die Schilddrüse mit dem Halschakra
- die Thymusdrüse mit dem Herzchakra
- das Sonnengeflecht mit dem Solarplexuschakra
- die Nebennieren mit dem Sexualchakra oder Nabelchakra
- die Ovarien und Prostata mit dem Wurzelchakra.

Eng verbunden mit den Chakren ist die "ätherische Antenne", die lebendige Informationen aus dem Meer des Seins empfängt und sich aus der Lichthülle, die unseren Körper umgibt (auch Aura genannt), bildet. Niemals droht uns von außen über die ätherische Antenne Gefahr. Gefahren entstehen ausschließlich in uns selbst und zwar durch Mangel an Liebe uns selbst und anderen gegenüber. Lieblosigkeit kann der Grund für Blockaden in unseren Chakren sein. Da die Kommunikation mittels Worten nur bruchstückhaft sein kann, da jedes Wort nur ein Symbol für den dahinterstehenden Gedanken ist, findet die reinste Kommunikation mit Hilfe der ätherischen Antenne, und dem voll aktivierten Sinnessystem statt. Darüber hinaus empfangen wir über die Intuition Botschaften von der Seele (im höheren Mentalkörper beheimatet), die wir im niederen Mentalkörper, dem Bereich des konkreten Denkens, in Worte kleiden.

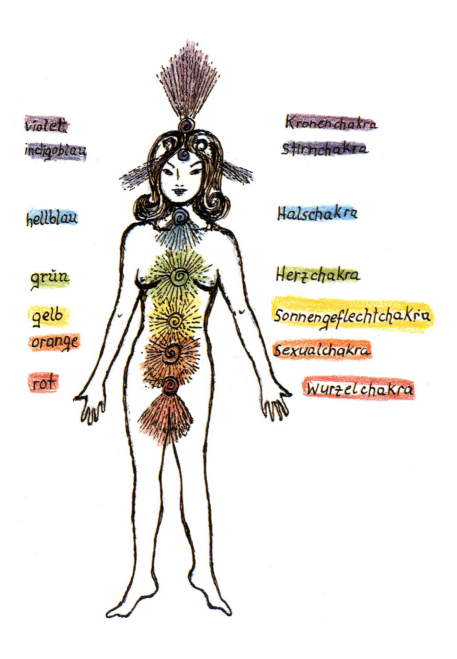

Deshalb ist die Wirkung der Farben, Düfte und Aromen unserer Nahrung für unser Wohlbefinden von allergrößter Bedeutung. Wir kennen sieben Hauptchakren, welche die Funktionsweise unserer grobstofflichen und feinstofflichen Körper beeinflussen. Jedem Chakra ist eine Farbe zugeordnet. Damit die Chakren mehr Informationen aus dem Kosmos aufnehmen können, werden wir diese mit den Lichtfarben unserer Nahrung aktivieren. Dieses veranlaßt uns zu empfehlen, unsere Speisen mit schönen eßbaren Blüten zu dekorieren.

Hellsichtigen Menschen erscheinen die einzelnen Chakren wie kreisende Blüten. Diese kreisenden Blütenräder verteilen die Energie, die aus dem Kosmos einfließt in allen unseren Körpern. Beim Durchschnittsmenschen haben diese Räder einen ungefähren Durchmesser von zehn Zentimeter. Je höher sich der Mensch entwickelt, desto weiter dehnen sich die Chakren aus. Durch Angst (selbst die Ängste, die wir beim Verzehr von tierischer Nahrung in uns aufnehmen) kann es zu Blockaden innerhalb der Chakren kommen. Dieses verhindert das ungehinderte Fließen der Lebensenergie.

**Die einzelnen Chakren und die dazu passenden Speisen:**

### 1. Chakra (Wurzelchakra)

Es korrespondiert mit den Knochen, den Zähnen, dem Darm und dem Blut und befindet sich zwischen Anus und Damm und ist nach unten geöffnet (siehe Zeichnung). Die benötigte Farbe ist die Farbe der Kraft und Vitalität das leuchtende Rot. Durch dieses Chakra strömt die Energie der Erde in unsere Körper ein. Die vitalen Bedürfnisse, die das Leben und Überleben auf diesem Planeten betreffen, liegen im Aufgabenbereich des Wurzelchakras.

Die ungestörte Funktion erkennen wir am Urvertrauen, am Wissen, daß alles, so wie es ist in Ordnung ist, am Loslassen - können, an der Verbundenheit mit der Erde und allen ihren Geschöpfen.
Die gestörte Funktion: Anhäufung von materiellem Besitz, ständiges Streben nach sinnlichen Genüssen, Geben und Nehmen fällt schwer, Mangel an Urvertrauen, Festhalten an Allem.

Harmonisierend einwirkende Lebensmittel: Alle roten Gemüse und Früchte, z. B. Tomaten, Kirschen, Rote Beete, rote Paprika, rote Äpfel, rote Salate (Radicchio), rote Getränke.
Fördernde Aromen: Gewürznelke und Zeder.

Empfohlene Speisenfolge:
Tomatensuppe mit Reiseinlage
Dinkelgemüsepfanne mit roter Paprika, frischen Sojasprossen, dazu Radicchiosalat mit Flohsamen
Kirschenkompott mit Gewürznelken (zwei Stunden nach der Hauptmahlzeit)

Tipp: Gewürznelken zwischendurch gekaut geben viel Power.
Rosmarinzweige in die Speisen geben!
Zedernaroma über Duftlampe verströmen lassen.

## 2. Chakra (Sexualchakra)

Es korrespondiert mit Nieren, Blase, und Geschlechtsorganen und befindet sich oberhalb der Geschlechtsorgane (siehe Zeichnung). Es ist nach vorne hin geöffnet und benötigt die Farbe der Organisation der Kreativität und Koordination - die Farbe Orange.

Eine ungestörte Funktion dieses Chakras bewirkt eine Offenheit der Gefühle anderen Menschen, sowie dem anderen Geschlecht gegenüber. Es zeigt sich in einem gewahr werden des Fließens des Lebens durch die eigenen Körper .
Eine gestörte Funktion zeigt sich in übersteigerter Triebhaftigkeit,

sowie Unzufriedenheit den eigenen sexuellen Erfahrungen gegenüber. Es wird nicht erkannt, daß die Ursache dafür im eigenen Bewußtsein liegt.

Harmonisierend einwirkende Lebensmittel: Orangen, Mandarinen, Karotten, einige Kürbissorten, orangefarbene Getränke.
Fördernde Aromen: Sandelholz, Ylang – Ylangblüte.

Empfohlene Speisefolge:
Kürbiscremesuppe
Gratin aus Karotten, gelben Zucchini bestreut mit Nori Algen
Tomaten-, Eichblattsalat mit gelben Paprikaschoten, dekoriert mit orangefarbenen Blüten der Kapuzinerkresse
Mandarinengelee (mit Agar-Agar) (1 Std. nach der Mahlzeit)

Tipp: Beim Speisen Sandelholzstäbchen abbrennen,
Schale mit Ylang-Ylangduft mittels Duftlampe verströmen,
Strauß mit orangefarbenen Ringelblumen auf den Tisch stellen.
Kenner werden diese Blüten bei Bedarf auch verspeisen.

Ringelblume

## 3. Chakra (Solarplexuschakra)

Es korrespondiert mit Bauchspeicheldrüse, Magen, Leber, Milz und vegetativem Nervensystem. Sein Sitz ist zwei fingerbreit oberhalb des Bauchnabels. Es ist nach vorne hin geöffnet. Die benötigte Farbe ist die Farbe des Frohsinns, der Heiterkeit, des Verstandes, des Charismas (Ausstrahlung der Persönlichkeit): die gelbe Farbe.

Dieses Chakra ist unser Kraftzentrum, der Sitz der Persönlichkeit. Mit Hilfe dieses Chakras nehmen wir durch die Spiegelung unserer Umwelt unsere Persönlichkeit wahr. Es hat mit Sympathie, Antipathie und Macht zu tun.

Ungestörte Funktion: Es vermittelt ein Gefühl von Harmonie und Freude, gibt Kraft und sein Lichtstrahlungsfeld strahlt auch in unsere Umgebung und bietet Schutz vor negativen Energien.

Gestörte Funktion: Ruhelosigkeit, Unzufriedenheit, Machthunger und Manipulation.
Harmonisierend einwirkende Lebensmittel: Mais, Eidotter, gelbe Paprika, Kurkuma, Banane, gelbe Äpfel, gelbe Birnen usw.

Empfohlene Speisenfolge:
Gemüsebrühe mit Kurkumapfannkuchenstreifen
Polenta mit gelben und grünen Paprika und einem ausgestochenen Spiegelei (ein Teil des Eiweißes entfernen)
Löwenzahnsalat mit seinen Blüten umlegt und einem Hauch Bergamotte angemacht
Banane, gelbe Äpfel, Kompott von gelben Birnen (eine Stunde nach der Hauptmahlzeit)
Fördernde Aromen: Zitronenblüte, Bergamotte, Lavendel.

Tipp: Lavendelblüten zum Dekorieren der Speisen verwenden.
Beilagen wie Nudeln, Reis usw. mit Kurkuma gelb färben.
Salatteller leicht mit Lavendelöl einreiben.
Süßspeisen mit Safran färben.
eßbare gelbe Blüten wie: Tulpen, Kapuzinerkresse, Ringelblume, Löwenzahn, Dahlien, Rosen zum Dekorieren verwenden.

## 4. Chakra (Herzchakra)

Es korrespondiert mit Thymusdrüse, Herz und Blutkreislauf, es befindet sich in der Mitte des Brustbeines und ist nach vorne hin geöffnet.

Dieses Chakra gibt uns die Fähigkeit des Mitgefühls. Es verhilft uns dazu, uns so anzunehmen wie wir sind und somit auch unsere Mitmenschen zu akzeptieren. Es transformiert alles Negative und wirkt heilend auf unsere Körper und auf Situationen ein. Die benötigte Farbe ist die Farbe der Mitte (Harmonie), des Ausgleichs, der Veränderung, der Gesundheit, - die Farbe Grün.

Ungestörte Funktion: Mitgefühl, Herzlichkeit, Fröhlichkeit, Naturverbundenheit, Bejahung des Lebens.
Gestörte Funktion: Abhängigkeit von der Anerkennung Anderer, Unfähigkeit, die Zuneigung anderer anzunehmen, die Erwartung daß einem Dankbarkeit entgegengebracht wird, Egoismus, Hartherzigkeit, Disharmonie.

Harmonisierend einwirkende Lebensmittel: Blattsalate, grüne Äpfel, Kiwi, Avokados, Gurken, alle Kräuter, grüne Paprika.
Fördernde Aromen: Melisse in jeder Form (Gold-Zitronenmelisse), Rosenöl.

Empfohlene Speisenfolge
Avokadocremesuppe (Achtung, nicht kochen, wird sonst bitter)
Ofenkartoffeln mit Wildkräuterquarkdip
Blattsalate, Spitzwegerich mit frischem, grünem Olivenöl und Balsamico angemacht und mit Hijiki Algen garniert
Frische Kiwischeiben in Agar-Agar, Vanillesoße aus Mandelmilch und Rosenöl

Tipp: Frische grüne Blattsalate mit rosa Rosenblüten dekorieren.
Vor dem Schlafengehen, Melissen - Salbeitee trinken.
Alle Speisen mit Zitronenmelissenzweiglein dekorieren.
Morgens auf nüchternen Magen ein Glas frisch zubereiteten Wildkräutersaft trinken
Rosenöl über Duftlampe verströmen
Rosarote Rosen auf die Speisentafel stellen
im lichtdurchfluteten Wald spazieren gehen

## 5. Chakra (Kehl- oder Halschakra)

Es korrespondiert mit den Ohren, der Luftröhre, den Bronchien und der Schilddrüse. Sein Sitz ist in der Mitte des Halses, die Öffnung ist nach vorne gerichtet. Die einwirkende Farbe ist die Farbe der Ruhe, des Schutzes, der Weite, des Gottesbewußtseins, der Geduld, Sicherheit, Ehrlichkeit, Hingabe und Stille; es ist die Farbe Hellblau.
Das Kehlchakra ist das Mittel zur Kommunikation mit der Außenwelt. Wir drücken damit alle unsere Emotionen, Ansichten und Erkenntnisse aus. Es ist auch das Zentrum der Information. Alles was in uns ist, drücken wir mittels Worten und Gesten, sowie verschiedenen Kunstformen (Musik, Tanz, Malerei, Bildende Kunst und kreatives Zubereiten von Speisen) aus.

Zichorie
Wegwarte

Ungestörte Funktion: Offener Ausdruck von Gefühl, Gedanken und Erkenntnissen. Die Innere Stimme gibt Informationen, dadurch wird die Seele mit Vertrauen erfüllt. Weisheit wird durch alle Kommunikationsformen ausgedrückt.

Gestörte Funktion: Unsichere Ausdrucksweise, Schuldgefühle, Emotionalität, Überwiegen des Verstandes bei gleichzeitiger Unterdrückung des Gefühlslebens. Der Ausdruck der Person ist gekünstelt, wahre Bedürfnisse werden verschwiegen. Das Ich verbirgt sich hinter einer Maske. Stottern und Unsicherheit der Umwelt gegenüber zeugen ebenfalls von einer Störung im Halschakra.

Harmonisierend wirkende Lebensmittel: eßbare Blüten, z. B. Vergißmeinnicht, Immergrün, Frühlingsenzian, Flachs.
Fördernde Aromen: Salbei, Eukalyptus.
Empfohlene Speisenfolge:
Dinkelcremesuppe mit Schnittlauch
Vegetarische Pizza mit Salbei und Basilikum
grüne Blattsalate dekoriert mit Vergißmeinnichtblüten
Zitronensorbet mit geschlagener Sahne und kandierten Veilchenblüten (zwei Stunden nach dem Essen)
Tipp: Frische, hellblaue Blüten wie : Veilchen, Vergißmeinnicht, Weg-warte, Immergrün, Frühlingsenzian, Flachs für die Speisenzubereitung ernten. Salbeitee trinken.
Den hellblauen Himmel betrachten,
hübsche Gestecke mit hellblauen Blüten arrangieren.
Eukalyptus mittels Duftlampe verströmen.

## 6. Chakra (Stirnchakra oder auch drittes Auge)

Es korrespondiert mit dem Zentralnervensystem, Augen und der Nase. Das Stirnchakra befindet sich etwas oberhalb zwischen den Augenbrauen. Die benötigte Farbe ist die Farbe der Ruhe, der Klarheit, der Tiefe, der Intuition, Inspiration, Einheit, Hellsichtigkeit und der Ausgeglichenheit. Es ist die Farbe Indigoblau.
Über das dritte Auge nehmen wir die feinstoffliche Wirklichkeit bewußt wahr. Ein geöffnetes Stirnchakra ermöglicht es dem Menschen, mittels Mentalkraft zu manifestieren. Der Mensch ist zum Meister seiner Gedanken und Gefühle geworden, er kann bewußt seine Realität verändern.

Ungestörte Funktion: Der Mensch kann hinter den Schleier von "Maya" (dritte Dimension) schauen, er erkennt, daß die sichtbare Welt nur das Symbol für das Unsichtbare ist, sie ist transparent geworden, sie ist der Spiegel der feinstofflichen Welt. Die Intuition lenkt den Menschen, er ist dann zum richtigen Zeitpunkt am richtigen Ort.

Gestörte Funktion: Überbetonung des Verstandes. Es ist nur das wahr, was mit materiellen Methoden meß- und prüfbar ist. Vergeßlichkeit und Sehstörungen können u. U. mit einer Fehlfunktion des dritten Auges in Zusammenhang stehen.

Harmonisierend wirkende Lebensmittel: Holunderbeeren, blaue Trauben, Blaubeeren, einige Glockenblumen, Bergflockenblume
Fördernde Aromen: Minze, Jasmin.

Empfohlene Speisenfolge:
Kräuter- Gemüsesuppe mit Nudeleinlage
Holunderbeerensuppe mit Äpfeln und Tapioka
(aus der Maniokwurzel)
Eichblattsalat mit Blüten der Bergflockenblume mit Wakame Algen bestreut
Frische indigofarbene Trauben (eine Stunde nach dem Hauptgang).

Tipps: Jasminduft mittels Duftlampe verströmen.
Getränke und Speisen mit Minzeblättern dekorieren.
Pfefferminztee trinken (nicht übertreiben)!
Den Nachthimmel betrachten.


## 7. Chakra (Kronenchakra)

Es korrespondiert mit dem Großhirn und befindet sich am Scheitelpunkt des Kopfes. Die wirkende Farbe ist die Farbe der Spiritualität, der Transformation, der Hingabe, dem bewußten Umgang mit der Lichtenergie und dem Idealismus, die Farbe Violett (aber auch die "Farbe" Weiß. Weiß enthält alle anderen Farben und sie öffnet die Seele für göttliche Ebenen).

Wie wir schon des öfteren erwähnt haben, hat alles in der Polarität seinen Gegenpol. Bei der reinen strahlend weißen Farbe ist der Gegenpol die Dunkelheit. Das soll heißen, je intensiver wir uns mit allen unseren Gedanken auf die Reinheit, auf das Licht konzentrieren, desto stärker wird der Einfluß der Dunkelheit auf uns gerichtet sein. Wenn wir nicht wollen, daß uns das Leben schwere Aufgaben, die mit viel Mühe und Leid gelöst werden müssen stellt, dann ist der vernünftigste Weg, der Weg der Mitte für uns. Dieser Weg der Mitte ist subjektiv unterschiedlich und hängt von der Fähigkeit des einzelnen Menschen, Schmerz und Leid zu ertragen ab.

Wiesenflockenblume   Veilchen

Für alles liefert uns die Natur symbolhafte Beispiele: Je weißer die Kleidung, desto schneller erscheint sie uns schmutzig. Fliegen werden von rein weißen Flächen magisch angezogen, um darauf ihre "Spuren" zu hinterlassen.

Das Kronenchakra ist das Zentrum der Spiritualität und des göttlichen Seins. Es ist das Höchste der Hauptchakren. Wenn es sich öffnet, lösen sich die letzten Blockaden in allen unteren Chakren auf. Entfaltet sich das Kronenchakra, spürt der Mensch, daß er mit dem Universum eins ist. Er fühlt, daß dieses das einzig wahre Sein ist, eins mit dem Schöpfer und der Schöpfung zu schwingen. Alle Täuschungen sind jetzt aufgehoben und es gibt keinen Rückschritt in der Entwicklung mehr, überall nur Freude und Seligkeit. Bei geschlossenem Kronenchakra kommt es zu einem Gefühl der inneren Leere, der Sinnlosigkeit des Lebens. Überaktivität kann ein Zeichen dafür sein, daß der Mensch seine innere Leere überspielen will.

Fördernde Aromen: Weihrauch und Lotos.
Harmonisierend einwirkende Lebensmittel und Blüten: Aubergine (violett), violette Feigen, das duftende Veilchen (violett), Holunderblüten (weiß) Birnenblüten (weiß), Margeriten (weiß), Mädesüß (weiß), Dreimasterblume (Lilienart violett) und die Wiesenflockenblume (violett).

Empfohlene Speisenfolge:
Topinamburcremesuppe mit Sahnehäubchen
Mit Dinkel und Schafkäse gefüllte Auberginen, Kräutertomatensoße, Basmatireis.
Eichblattsalat mit violetten Spitzen.
Geviertelte violette Feigen mit Vanillerahm.

Tipps: Wiesenblumenstrauß auf die Tafel stellen.
Lotusduft mit Aromalampe verströmen, Weihrauch abbrennen.

Die Entschlüsselung der verändernden Wirkung der Lichtfarben unserer Lebensmittel ist im Grunde ganz einfach und funktioniert wie folgt: Frei nach unserer Intuition/Inspiration, wählen wir unsere Speisen aus. Hier steuert die Seele den Vorgang. Lassen wir den Einfluß der Spektralfarben auf uns wirken, beginnt der Prozeß der Realisation und der heilende, harmonisierende Ausgleich folgt. Jedes harmonisierte Chakra läßt uns nicht nur in unserer Bewußtwerdung, sondern auf allen Ebenen unseres Seins wachsen.

# 11. Wertvolle Lebensmittel und Inhaltsstoffe

Die meisten Menschen verstehen unter "reale Welt" die Welt in der wir zur Zeit leben - also die materiellen Formen hier auf dem Planeten Erde. Tatsächlich ist die reale Welt aber die geistige Welt, die Welt der Ursachen und Ideen. Es ist die Welt aus der wir kommen und in die wir wieder zurückkehren. Als Menschen sind wir mehrdimensionale Wesenheiten. Das besagt, wir bestehen aus Geist, Seele und Körper.

Geist ist höchstfrequente, feinstoffliche Energie; er hat die Seele geformt, um in der dichten Materie Erfahrungen zu sammeln. Die Seele selbst ist ein feinstoffliches Lichtgebilde, in das alle Erfahrungen vergangener Inkarnationen eingeprägt sind. Jede Verkörperung bringt neue Informationen hinzu. Die Seele erschafft (manifestiert) sich den Körper, den wir als Kleid oder Werkzeug der Seele verstehen können, aus den Substanzen des Planeten Erde. Die Bibel sagt: "Gott formte den ersten "Menschen aus Lehm und hauchte ihm den Atem ein". Jede Seele bildet ihren Körper mit Hilfe der ihr innewohnenden Informationen-Lichtprägungen. Somit kann unser Körper als das materielle Spiegelbild seiner Seele bezeichnet werden. Deshalb kann es auf der ganzen Welt keine zwei gleich veranlagten Menschen geben.

Wir leben in der Welt der materiellen Formen, der Scheinwelt (Maya). Sie wurde gebildet, um als Lehrstätte für Seelen zu dienen. Der Geist manifestiert sich in der sichtbaren Welt in vierfacher Form:
* Mineralreich
* Pflanzenreich
* Tierreich
* Menschenreich

Die höchsten Geistwesen strahlen ihre Kräfte in das Mineralreich ein, um dem Menschen Heilung und Schutz zu geben. Die Heilkraft der Heilsteine steht über allen Heilkräften der für uns sichtbaren nichtmineralen Natur. Interessant ist, daß sich in jeder einzelnen Zelle kristalline Mineralien schwimmend in einer destillierten, wasserähnlichen Flüssigkeit befinden. Die auf die Zellmembran einwirkenden kosmischen Schwingungen werden an die Kristalle weitergeleitet. Wir wissen, daß Kristalle Verstärker sind. Hier verstärken sie die Schwingungen des Kosmos in den Zellen und übertragen diese auf die DNS.

Hierdurch werden vier Basenquerverbindungen, die mit der Doppelhelix verbunden sind, in Bewegung gesetzt. Die Spirale der Doppelhelix dreht sich und wirkt als winziger Generator (Dynamo). Aus kosmischen Impulsen entstehen somit Spannung, Licht und Lebenskraft. In jeder Zelle werden 90 mV Spannung erzeugt. Das bedeutet, daß der Mensch als elektromagnetisches System, das aus Billionen von Zellen besteht, eine Stromspannung von 90000 Volt hat.

Gefühle, Gedanken, Worte, Handlungen, Ernährung, Bewegung, Klänge, Farben, Düfte wirken sich fördernd oder blockierend auf die Lichterzeugung in den Zellen aus. Deshalb können wir, anhand der Strahlkraft (Leuchten der Oberstirn) den Grad von Gesundheit oder Krankheit erkennen. Über die impulsverstärkende Wirkung hinaus haben Mineralien auch noch andere wichtige Funktionen.

**Die für unsere Ernährung wichtigsten Mineralstoffe sind:**

- KALZIUM: Bildung von Knochen und Zähnen, wichtig für die Blutgerinnung, sowie die Erregbarkeit der Muskeln und Nerven, aktiviert Enzyme (diese veranlassen Stoffwechselprozesse im Körper). Ca-Quellen: Sojasprossen, Seefische, Algen, Datteln, Sonnenblumenkerne, Blattgemüse, Milch, Käse, Sesam, Mandeln, Nüsse.

- KALIUM: reguliert den Austausch von Nährflüssigkeiten zwischen intra- und extrazellulärem Raum (osmotischer Druck in der Zelle), steuert das Säurebasengleichgewicht, sowie einige Enzyme, ist wichtig für Herz und Gefäße. K-Quellen: Kartoffeln, Bananen, Aprikosen, Seefisch, Kiwi, Sellerie, Karotten, Äpfel, Milch, Käse.

- PHOSPHOR: baut Enzyme auf; ist beteiligt an der Energiegewinnung und Übertragung, steuert Hormone (Botenstoffe, sie bringen Informationen von einer Drüse in ein bestimmtes Körpergebiet). P-Quellen: Fleisch, Fisch, Geflügel, Eier, Milch, Vollkorn, Sprossen, Nüsse, Kastanien, Kohl, Champignons.

- MAGNESIUM: für Knochen und Zähne, aktiviert Enzyme des Kohlenhydrat- und Eiweißstoffwechsels, wichtig für die Muskel- und Nervenreizbarkeit (krampflösend). Mg-Quellen: Dinkel, Roggen, Löwenzahn, Blattsalate, Kartoffeln, Kirschen, Bananen, Erbsen, Seefisch, Geflügel, Mineralwasser, Bierhefe, Keimlinge, Mandeln, Kastanien. Alkohol und Streß erhöhen den Magnesiumbedarf.

- NATRIUM: reguliert den osmotischen Druck in der Zelle, den Säure-Basen- und den Wasserhaushalt und transportiert Nährstoffe. Na-Quellen: Kochsalz, Fisch, Geflügel, Meeresfrüchte, Sellerie, Algen.

- EISEN: Sauerstofftransport, Blutbildung, aktiviert Enzyme, die für die Atmung und innere Reinigung wichtig sind, wichtige für die Funktion des Stoffwechsels. Fe-Quellen: Fleisch, Schalentiere, Dinkel, Haferflocken, Bohnen, Linsen, Algen, Sesam, grüne Salate, grüne Gemüse, Pilze. Vitamin C erhöht die Eisenaufnahme. Gerbstoffe aus Kaffee und Tee, schwere, gerbstoffhaltige Rotweine, Weizenkleie und Soja erschweren die Eisenaufnahme.

- KUPFER: ist ein Spurenelement, arbeitet mit Eisen und Vitamin C in der Stoffwechsel- und Nervenversorgung, sorgt für die Elastizität der Gefäße, aktiviert Enzyme, wandelt die Aminosäure (Eiweiß-baustein) Tyrosin in dunkle Farbpigmente um, die für unsere Haar- und Hautfarbe sorgen. Cu-Quelle: Fische, Meeresfrüchte, Algen, Dinkel, Hafer, Rote Beete, Blattgemüse, Johannisbeeren. Magenentsäuerungsmittel können die Kupferresorption hemmen.

- ZINK: koordiniert Enzyme, wichtig für die Blutbildung und Wundheilung, wichtig für die Atmung, wichtig für Schilddrüse, Leber und Gehirn, für die Bildung des Wachstumsvitamins B 12. Zn-Quellen: Milch, Dinkel, Bierhefe, Samen, Mandeln, Kürbiskerne, Austern, Pilze, grüne Blattgemüse, Wurzelgemüse, Kohl, Champignons. Zinn aus Konservendosen behindert die Zinkaufnahme, raffinierte Nahrungsmittel enthalten kein Zink, früher Haarausfall und Dermatitis (Hautentzündung) kann Zinkmangel anzeigen.

- SELEN: Schutzstoff gegen Krebs und Infarkt, steuert Enzyme, verhindert das Verklumpen der Blutblättchen, reguliert den Blutdruck, stärkt das Immunsystem. Se-Quellen: Bierhefe, Weizenkeime, Muskelfleisch von Rind und Schaf, Fische, Schalentiere, Milch, Vollkorn und Vollreis, Pilze, Zwiebeln, Knoblauch. Selen wird vom Kochwasser aufgenommen. Tipp: Kochwasser trinken oder wiederverwenden.

- MANGAN: Aktivator wichtiger Enzyme. Reguliert den Zucker- und Fettstoffwechsel, sorgt für die Knochenbildung und Blutgerinnung, wichtig für Gehirn und Nerven.

Mn-Quellen: Nüsse, Keime, Vollkornprodukte, Eigelb, Grüngemüse. Mangan geht durch Raffinieren verloren. Eine manganreiche Ernährung ist wichtig für bestimmte Diabetesformen, aber auch bei geistiger Tätigkeit.

• JOD: Aufbau der Schilddrüsenhormone. Schilddrüsenfunktion, Fettund Eiweißstoffwechsel, Regulierung der Körperenergie.
J-Quellen: Seefisch, Algen, Kohl, Milch, Spargel Spinat, Knoblauch, Salate, Kresse, Artischocken, Trauben.
Jod geht beim Kochen verloren - Fischsud wiederverwenden!

• CHROM: Regulierung des Blutzuckerspiegels durch Unterstützung des Insulins. Aktiviert Enzyme des Glukose-(Zucker-)stoffwechsels. Reguliert den Blutdruck und den Cholesterinspiegel.
Cr-Quellen: Bierhefe, Weizenkeime, Rote Rüben, Pilze, Karotten, Hülsenfrüchte, Austern, Kresse.
Chrom wird in der Esoterik mit dem Kehlkopfchakra in Verbindung gebracht, das für Kreativität steht.

• KOBALT: Baustein des Vitamin B, aktiviert Enzyme.
Co-Quellen: Milch, Fleisch, Muscheln, Algen.
Strenge Veganer können u. U. Kobaltmangel bekommen.

## Meeresgemüse

Die für den Menschen wichtigsten Gemüse sind die Gemüse aus dem Meer - die Algen. Diese speichern von allen Pflanzen die meiste Sonnenenergie. Sie enthalten in der Regel das zehnfache an Mineralien der Landpflanzen, haben sehr viele Vitamine, wenig Kalorien und die geringsten Schadstoff Rückstände. Sie stärken das Immunsystem, fördern die Verdauung, binden Schadstoffe wie Quecksilber, Blei, Cadmium und führen diese der natürlichen Ausscheidung zu. Algen sind reich an Ballaststoffen.

Die Ballaststoffe der Algen heißen: Agar, Carrageen und Alginate. Agar ist der Grundbestandteil des pflanzlichen Geliermittels Agar-Agar. Es ist bekömmlicher und verträglicher als Knochengelantine. Carrageen ist ein Schleimstoff und wird als natürlicher Stabilisator z. B. der flüssigen Sahne hinzugefügt. Alginate wirken stabilisierend auf die Darmflora, schützen Magen- und Darmschleimhaut.

Der regelmäßige Verzehr von Meeresalgen kann den Cholesterinspiegel senken, und damit das Risiko von Herz- und Kreislauferkrankungen verringern. Japanischen Berichten zufolge verhindert der reiche Kalziumgehalt der Meeresalgen Osteoporose. Japanische Forscher stellten fest, daß Alginate selbst radioaktives Strontium 90 im Darm binden und aus dem Körper ausscheiden.

Regelmäßiger Algenverzehr kann zu einem Abbau von radioaktiven Ablagerungen in den Knochen beitragen, die für eine verminderte Produktion der weißen und roten Blutkörperchen verantwortlich sind. Dadurch kann der Ausbruch von Krebserkrankungen (Knochenkrebs, Leukämie) verhindert werden.

Nach Chris Griscom, soll der Genuß der Süßwasseralge Spirulina die immer stärker werdende kosmische Strahlung für den Menschen verträglicher machen. Algen sind große Energiespender, straffen die Haut, kräftigen Haar und Nägel und fördern die Durchblutung.

### Algenarten, die für die Ernährung Verwendung finden

- Wakame, Arame, Hijiki, Nori, Kombu, Dulse, Iziki, Kelp
- Bluegreen, Spirulina, Chlorella
- In fast allen Konditoreien der Welt wird das Rotalgenprodukt Agar-Agar als Tortenguß und Geliermittel verwendet.

Algen sollten zu einem wichtigen Bestandteil der heutigen Ernährung werden. Deshalb wollen wir hier noch etwas näher darauf eingehen. Das Meeresgemüse gilt in Japan seit sehr langer Zeit als Delikatesse und Quelle von Mineralien und Vitaminen. Seit einigen Jahren werden Algen auch in Europa immer mehr bekannt und geschätzt. Auf Grund ihrer Eigenschaften der Remineralisierung und Vitalisierung, wurden sie hier vor allem in der Thalassotherapie (Meerwasserbehandlung), der Naturkosmetik und Ästhetik eingesetzt.

Immer mehr Ernährungsspezialisten, aber auch Küchenchefs bester Häuser entdecken in letzter Zeit die gesundheitsfördernde Seite, aber auch den köstlichen, interessanten Geschmack dieses Gemüses. Algen enthalten sehr viel Jod, das regelt die Schilddrüsenfunktion, dadurch wird die Verbrennung von Ballaststoffen angeregt. Dieses wiederum wirkt sich entschlackend und somit schlank machend und Kraft fördernd auf den Körper aus.

Wir können die Algen in vier Gruppen einteilen:
- Grüne Algen z. B. Seelattich
- Braune Algen: Iziki, Kombu, Arame, Wakame.
- Rote Algen: Nori, Agar – Agar
- Mikroalgen, z. B. Spirulina, Chlorella

**Die Algenarten im einzelnen**

- IZIKI: Wächst in Büscheln, die mit langen Stöcken losgerissen werden, um dann in der Sonne zu trocknen. Iziki wird vor dem Verarbeiten in kaltem Wasser gespült und kurz angedünstet. Sie hat einen angenehm milden Meeresgeschmack und wird vorwiegend als Gemüse serviert. Sie kann auch in Kroketten, Pasteten und Suppen, in Getreide-, sowie in Gemüsegerichten verarbeitet werden.

- ARAME: hat von allen Algen den mildesten Geschmack. Arame besteht aus 5cm breiten und ca. 40cm langen Blättern, die in der Sonne getrocknet werden. Die unter fließendem Wasser gesäuberten Algenstreifen können nach kurzem Einweichen direkt dem Salat beigegeben werden. Sie können auch mit Sprossen oder Gemüsestreifen zu einem Gericht in der Pfanne angeschwenkt werden.

- NORI: Die Alge wird auf Bambusgestellen getrocknet und zu durchsichtigen Blättern geformt, die über schwachem Feuer leicht geröstet werden. Die Blätter eignen sich hervorragend zum Füllen mit Fischfarcen und Reisbrei. Zerbröselt in Suppen, Polenta, Gemüse- oder Getreidepfannen entfalten sie ihren feinen und raffinierten Geschmack.

- WAKAME: Sie wird ca. 15 Min. in kaltem Wasser eingeweicht und dann mit Zitrone und kalt gepreßtem Öl angemacht. Wir können sie auch anderen Speisen hinzufügen. Wakame ist sehr reich an Proteinen, Kalzium und Vitaminen. Sie stärkt die Immunabwehr. Wakame schmeckt leicht nach Meer und etwas nach Krabben.

- KOMBU: Diese Alge enthält für den menschlichen Körper gut verwertbares Kalzium, sehr viel Eisen, Phosphor, Brom, Spurenelemente, Zink, und Vitamine. Kombu wird frittiert, in Mixed Pickles oder zu Suppeneinlagen verwendet. Hülsenfrüchten beim Kochen hinzugefügt, verkürzt sie deren Kochzeit und macht diese leichter verdaulich und neutralisiert zum Teil die Harnsäure.

- DULSE: Der Vitamin-, Eisen-, und Kalziumgehalt entspricht in etwa dem der Kombualge. Diese kleine rote Alge wächst an der südlichen Seite der felsigen Inseln nördlich der Bretagne. Sie benötigt eine sehr kurze Garzeit. Ihren feinen nußartigen Geschmack entfaltet sie am besten als Komponente im gemischten Salat. Man kann sie auch auf Butterbrot essen, als Suppeneinlage verwenden oder einfach über Gemüsebeilagen streuen.

- SALADE PECHEUR: eine flockig farbige Mischung aus Nori, Seelattich und Dulse. Diese Komposition benötigt weder Koch- noch Einweichzeiten, sie wird lediglich über Salate oder Beilagen gestreut

- AGAR-AGAR: es ist ein Geliermittel bestehend aus mehreren Rotalgenarten. Agar – Agar hat eine regulierende Funktion auf das Verdauungssystem und wirkt leicht abführend. Es wird nicht nur als pflanzlicher Tortenguß verwendet, sondern darüber hinaus zum Herstellen von pikanten Frucht- und Gemüsesülzen. Diese Alge kommt als Stange, Pulver und in Flockenform in den Handel. Wir würden Ihnen raten, die Flocken zu verwenden.

- HARICOTS DE MER: diese braune Meeresalge wächst an der felsigen nordatlantischen Küste. Ihre riemenartigen, bis zu 4m langen grünbraunen Blattwedel sind von bohnenähnlicher Form, daher der Name Meeresbohne. Die frischen, in Streifen geschnittenen Blattteile passen, leicht ansautiert, zu allen trockenen Gemüsen, Getreidearten, Mais und Reis. In weißen und braunen Ragouts mit gekocht oder Gemüseeintöpfen beigegeben, verleihen sie diesen nicht nur einen angenehmen Duft, sondern haben darüber hinaus einen heilenden Einfluß auf das Lymph-, Venen- und Nervensystem.

Algen ab einem Jodgehalt von 100 mg auf 100 g dürfen in Deutschland nicht mehr als Lebensmittel angeboten werden. Deshalb gelangen Algen in der Regel als Badezusatz in den Handel. Daran sollten sie sich nicht stören. Übrigens, der Tagesbedarf des erwachsenen Menschen beträgt 0,1 - 0,2 mg Jod pro Tag.

Jodgehalt einiger Algen in mg in 100g eßbarer Teile

| Nori | Kombu | Wakame | Dulse | Hiziki | Arame | Agar-Agar | Spirulina |
|------|-------|--------|-------|--------|-------|-----------|-----------|
| 0,5  | 300   | 25     | 150   | 40     | 300   | 0,2       | 0,01      |

Quelle: Japan Nutritionist Association: food tables - ergänzt

## Andere besonders wichtige Gemüsearten und Samen

Aus den Pflanzen beziehen wir die wichtigsten Stoffe, sie sind die Basis unserer Existenz, ohne sie ist unser physisches Leben auf der Erde undenkbar. Sie sind nicht nur die Produzenten unserer festen Nahrung, sondern liefern uns den lebensnotwendigen Sauerstoff, der für unsere Atmung unerläßlich ist. Im Pflanzenreich wirken mächtige Devas (Schutzengel der Pflanzen) für das Heil des Menschen. Das erkennen wir daran, daß die verschiedenartigsten Heilpflanzen die Leiden der Menschen lindern können. Im folgenden nennen wir Ihnen die für die menschliche Ernährung wertvollsten Pflanzen und was sie für uns in spiritueller Hinsicht bedeuten.

- DINKEL: wegen seiner hohen Wertigkeit gehen wir näher auf ihn ein. Der Siegeszug des Weizens verdrängte den Dinkel derart stark, daß er für Jahrzehnte aus unseren Bäckereien und Küchen verbannt war. Wie konnte eine so wertvolle Pflanze so rigoros vom Markt verschwinden?

Weizen, eine Zuchtform des Emmers, konnte mit Hilfe des Kunstdüngers und der Insektizide und Fungizide zu so hohen Erträgen gebracht werden, die mit dem Dinkel auf Grund seiner Unverträglichkeit gegenüber Kunstdünger und chemischen Spritzmitteln nicht zu erreichen sind. Darüber hinaus benötigt der Dinkel, seiner schützenden Spelzen wegen einen zusätzlichen Arbeitsgang bei der Ernte mit Mähdreschern.

In einer Zeit, in welcher der Glaube an die Technik, an ein unbegrenztes Wachstum und an den unaufhaltsamen Fortschritt bei fast allen Menschen so stark war, daß man Menschen die noch ein wenig an natürliche Dinge glaubten, für Spinner hielt, da galten urwüchsige Nahrungsmittel nichts. Die Menschheit war dem Gigantismus verfallen und befand sich auf ihrem größtem "Ego-Trip". Hier war kein Platz für eine bescheidene, einfache, genügsame und deshalb hochschwingende Pflanze wie den Dinkel. Erst Ende der siebziger Jahre, als immer mehr Menschen bewußt wurde, daß an dieser Lebenseinstellung etwas nicht stimmen konnte, holte man den Dinkel wieder aus der "Mottenkiste" hervor.

Dieses wundervolle Getreide überlebte Dank des Grünkerns, den Reformhaus Kunden bevorzugten. Heute gibt es Dinkelprodukte wieder in allen Küchen und Bäckereien. Der stets steigende Dinkelverzehr ist unter anderem ein Indikator dafür, daß wir alle langsam in eine höhere Schwingung kommen. Dinkel ist das vielseitigste Getreide. Er wirkt nicht säuernd, enthält alle Mineralien, Eiweiße, Kohlenhydrate, Fette im harmonischen Verbund. Er ist resistent gegen Pilze- und Schädlingsbefall und benötigt somit keine Pestizide und Fungizide. Er ist anspruchslos und robust und braucht daher nicht künstlich gedüngt zu werden. Neuesten Berichten zufolge nimmt er keine radioaktiven Strahlen auf. Schon die hl. Hildegard von Bingen schrieb im 12. Jahrhundert über den Dinkel: **"Der Dinkel ist das beste Getreide; er bereitet dem, der ihn ißt rechtes Blut und Fleisch, er macht frohen Sinn und Freude im Gemüt der Menschen."** Dies können wir alle nötig brauchen.

In neuester Zeit sind einige Dinkelerzeuger dazu übergegangen Dinkel mit verkürzten Halmen anzubauen. Der Halm des Getreides bereitet die aus dem Erdreich aufgenommenen Säfte auf, er filtert und verfeinert diese. Nur der unverfälschte ursprünglich lange Halm garantiert uns die Vorteile des Dinkelkorns. Grünkern ist unreifer Dinkel, wir würden ihn meiden, da alles Unreife schädlich ist.

- TOPINAMBUR ist ein hochwertiges Knollengemüse der Familie der Korbblütler. Sie ist ein Sonnenblumengewächs und hat von allen uns bekannten Kulturpflanzen die höchste Vitalität. Diese Lebenskraft teilt sie dem mit, der sie ißt. Dieses "Geschenk des Himmels" kam um 1590, ähnlich wie die Kartoffel, aus Amerika (Virginia) nach Europa. Im 17. Jahrhundert wurde die Topinambur mit Erfolg gegen eine Hungersnot im damaligen Nouvelle France, dem heutigen Kanada, eingesetzt, um dann im 19. Jahrhundert als kostbare Delikatesse zu hohem Ruhm an den französischen Fürstenhöfen zu gelangen. Sie geriet aber schnell wieder in Vergessenheit.

Topinambur ist ein äußerst wertvolles Nahrungsmittel, den meisten Europäern jedoch vollkommen unbekannt. Deshalb wollen wir näher auf sie eingehen. Es gibt wohl kaum eine Pflanze, welche die Topinambur an Vielseitigkeit übertrifft. Nicht nur hohe Lebenskraft zeichnet sie aus. Sie kennt auch keinen Abbau, kein Ermüden, sie ist krankheitsresistent und kennt kein Ungeziefer. Deshalb benötigt sie, ähnlich wie der Dinkel, keinen Dünger und keine Spritzmittel.

Die stärkende Wirkung von Topinambur auf unsere Vitalität wird (nach Seeger) von folgenden Stoffen gefördert: hoher Anteil an Biotin, Cholin, Betain, Vitamin A, B1, B6, C, D, PP. Der Hauptinhaltsstoff ist das Inulin, das aus Fruchtzucker (Fructose, Lävulose) besteht. Dieses wird verstoffwechselt ohne die Bauchspeicheldrüse stark zu belasten und ist deshalb – besonders wenn man die Knolle roh verzehrt - für Diabetiker besonders geeignet. Der Fruchtzucker steht zum Traubenzucker im Verhältnis 2:1. Das ist für die menschliche Ernährung eine äußerst günstige Mischung (ähnlich wie beim Honig).

Die Mineralsalze haben einen Anteil von 1,1% bis 1,6% und setzen sich zusammen aus Kalzium, Silizium, Eisen und Natrium, also Gerüst-, Gewebs- und Blutbildner, die allesamt sehr gut verwertbar (bioverfügbar) sind.

In der Küche kann die Topinambur z. B. ähnlich wie Spargel zubereitet werden. Sie kann aber auch gekocht, ähnlich wie Kartoffeln als Beilage gereicht werden. Darüber hinaus lassen sich auch schmackhafte Eintöpfe und Gratins aus ihr zubereiten. Roh, fein geschnitten, geraspelt oder gerieben eignet sie sich besonders gut zum Anmachen von Salaten oder als Kombination für gemischte Salatvariationen. Uns sind keine Kochbücher bekannt, die ausführlich auf die Zubereitung der Topinambur eingehen. Deshalb werden wir Ihnen im Kapitel Speisenzusammenstellung und Rezepte einige Topinambur-Rezepte angeben.

In der Schulmedizin sowie in der Naturheilkunde kommen Präparate, gewonnen aus den Inhaltsstoffen der Knollenfrucht z. B. bei allen Stoffwechselerkrankungen, wie Diabetes mellitus, Fettleibigkeit und Gicht zur Anwendung.

- FENCHEL: er ist das Gemüse des Südens. Fenchel gehört wie die Karotte zu den Doldenblütlern. Seit Urzeiten ist er im Süden ein beliebtes Gemüse. In den alten Hochkulturen Ägyptens, Chinas, Indiens, Arabien und Griechenlands war er nicht nur ein gern gegessenes Gemüse sondern auch als Heilmittel sehr gefragt. Fenchel wirkt entblähend, regt die Nieren- und Lebertätigkeit an, bei Erkältungskrankheiten wurde er schon immer mit Erfolg eingesetzt. Aufgrund seines relativ hohen Anteils an Kohlenhydraten (Zucker), sollten schlankheitsbewußte Menschen ihn nicht in zu großen Mengen verzehren.

In der Küche findet Fenchel in allen südländischen Eintopfgerichten und Salatkompositionen Verwendung. Als Einzelgemüse leicht in kalt gepreßtem Öl oder Butter gedünstet, ergibt Fenchel eine äußerst bekömmliche Speise. Als Salat oder Rohkost mit Zitrone angemacht und frischen Früchten kombiniert, entfaltet er erst richtig seinen typischen Geschmack.

Fenchel fand wegen seines anisartigen Geschmackes bisher noch wenig Einzug in die deutsche Küche. Fenchelhonig ist ein gesundheitsförderndes Süßmittel für alle frischen Kräutergetränke. Die hl. Hildegard von Bingen lobt den Tee, zubereitet aus Fenchelsamen, als bestes Entblähungsmittel. Fenchel wirkt im Menschen ausgleichend, er macht fröhlich und beschwingt, vertreibt dumpfe Gedanken und läßt das Gehirn frei werden (im Gegensatz zum Kohl). **In spiritueller Hinsicht können wir Fenchel als Gemüse der Neuen Zeit bezeichnen.**

- EDELKASTANIE (MARONI): die heute vorwiegend in Südtirol angebaute Eß- oder Edelkastanie ist schon seit der Zeit der Römer ein geschätztes Nahrungsmittel. Sie ist ein Aufbaumittel für Nerven und Gehirn und ein Heilmittel für die Leber. Vor dem Bekanntwerden der Kartoffel war diese äußerst vitalstoffreiche "Samenfrucht" auch in unseren Breiten ein Volksnahrungsmittel.

  Gerade in den kalten Wintermonaten erwärmt sie Körper und Seele. Auf diese Köstlichkeit sollte in der Vorweihnachtszeit keiner von uns verzichten. In dem Buch "Küchengeheimnisse der Hildegard-Medizin" von Dr. Gottfried Hertzka/Dr. Wighard Strehlow (Verlag Hermann Bauer) finden Sie eine ausführliche Beschreibung samt Zubereitungshinweisen für dieses gesunde Nahrungsmittel.

- WURZELGEMÜSE: sind schmackhaft und nahrhaft und in unserem Sinne sehr zu empfehlen. Sie erden den Menschen, d.h. sie bewahren den Menschen davor "den Boden unter den Füßen zu verlieren". Wurzelgemüse geben die Impulse, um auf diesem Planeten optimal zu überleben. Über den Nährstoff-, Vitamin- und Mineralstoffgehalt gibt es umfangreiche Literatur, so daß wir in diesem Buch nicht näher darauf eingehen möchten.

- KAROTTE: ein sehr wichtiges Wurzelgemüse in Hinblick auf die vorteilhafte Ernährung. Im Kapitel 8 berichten wir näher darüber.

- LAUCH: Neben den Wurzelgemüsen ist der Lauch (Porree) eine der beliebtesten Gemüsearten. Doch sein Verzehr ruft bei vielen Menschen Unpäßlichkeiten hervor. Er sollte nicht zu oft auf dem Speiseplan stehen. Bedenken Sie bitte, daß Lauch der Geschmacksträger vieler Fertigwürzmittel ist. Zwiebeln, Schalotten und Knoblauch haben nicht diese, den Körper belastenden Eigenschaften. Wie sie auf unsere Seele wirken berichten wir in Kapitel 8.

HÜLSENFRÜCHTE: sind sehr eiweißreich. Sie müssen unbedingt gekocht verzehrt werden, da sie sonst leicht giftig wirken (frische grüne Bohnen ausgenommen). Die für den Menschen am bekömmlichsten Hülsenfrüchte sind Kichererbsen, Linsen, Mungo- und Sojabohnen. Bei Menschen, die an Gicht oder Rheuma leiden, wirken Hülsenfrüchte oft symptomverstärkend. Die Hülse (Symbol für Hülle) kapselt das Innere vollkommen ab. Es kann nichts nach außen dringen. Sinngemäß auf den Menschen übertragen bedeutet dies, die totale Abkapselung des Inneren gegenüber dem Äußeren.

Wenn ein Mensch viel Fleisch gegessen, also die Energie des Abschiedes, des Todes, der Angst, aufgenommen hat, ist er anfällig für diese Krankheitssymptome. Ein solcher Mensch hat in der Regel überproportional starke Gedankenstrukturen der Festigkeit, der Starrheit, des Sicherheitsdenkens aufgebaut. Er schottet sich darüber hinaus von seiner Umwelt ab. Der Körper, der als Spiegelbild dem Menschen zur Verfügung steht, zeigt ihm nun in Form von Rheuma, Gicht und dergleichen, sein gedankliches und Ernährungs-Fehlverhalten.

Das bedeutet: Nimmt ein Gicht- oder Rheumakranker Hülsenfrüchte zu sich, verstärkt er durch die symbolisch wirkende Form die innere Abkapselung. Der physische Körper spiegelt ihm dann verstärkt seine Schwäche in Form von Schmerz und Leid. Andererseits bekommen Menschen, die sich verlieren, die zu flexibel sind weil sie sich keine Grenzen setzen, oder setzen lassen, Schwierigkeiten in ihrer Außenwelt. Da ihre Selbstorganisation nicht genügend ausgeprägt ist, wirkt sich dieses negativ auf ihr Leben aus. Die Völker in den mittelamerikanischen Ländern sind hierfür das beste Beispiel. Für diese Menschen sind Hülsenfrüchte genau die richtige Nahrung, um in die Form (den Körper) zu kommen, d. h. sie müssen das Gleichgewicht zwischen Introvertiertheit und Extravertiertheit finden. Wie wir wissen, besteht die Hauptnahrung der Mittelamerikaner aus Hülsenfrüchten. In dem Moment, wo ihr Gleichgewicht hergestellt wird, erreichen sie den gewünschten inneren und äußeren Reichtum (Adam Mazur).

Darüber hinaus haben Menschen die an Stoffwechselkrankheiten mit Ablagerungen leiden (Gicht, Rheuma, Steinkrankheiten), funktionsschwache Nieren. Die Grundthemen dieser Menschen sind Partnerschaftsprobleme und Ängste. Ernährungstherapeutisch können wir hier harmonisierend einwirken, indem wir das Feuerelement eindämmen. Es ist von Vorteil, viel Gemüse, Dinkel und süßes, reifes Obst zu essen. Scharfe und saure Speisen sollte man möglichst meiden. Alkohol, Kaffee und Schwarztee und vor allem den Weizen mit seinem durch Züchtung höchst ungünstig gestalteten Aminosäurespektrum sollte man einschränken und viel kohlensäurefreies, mineralarmes Wasser trinken. Speisen mit roten Farbelementen sollte man beiseite lassen, dafür Speisen mit vorwiegend grünen und blauen Farbelementen bevorzugen. **Jeder Mensch soll das bekommen, was für seine persönliche Weiterentwicklung hilfreich ist.**

- NACHTSCHATTENGEWÄCHSE: Tomaten, Auberginen, Paprika und Kartoffeln sollten selten und in kleinen Mengen gegessen werden. Nachtschattengewächse speichern Stoffe, die für die meisten Menschen nicht zuträglich sind. Sie können deshalb ein Ungleichgewicht der Kräfte herstellen. Der Körper wird zu stark geerdet, deshalb sind sie für Menschen, die vorwiegend im Ernährungsnaturell liegen nicht zu empfehlen. Auch für das spirituelle Wachstum sind diese Pflanzen keine optimalen Begleiter. Kartoffeln, die durch Lichteinwirkung grüne Schalen bekommen haben, enthalten das in allen Nachtschattengewächsen vorkommende Solanin in größerer Menge und sind für den menschlichen Genuß nicht geeignet. Nach Jakob Lorber schwächen alle Nachtschattengewächse den Willen des Menschen. Häufig werden gerade Nachtschattengewächse, vor allem Tomaten, wegen ihres Flavonoidreichtums (roter Pflanzenfarbstoff, der angeblich vor Krebs schützen soll) in den Medien hochgepriesen, aber Signatur und Klangbild dieser Pflanzengattung sprechen eine andere Sprache.

KOHL wird in der Esoterik als das Gemüse der "alten Zeit" bezeichnet. Dies liegt an seiner blähenden, unser Gehirn vernebelnden Wirkung. Für alle Menschen, die vorwiegend im Ernährungsprinzip liegen, ist häufiger Kohlgenuß abzulehnen, da dieses Gemüse genau so wie die Kartoffel stark erdet und die Seele noch fester an die Materie bindet. Für Menschen, die sich vorwiegend im Empfindungselement befinden, ist Kohl zu schwer und zu belastend. Auf Grund der gröberen Strukturierung der Menschen, bei denen das Bewegungselement vorherrscht, können sie Kohlgerichte von allen

Naturellen am besten vertragen. Wir wollen dem Kohl aber kein Unrecht tun, ist er doch ein sehr wichtiges Naturheilmittel. Wer kennt aus seiner Kindheit nicht die entgiftenden Kohlwickel bei Entzündungen. Neue Erkenntnisse belegen, daß alle Kohlarten vorbeugend gegen Krebs wirken.

**Zwei Grundregeln:**

1. Alle Pflanzen, die überzüchtet wurden, haben nicht mehr die ursprüngliche Vitalkraft. So sind z. B. die Zuchtblattsalate bedeutend weniger wertvoll als der gewöhnliche Löwenzahn, der als "Unkraut" auf den Wiesen wächst.

2. Alle Salate sind nur dann für den menschlichen Verzehr geeignet, wenn sie in der Marinade gut durchgezogen, "gegart" sind (mindestens zehn Minuten!).

- BLATTSALATE: der in Deutschland am häufigsten verzehrte Salat ist der Kopfsalat. Aus spiritueller Sicht ist der Kopfsalat nach Monika Helmke-Hausen für die Ernährung des Menschen nicht besonders geeignet. Er wurde aus seiner ursprünglichen Blattform zu seiner heutigen Kopfform gezüchtet. Da der in den Geschäften angebotene Kopfsalat fast ausschließlich in Treibhäusern gezogen wurde, ist er sehr stark mit Nitrat belastet. Kopfsalat wirkt Gefäß verdichtend, er macht satt, zufrieden und behäbig. Menschen die zu Kopfschmerzen und Migräne neigen, sollten ihn meiden.

- BATAVIA: Geschmack: wie Kopfsalat, Struktur sehr knackig, Blätter lange haltbar, seine Wertigkeit liegt über der des Kopfsalates.

- CHICOREE: die Urform des Chicoree und aller seiner Zuchtformen (Endivie, Frisee, Lollo Rosso, Lollo Verde, Eichblattsalat) ist die Wegwarte (Zichorie). Für die Kelten war die Blüte der Wegwarte die Sonnenuhr (sie dreht sich mit der Sonne und schließt genau über Mittag ihre Blüten) und die hl. Hildegard von Bingen bezeichnete diese Pflanze als Sonnenwirbel.

Der Verzehr von Chicoree heitert auf. Der Salat sollte vorwiegend mit Zitrone angemacht werden. Eine gute Portion Chicoreeblätter mit frischen Früchten belegt, mit Algen und bunten Blüten verziert, mit Zitrone, etwas kaltgepreßtem Öl angemacht, ergibt eine köstliche Sommerhauptmahlzeit. Diese entspricht voll der höheren

Schwingung der Neuzeit. Allerdings ist bei der Heiligen Hildegard von Bingen nachzulesen, daß jeder, der Chicoree verzehrt, sich den Haß anderer Menschen zuzieht.

- EICHBLATTSALAT: stammt ebenfalls von der Wegwarte ab. Er hat bis auf die Bitterstoffe die gleichen Eigenschaften in abgeschwächter Form wie der Chicoree. Die sehr zarten Blätter haben einen nußartigen Geschmack. Aufgrund seiner Überzüchtung verstärkt er bei manchen Leuten den Kopfdruck.

- ENDIVIENSALAT ist sehr haltbar und eignet sich vorzüglich für den Verzehr im Winter. Er macht den, der ihn verzehrt aktiv. Er entgiftet die Leber. Er läßt sich ebenso mit Früchten kombinieren wie der Chicoree. Meiden sollten wir ihn bei Neigung zu Kopfdruck.

- FRISEESALAT ist eine luftige Spielart der Endivie, mit der Urform Wegwarte. Frisee regt die rote Farbe im Wurzelchakra an, wirkt aufheiternd und hat nicht die negative Prägung der Endivie.

- LOLLO ROSSO wurde ebenfalls aus der Wegwarte gezüchtet und weicht am weitesten von der Urform ab. Er schmeckt milder als die meisten Endivien Verwandten. Lollo Verde ist die grüne Spielart.

- RADICCHIO hat einen sehr hohen Anteil an Bitterstoffen, die sich fördernd auf die Verdauung auswirken. Er eignet sich bestens als Beilage zu schwerem Essen.

- EISBERGSALAT bildet große Köpfe, seine Blätter sind spröde, daher der Name Eisbergsalat. Aufgrund seiner Festigkeit kann er als ganzer Kopf gewaschen werden. Er fördert die Kommunikation und wirkt erhellend. Um ihn verdaulicher zu machen, sollte man ihn angemacht ruhen lassen.

- FELDSALAT, NÜSSLISALAT, RAPUNZEL ist reich an Eisen und Vitamin C. Feldsalat ist der idealste Wintersalat. Sein Geschmack ist zart und nußartig. Aufgrund seiner Urbelassenheit ist dem Feldsalat seine ursprüngliche, feine, leichte, fröhliche Schwingung geblieben. Er ist der Salat der neuen Zeit und sollte sehr oft verzehrt werden. Heilende Wirkung: Er lockert das Gewebe auf, läßt Entzündungen zurückgehen und entschlackt die Lunge.

- LÖWENZAHN ist reich an Vitamin A, B1, C, E, Taraxin, Saponinen, Aminosäuren, Kalium, Kalzium, Niazin, Magnesium, Kupfer, Zink, Eisen, Inulin, Inosit, Cholin, Silizium, Phosphor, Bitterstoffen. Er wirkt blutreinigend, entschlackend, verdauungsfördernd, leberregenerierend, cholesterinsenkend, fördert die Magen und Milzfunktion, regt die Funktion des Zellstoffwechsels, der Zellatmung, des Gehirns, der Bauchspeicheldrüse, der Nieren, der Blase, des Hormonsystemes und die Blutbildung an.

  Seine dunkelgrünen Blätter beinhalten sehr viel Karotin (Krebsschutz). Er wird in der Küche hauptsächlich als Salat verwendet, sowie zum Herstellen feiner Kräutersoßen und Kräuterquarkspeisen. Aus den Löwenzahnwurzeln kann man einen sehr guten Blutreinigungstee herstellen. Die Zuchtform des Löwenzahns kommt aus Italien und heißt Ruccola. Er besitzt aber nicht alle positiven Eigenschaften des Löwenzahns.

- PORTULAK ist reich an Vitaminen A, B1, B2, C, Mineralstoffen und Vitalstoffen. Er wirkt harntreibend, Nieren- und Blasen heilend, Eingeweidewürmer vertreibend. Er ist ein gutes Herzmittel und schützt die Arterien vor Verkalkung. Im Portulak ist die Omega 3 Fettsäure enthalten, die ein hervorragender "Fettsenker" ist. Portulak wird in der Küche in Butter gedünstet als Beilage verwendet, die Blätter zum Belegen von Butter- und Quarkbroten und als Bestandteil von gemischten Salaten gebraucht.


**Einige der wichtigsten Kräuter und Gewürze:**

- PETERSILIE ist reich an Vitamin A, B1, B2, B6, C, Kobalt, Kupfer, Zink, Nickel, Phosphor, Biotin, Eisen, Magnesium, Mangan, Kalium und Kalzium. Sie wirkt vitalisierend, blutbildend und harntreibend, Herz, Leber, Niere, Blase, Immunsystem und Bindegewebe stärkend und regt den Stoffwechsel an. Petersilie wirkt sich positiv auf die Zellen, Drüsen und das Gehirn aus. Sie wird in der Küche zum Würzen fast aller Gemüse- und Fleischgerichte verwendet und eignet sich besonders zur Frischkräuter-Getränkeherstellung. Im alten Rom galt Petersilie als Mutmacher. Man gab den Gladiatoren vor dem Kampf viel Petersilie zu essen. In vorchristlicher Zeit galt Petersilie als magische Pflanze mit der man Geister bannte.

- SCHNITTLAUCH ist reich an Vitamin A, B1, B2, C, Mineralstoffen, Senföl, Lauchöl, Schwefel, Saponinen (schäumende Stoffe). Er regt den Appetit und die Sekretion der Verdauungsdrüsen an, wirkt desinfizierend im Darmbereich und weist eine heilende Wirkung auf Schleimhäute und Bronchien auf. Er wird in der Küche zum Garnieren fast aller Suppen und Soßen verwendet. Speisen, denen man viel Schnittlauch zugibt müssen weniger gesalzen werden. Schnittlauch darf nur roh verwendet werden - niemals mitkochen! In der vegetarischen Küche sind Pellkartoffeln mit Schnittlauchrahmsoße oder Schnittlauchquark eine wahre Delikatesse.

- BORRETSCH ist reich an Vitamin A, B1, B2, B6, Provitamin B17 und Mineralstoffen, Schleim- und Gerbstoffen, Kieselsäure. Er ist Herz- und Hirn stärkend, beseitigt rheumatische Stoffwechselablagerungen und heitert auf. Er wirkt sich positiv auf Nervensystem und Gehirn aus. Er ist entzündungshemmend (z. B. bei Zahnfleischentzündung). Er wird in der Küche hauptsächlich zum Anmachen von Gurken- und Zucchinigerichten verwendet.

- BEIFUSS ist reich an Bitterstoffen, macht tierisches Fett leichter verdaulich und wirkt sehr gut gegen Sodbrennen. Er wird hauptsächlich zum Füllen von Gänsen und Enten verwendet.

- BASILIKUM ist reich an Vitamin A, B1, B2, C, Mineral- und Gerbstoffen, Kampfer, Saponinen und Glykosiden. Er wirkt appetitanregend und lindert Kopfweh, Migräne und Schlafstörungen. Basilikum verbessert das Denkvermögen und beschleunigt den Stoffwechsel. Er wird für alle südländischen Gerichte verwendet (z. B. für die berühmte italienische Pestosauce). Basilikum fand seinen Einzug in die deutsche Küche mit dem Klassiker: Tomatenscheiben, Mozzarella, Zwiebeln, Balsamico, Olivenöl, Pfeffer, Salz und Basilikum.

- DILL ist reich an Vitamin A, B1, B2, C, Magnesium, ätherischen Ölen, wie Apiol, Carvon, Anethol, Myrestin. Er wirkt blutdrucksenkend, harntreibend, desinfizierend im Magen- und Darmbereich, wirkt wohltuend auf die Atemorgane. Nach der hl. Hildegard von Bingen macht er roh traurig. Gekocht beseitigt er jedoch den Gichtstoff (Rheumastoff). Er wird in der Küche vorwiegend zu gekochten Fischspeisen verwendet und gibt Quarkspeisen, Gurkengerichten und Rohkost sein feines Aroma. Im alten Ägypten wurde er als Heilmittel gegen Kopfschmerzen verwendet.

- MAJORAN, DOST, OREGANO sind reich an Vitamin A, B1, B2, C, ätherischen Ölen, wie Thymol und Cymol, Mineralien und Spurenelementen. In ihnen sind positive Elektrizitätsarten. Sie wirken gegen Erkältungen (Bronchien), stärken Magen, Nerven und beseitigen Blähungen, Gicht und Rheuma und fördern die Fettverdauung. Ihr Duft ist voller Würzkraft und Sonne. Sie werden in der Küche hauptsächlich für Würste und Fleischgerichte verwendet und verleihen Eintöpfen (Kartoffelsuppe!) ihren typischen Geschmack. Oregano ist das typische Gewürz der italienischen Pizzen. Auch bei vegetarischen Brotaufstrichen findet er immer häufiger Verwendung.

- QUENDEL (wilder Thymian) ist reich an Vitamin A, B1, B2, C, Menthol, Bitter- und Mineralstoffen. Er macht Speisen besser verdaulich, einen klaren Kopf, ist krampflösend, gut gegen Erkältungen und wirkt gegen Hautausschläge. Quendel ist auf Grund seiner Naturbelassenheit sehr wertvoll. Er wird in der Küche zum Würzen von Geflügel und zum Anmachen von Quark verwendet.

Rezept nach der hl. Hildegard von Bingen: 3 El Dinkelmehl, 1 Tl Quendel mit Wasser zu einem Teig kneten, auswalzen und kleine Plätzchen daraus backen; diese fördern die Konzentrationsfähigkeit.

- THYMIAN ist reich an Vitamin A, B1, B2, C, und seinem Hauptwirkstoff Thymol sowie an Gerb- und Bitterstoffen, Mineralien und Spurenelementen und positiven Elektrizitätsarten. Er wirkt gegen Erkältung, Kopfweh und Migräne, fördert die Verdauung, stärkt das Herz und ist wohltuend für die Psyche. Er wird in der Küche zum Würzen von: Fleisch und Geflügel, Eintöpfen und zum Haltbar machen von Käse verwendet.

- ROSMARIN ist reich an Vitamin A, B1, B2, C, ätherischen Ölen, wie Cineol, Borneol, Rosmarinkampfer, Bitter- und Gerbstoffen und positiven Elektrizitätsarten. Er wirkt leicht blutdruckerhöhend und gegen Erschöpfungszustände. Der Volksmund sagt über ihn: Rosmarin läßt die Liebe erblühen. Rosmarin bedeutet "Rose des Meeres", oder frei übersetzt "Tau des Meeres". Er wird in der Küche zum Würzen von Lammfleisch, Fischen und allen südländischen Gerichten verwendet. Rosmarin ist das Gewürz des Südens. Kein Gericht in der südlichen Toskana schmeckt typisch ohne das obligatorische Rosmarinzweiglein. Aufgrund seiner anregenden Eigenschaften sollte er nicht vor dem Schlafengehen (wir meinen hier die Bettruhe) verwendet werden.

- YSOP ist reich an Vitamin A, B1, B2, C, Mineralstoffen, Bitterstoffen, Flavonoiden, Hyperosiden, organischen Säuren. Er wirkt gegen Infektionen, ist körperreinigend, Leber, Magen und Lungen stärkend und regt die Verdauungsdrüsen an. Er wird in der Küche zum Würzen von Geflügel, Braten, Fischen und Eintöpfen verwendet sowie als Beigabe für pikante Suppen und Kräutergetränke. Ysop steht für innere und äußere Reinigung.

- SALBEI ist reich an Vitamin A, B1, B2, C, Mineralstoffen, Spurenelementen, Saponinen, Bitterstoffen. Das Wort Salbei kommt von salvare (lat. schützen, heilen). Er ist entzündungshemmend, heilt Zahnfleischentzündungen, Heiserkeit, Darmstörungen, hilft bei der Verdauung des Fettes, ist stoffwechselanregend, wirkt beruhigend, hemmt übermäßige Schweißausbrüche, ist bakterien- und pilztötend, macht den Kopf klar und schützt vor Streß. Er wird in der Küche vorwiegend zum Würzen von Geflügel und salzigen Teigwaren und zum Zubereiten von diversen Tees verwendet. Hervorragend geeignet ist er zum Herstellen von Mundwasser. Salbeitee vor dem Schlafengehen, bewirkt einen ruhigen und erholsamen Schlaf.

- KORIANDER ist reich an Vitamin A, B1, B2, C, ätherischen Ölen, Gerbstoffen, Bitterstoffen, Mineralien und Spurenelementen und positiven Elektrizitätsarten. Er wirkt entzündungshemmend, entblähend, durchblutungsfördernd im Bauchraum, macht das Blut fließfähiger. Er wird in der Küche hauptsächlich zum Würzen von Brot und Kuchen verwendet (nur die getrockneten Samen). Koriander ist in der indischen Küche ein Hauptgewürz. Als Grünkraut (Cilantro) ist er bestens geeignet zum Herstellen von grünen Pflanzensäften. Korianderkraut ist die einzige uns bekannte Pflanze, die Quecksilber aus dem Gehirn ausleiten kann (wichtig für Amalgamgeschädigte!).

- GALGANT ist reich an Vitamin A, B1, C, Bitter- und Gerbstoffen, Shoyaol (Pfefferschärfe), ätherischen Ölen, Mineralstoffen, Spurenelementen und positiver Elektrizität. Er ist sehr gut für das Herz, wirkt krampflösend, entblähend und körperreinigend. In der Küche wird Galgantpulver für alle Gerichte verwendet, die Pfeffer erfordern (gesündester Pfefferersatz!). Frisch gemahlenes Galgantpulver mit Agar-Agar und Rohrzucker versetzt, ergibt ein hervorragendes Konfekt. Mit Knoblauch vermischt, verleiht er allen asiatischen Gerichten ihren arttypischen Geschmack. Zusammen mit Bertram ist Galgant eines der wichtigsten Gewürze in der Hildegardküche. In der Thaiküche findet sich frischer Galgant z. B. in Suppen.

- CURRY ist eine Mischung aus vielen Gewürzen. Je weniger Bestandteile in unseren Speisen enthalten sind, desto besser können diese vom Körper aufgeschlossen werden. Deshalb verzichten wir möglichst auf Curry.

- BERTRAM schließt die Inhaltsstoffe der Nahrung auf und läßt dadurch den Körper schneller zu Kräften kommen. Er stärkt das Immunsystem.

- INGWER kann unseren Körper in rauschähnliche Zustände versetzen; deshalb verwenden wir ihn nur selten. Für den Fall, daß Sie den Ingwergeschmack nicht missen wollen, haben Sie in Galgant einen hervorragenden Ersatz. Galgant gehört ebenfalls zur Ingwerfamilie, hat aber eine andere Grundschwingung.

**Obst, Samen und Nüsse bilden die höchste Form unserer Nahrung. Sie sind reine, kondensierte Lichtkraft. Früchte waren in der Mythologie die Lieblingsspeise der Götter.**

- ÄPFEL sind nach einem amerikanischen Forscherteam als die einzigen uns bekannten Früchte in der Lage, Gold aufzubauen. Wir sehen uns daher in unserer Annahme bestätigt, daß der Apfel eines der wertvollsten Nahrungsmittel ist. Nach Edgar Cayce wird der Erfolg bei Therapien durch vorbereitende Apfeltage stark verbessert.

- QUITTEN sind nach den Äpfeln die wertvollsten Früchte im Hinblick auf die Bewußtseinsbildung. Sie bieten uns außerdem Heilungschancen bei Rheuma und Gicht.

- KIRSCHEN, JOHANNISBEEREN, HIMBEEREN, BROMBEEREN und ZITRUSFRÜCHTE sind gute Vitaminlieferanten. Dies gilt auch für Tee aus Himbeer- und Brombeerblättern. Beeren erzeugen generell eine gute Verdauung. Sie entwässern und reinigen den Körper. Auch bieten sie uns durch ihre unterschiedliche und intensive Färbung eine gute Lichtfarbenschwingung.

- OBSTSALAT kombiniert aus süßen Früchten (wie Feigen, Rosinen, Datteln) und sauren Früchten (wie Äpfel, Birnen, Orangen) ist dem Menschen nicht zuträglich. Die Säure verzögert die Zuckerspaltung.

Nach der hl. Hildegard von Bingen sind Erdbeeren (sie sollen zur Verschleimung führen) sowie Pflaumen und Pfirsiche (sie sollen das Signum des Zornes in sich tragen und das Immunsystem schwächen) für den menschlichen Verzehr nicht zu empfehlen. Außerdem berichtet die hl. Hildegard von Bingen, daß Birnen roh gegessen zu Blähungen, Migräne und Beklemmung führen; darüber hinaus sollen sie für

Leber und Lunge nicht sehr vorteilhaft sein. Gekocht jedoch sollen sie nach ihr wertvoller als Gold sein. Dies kann ich aus persönlicher Erfahrung bestätigen. Unser Birnbaum trug im letzten Jahr sehr viele Früchte, wir aßen einen Teil roh und bekamen prompt starke Bauchschmerzen und Kopfweh. Darauf hin kochten wir die Birnen in Gläser ein, der Verzehr des Birnenkompottes bekam uns ausgezeichnet.

Saures Obst solle man niemals mit stärkehaltigen Nahrungsmitteln (z. B. Getreide, Brot, Kartoffeln) zusammen verzehren. Die Fruchtsäure verzögert die Umwandlung von Stärke in Zucker. Die Folge sind starke Gasbildungen. Außerdem lassen die begleitenden Nahrungsmittel die Früchte länger im Verdauungsapparat verweilen. Deshalb sollte saures Obst nicht vor oder nach einer Mahlzeit gegessen werden. Das Gleiche gilt für Fruchtsaftgetränke. Auch sie können zur Gärung mit Gasbildung führen. Dabei entstehen Fuselalkohole und diese können zu Unpäßlichkeiten und Disharmonien führen (von Leberschäden ganz zu schweigen).

Vom Obstverzehr unmittelbar vor dem Schlafengehen ist ebenfalls abzuraten. Es sind Fälle von Leberzirrhose bekannt geworden, die bei Menschen auftraten, die keinerlei Alkohol tranken, aber regelmäßig vor dem Schlafengehen rohes Obst aßen. Auch sollte Obst nur im reifen Zustand verzehrt werden (das meiste Obst, welches in den Geschäften angeboten wird, wurde im unreifen Zustand geerntet).

**Im Gegensatz zum Mineral- und Pflanzenreich finden wir im Tierreich keine den Menschen schützenden Geistwesen. Die Tier-Gruppenseele beschützt das einzelne Tierindividuum.**

- TIERE sind nicht unbedingt für die menschliche Ernährung gedacht. Dies erkennen wir am Darm des Menschen: er ist auf Grund seiner Einbuchtungen und Knicke sowie seiner Länge von 6 bis 7 Metern für rein pflanzliche Nahrungsaufnahme gebaut. Der Darm der Raubtiere ist aufgrund seiner glatten Flächen und seiner Länge von nur 2 bis 3 Metern ausschließlich für die Verarbeitung fleischlicher Nahrung geeignet. Er bedarf nicht der Ballaststoffe, welche die Ausscheidung beim Menschen erst ermöglichen (siehe die Abbildung auf der folgenden Seite).

Menschendarm    (nach Robbins)    Raubtierdarm

Das Fleisch der Tiere ist mit negativer elektrischer Energie geladen, welche sich bei häufigem Verzehr im Menschen ansammelt und zur plötzlichen Entladung (Aggression) führen kann. Sport und Lebensmittel mit positiver Elektrizität wie z. B. Löwenzahn können die Spannung neutralisieren. Die Elektrizität zeigt sich in der Breite des menschlichen Körpers.

wenig Elektrizität    viel Elektrizität

Das Gebiß des Menschen hat allerdings die Form des Allesfressers, woraus wir entnehmen können, daß tierische Nahrung dem Menschen unter Umständen nützlich sein kann – dies allerdings nur in geringen Mengen und mit den nötigen Ballaststoffen als Begleitung. Einseitige tierische Nahrung ohne begleitende Ballaststoffe führt auf Dauer zu schweren Vergiftungen und Disharmonien im Körper. Gechannelte Informationen liefern uns die Botschaft, daß Bewußtseinserweiterung über ein gewisses Niveau hinaus nur ohne Fleischverzehr möglich ist.

- FISCHE UND KRUSTENTIERE (Meeressäuger ausgenommen) liegen schwingungsmäßig etwas unter dem der Landtiere. Ihr Nervensystem ist zurückgeblieben. Fisch, vor allem Seefisch (mit Schuppen)

in kleinen Mengen gegessen, kann, die erforderlichen Gedankenstrukturen vorausgesetzt, (zur Zeit noch) die Höherentwicklung des
Menschen fördern. Im Fisch befindet sich ein Element, das für den
aufstrebenden Menschen der heutigen Zeit ideal ist - das Jod. Auf
Aale (und alle schuppenlosen Fische), Karpfen, Mollusken, Krustentiere und dergleichen sollte möglichst verzichtet werden.

Vor allem aus ethischen Gründen verzichten wir grundsätzlich auf den
Verzehr von Tieren, die in der Massentierhaltung aufgezogen wurden
(bei den Fischen sind dieses vorwiegend Lachse, Aale, Karpfen). Dies
gilt auch für alle Tierprodukte (Milch, Käse, Eier), die aus diesen Pro-
duktionsstätten kommen. Wer meint, durch Verzicht auf tierisches Eiweiß Mangelerscheinungen zu bekommen, sollte in seinem Speise-
zettel Sojaprodukte (Tofu, Sojamilch), sowie Amaranth, Dinkel,
Quinoa, Buchweizen, Hirse, Sprossen und Keimlinge aufnehmen.

Für Vegetarier, die eine eiweißreiche Kost bevorzugen, ist der seit etwa 2000 Jahren in China und Japan hochgeschätzte Tofu eine will-
kommene Alternative. Immer mehr gesundheitsbewußte Menschen
verwenden ihn. Woran liegt das?

• Tofu ist rein pflanzlich, ernährungsphysiologisch günstig zusam-
  mengesetzt, enthält hochwertiges Pflanzeneiweiß und wenig Fett
  aus mehrfach ungesättigten Fettsäuren, ist kalorienarm, leicht verdaulich und geschmacksneutral.

• Tofu ist frei von Cholesterin, Lactose, Milcheiweiß, Gluten, Zucker.

• Tofu ist reich an Proteinen, Mineralstoffen, Vitaminen, mehrfach
  ungesättigten Fettsäuren, natürlichem Lecithin und Linolsäure.

• Tofu ist ein sehr vielseitiges Nahrungsmittel. Man kann ihn würzen,
  süßen, marinieren, säuern oder räuchern, er kann roh gegessen,
  gekocht, frittiert und gebraten werden.

• Tofu ist geschmacksneutral. Wir können ihn mit der Geschmacks-
  nuance versehen, die wir für die jeweiligen Gerichte bevorzugen. Er
  kann als Dessert begleiten, als pikanter Salat angemacht werden,
  in Teigwaren und im Lasagne als Füllung vorkommen, oder der
  Eiweißlieferant in Aufläufen sein. Darüber hinaus können aus ihm
  Aufstriche, Aufschnitt, Dressings, Salate, Käseersatz, Bratenröll-
  chen, Bratlinge u. a. hergestellt werden.

Gewonnen wird Tofu aus Sojabohnen. Diese werden eingeweicht, gemahlen, gekocht und abfiltriert. Die entstehende Flüssigkeit nennt man Sojamilch. Diese wird mit aus Japan importiertem Glucono-delta-Lacton zum Gerinnen gebracht. Die ausfallenden Festbestandteile werden zu Tofu gepreßt. Die Sojabohne gehörte im alten China neben Reis, Hirse, Weizen, Gerste zu den fünf heiligen Pflanzen. In Japan werden auch heute noch Tofuprodukte bei Diabetes, Herzerkrankungen, Arterienverkalkung und einer Reihe von Kreislaufproblemen sogar von Schulmedizinern verordnet. Tofu hat einen Verdauungsgrad von 95% und wird von den allermeisten Menschen basisch verstoffwechselt.

Wenn Sie zu Pilzerkrankungen neigen, sollte Tofu mit Vorsicht verzehrt werden. Für viele Menschen die auf Vollmilch verzichten wollen, oder aus gesundheitlichen Gründen darauf verzichten müssen, ist, - Verträglichkeit vorausgesetzt, - Sojamilch eine Alternative. Wer sie preiswert selbst herstellen möchte, benötigt dazu eine kleine Haushaltsmaschine. In dieses Gerät kommen lediglich einige über Nacht in kaltem Wasser eingeweichte Sojabohnen. Alles andere übernimmt die Maschine. Heraus kommt fertige, aufgekochte Sojamilch. Bitte achten Sie darauf, daß Tofu und Sojamilch oder die Sojabohnen aus nicht genmanipuliertem und biologischen Anbau kommen.

Hinweis: Wie wir wissen, kommt die Sojabohne aus Asien. Der östliche Mensch ist seit Jahrtausenden an eine andere Ernährungsform angepaßt als der westliche Mensch. Das bedeutet, daß seine Verdauungsenzyme anders wirken können als jene des westlichen Menschen. Sie sollten daher genau ausprobieren, ob bei Ihnen eine Sojaunverträglichkeit vorliegt.

# 12. Obst- und Gemüsesäfte, grüne Getränke

Eine andere besonders vorteilhafte Art, sich durch die Nahrung vital und bewußtseinsmäßig aufbauend zu beeinflussen, bieten uns frisch zubereitete Getränke aus frischem, sonnengereiftem Obst, Gemüsen, Garten- und Wildkräutern, sowie frisch gesammelte Blätter im Frühling. Das in den Pflanzen enthaltene Chlorophyll ist verwandt mit den Lipochromen, den gelben bis orangefarbenen Pflanzenfarbstoffen. Deutlich kommen diese bei den Karotten und gelben Paprikaschoten zum Vorschein. Wie an anderer Stelle berichtet, ist das Chlorophyll ein Magnesiumkomplex und bewirkt die Fotosynthese. Darüber hinaus hat das hochentwickelte Membransystem die Fähigkeit, Lichtenergie aufzunehmen und über einzelne körpereigene Relaisstationen als positive elektrische Energie abzugeben oder zu speichern.

Im Blattgrün sind folgende Stoffe gespeichert: Chlorophyll, Magnesium, Intybin (Bitterstoff), Eisen, Vitamin A, B1, B2, K, Folsäure, Niacin, Kupfer, Jod, Kalzium, Lipide, Natrium, Mangan, Selen, Aminosäuren, Asparagin und Lactocerol.

Wenn wir die hellgrüne Farbe visualisieren, können wir die Wirkung dieser Stoffe direkt dem Sonnenlicht entnehmen. Bei körperlich anstrengenden Tätigkeiten, z. B. beim Bergsteigen, gerate ich schnell ins Schwitzen und verliere dabei viele Mineralstoffe. Dies zeigt sich als Magnesiummangel in Form von Muskelkrämpfen. Deshalb hatte ich bei Bergtouren immer Magnesiumtabletten bei mir, um die schmerzhaften Wadenkrämpfe abzustellen. Bei einer Lichtwanderung, die wir ohne Nahrungsaufnahme im Wettersteingebirge unternahmen, stellten sich bei mir nach kurzer Zeit des Anstieges diese Symptome ein. Anstatt die mitgeführten Tabletten einzunehmen, versuchte ich, die hellgrüne Farbe zu visualisieren. Als dieses nicht gelingen wollte, schaute ich durch die grüne Blattkrone eines Baumes in die Sonne. Eine wunderbare hellgrüne Farbe entstand vor meinem Auge. Die Wadenkrämpfe verflogen wie durch Zauberhand. Während der Wanderung traten die Symptome verschiedentlich wieder auf. Die Technik des Visualisierens gelang immer besser. Nach einiger Zeit genügte ein kurzer Blick in die Sonne, um die hellgrüne Farbe erscheinen zu lassen. Meine schmerzhaften Muskeln wurden blitzartig aufgelockert, die Magnesiumtabletten wurden nicht mehr benötigt.

Die Anforderungen, welche die neue Zeit an uns stellt, werden mit frisch bereiteten Obst-, Gemüse-, Kräuter-, Blätter-, und Beerengetränken leichter bewältigt. Diese vitalstoffreichen Säfte versorgen den Körper nicht nur mit vielen Mineralstoffen, sondern auch mit zusätzlichem Sauerstoff und "positiver Elektrizität". Dies liegt daran, daß der atomare Aufbau des Chlorophylls dem des roten Blutfarbstoffes (Hämoglobin) sehr ähnlich ist. Der Unterschied liegt darin, daß Chlorophyll einen Kern aus Magnesium hat, Hämoglobin dagegen einen Eisenkern aufweist und deshalb auch "negative Elektrizität" beinhaltet. Dieses bedeutet, daß Pflanzensäfte dem gesunden Blutaufbau sowie dem Spannungsausgleich zwischen positiver und negativer Elektrizität des menschlichen Körpers förderlich sind.

Wie wir wissen, ist der Mensch ein elektromagnetisches Wesen. Durch wechselnde Spannungen, die durch innere und äußere Einflüsse entstehen, reagiert er auf die verschiedensten Impulse. Aufgrund seiner genetischen Prägung (die sich in seiner Konstitution widerspiegelt) werden einzelne Magnetfelder unterschiedlich mit Energie versorgt. Blut ist aufgrund der Oxydation des Eisenkerns mit Sauerstoff rot. Durch die in unseren Zellen sowie in den Zellen der zugeführten Nahrung enthaltene Spannung wird das in den Blutkörperchen befindliche Eisen negativ geladen und gibt die Spannung an die Magnetfelder ab. Viel Blut bedeutet also viel Spannung, hoher Fleischverzehr bedeutet viel von außen zusätzlich zugeführte negative Spannung. Spannung bedeutet Druck, Expansion, Ausdehnung in die Horizontale (dieses kommt in der Breitenachse zum Ausdruck, siehe die Abbildung Kapitel 11). Soll es nicht zu einer „Explosion" (heftige Entladung in Form von Gewalttaten aber auch Entzündungen) kommen, müssen wir den Ausgleich schaffen.

Dieses gelingt uns einerseits, in dem wir die überschüssige Spannung durch Kraftakte, wie Sport, Bewegung und andere bewußt gelenkte aggressive Handlungen umpolen, aber auch durch den Verzehr von energetisch hoch schwingenden Pflanzen. Dieses sind in erster Linie Wildpflanzen, gefolgt von biologisch angebauten Nutzpflanzen. Mehr über diese Zusammenhänge finden Sie in den Büchern, "Naturwissenschaft von morgen", von Hans Peter Rausch, "Was ist Leben?" von Erwin Schrödinger (österreichischer Physiker und Nobelpreisträger) und "Die Botschaft der Nahrung", von Prof. Popp (deutscher Physiker).

In den Pflanzen wird aufgrund ihres Gehaltes an Chlorophyll, das einen Magnesiumkern hat, eine andere Spannungsqualität gespeichert, die positive Elektrizität. Diese Spannung gelangt vorwiegend über die Lymphbahnen zu den einzelnen Magnetfeldern. Sind beide Spannungen gleich stark vorhanden, kommt es zum Ausgleich, die Harmonie im Inneren entstehen läßt und auf die äußere Form wirkt (vergleiche die Abbildungen in Kapitel 2). Sind die Spannungen unausgeglichen, kommt es zu einseitigen Verschiebungen.

Bei zu hohem Anteil an positiver Elektrizität verliert der Mensch seine Durchsetzungskraft, d. h. er introvertiert zu stark, er ist nicht in der Lage allein sein Leben zu meistern, er wird abhängig von der Meinung und dem Willen anderer. Zu hoher Anteil an negativer Elektrizität bewirkt Aggression und Kampf. Ähnlich wie bei den elektrischen Spannungen verhält es sich mit dem Fließen der polaren Kräfte Yin und Yang. Wir wissen aus der Akupunktur, daß ein zu starkes Fließen einer Kraft mittels Nadeln reguliert wird und daß es dadurch zu Ausgleich, Heilung und Harmonisierung kommen kann.

Bei der Wirkung der Nahrung auf unseren Körper spielt das Denken die primäre Rolle, denn dieses bestimmt in erster Linie, wie unser Körper aufgebaut ist und zu welcher Form der Nahrungsaufnahme wir tendieren. Einen Mangel an negativer Elektrizität können wir nur zu einem ganz kleinen Teil durch die aufgenommene Nahrung (Fleisch) ausgleichen. Anders ist es mit dem Verzehr pflanzlicher Kost. Da wir von Natur aus Wesen mit negativer Elektrizität sind, schaffen wir mit pflanzlicher Kost immer einen gewissen Ausgleich. Das ist auch ein Grund dafür, daß dem Menschen die vegetarische Kost besser bekommt als tierisches Eiweiß. Mit anderen Worten: hat ein Mensch aufgrund seiner Veranlagung zu wenig negative Elektrizität, kann er "nur" mental einen Ausgleich schaffen, die Nahrung ist lediglich ein begleitender Faktor. Sollte jemand versuchen durch übermäßig hohen Konsum von tierischer Nahrung negative Elektrizität aufzubauen, um harmonischer zu werden, wird er das Gegenteil erreichen, er wird statt dessen disharmonischer oder krank werden.

## Obstsäfte

Um einen Liter Obstsaft zu gewinnen, benötigen wir in der Regel mehr als das zwei- bis dreifache an frischem Obst. Wir nehmen also eine Nahrung (kein Getränk) zu uns, in der Vitamine, Mineralstoffe, Glykose, Fruchtzucker, Fruchtsäuren usw. in konzentrierter Form vorliegen. Deshalb ist es wichtig, Fruchtsäfte in kleinen Schlückchen,

langsam kauend zu genießen. Wenn wir dieses beachten und aufbauende Gedanken uns begleiten, können wir die fördernden Aspekte
aus den Obstsäften für unsere Gesundheit gewinnen. Voraussetzung
dafür ist, daß wir:

- nur frisch gepreßte Säfte trinken
- nur reife Früchte verwenden
- möglichst Früchte ohne chemische Zusätze verarbeiten
- am besten mit der Hand pressen

Handgepreßt ist besser als maschinell gepreßt; dieses gilt insbeson-
ders, wenn z. B. gewachste Zitrusfrüchte Verwendung finden, denn
beim maschinellen Pressen geraten Wachsteile in den Saft.

Säfte, die aus Konzentraten rückverdünnt wurden, sollten wir meiden.
Säfte oder Saftgetränke, denen künstliche Vitamine zugesetzt wurden,
sowie Fruchtgetränke mit Süßstoffzusätzen haben in der menschlichen Ernährung keinen Platz. Als Alternative zu frisch gepreßten Säf-
ten können sogenannte Direktsäfte, das sind Säfte aus frischen
Früchten, die in unveränderter natürlicher Form in Flaschen abgefüllt
wurden, gelten. Obstsäfte in zu großen Mengen getrunken bewirken
Chaos in den körpereigenen Flüssigkeiten.

In dem Buch von Monika Helmke Hausen „Die Botschaft der Früchte"
werden den Früchten folgende Wirkungen zugeschrieben:

- **ANANAS**
  Das in ihr enthaltende Enzym Bromelain wirkt entzündungshemmend, blutdrucksenkend, ist nützlich bei Arteriosklerose, unterstützt Schlankheitskuren und wirkt entkrampfend. Darüber hinaus
  regelt sie im Körper alle Hormondrüsen und wirkt stark entgiftend.

- **APFEL**
  Er reinigt, entgiftet, ist keimtötend, senkt den Cholesterinspiegel,
  senkt den Blutdruck, wirkt nervenstärkend, löst Harnsäure und
  wirkt somit der Gicht entgegen.

- **AVOKADO**
  Sie senkt den Insulinspiegel, ist nervenstärkend, hilft bei Leber-,
  Gallen-, Magen- und Darmproblemen, hilft auch bei allen Sucht-
  problemen, stärkt den Rücken, läßt uns das „rechte Maß" finden,
  stabilisiert die Nierenfunktion und glättet die Haut.

- **BANANE**

  Sie wirkt gegen Magengeschwüre, sollte unterstützend bei Psychotherapien eingesetzt werden, denn sie befreit von psychischem- aber auch von zellulärem Druck, sie hilft bei Rheuma und Gicht und schützt das Herz.

- **GRAPEFRUIT (PAMPELMUSE)**

  Sie senkt den Cholesterinspiegel, baut Fett ab, reinigt das Gehirn und läßt uns klarer denken, mobilisiert den Stoffwechsel, baut Schwermetalle und Gifte ab, stärkt die Persönlichkeit.

- **KIWI**

  Sie hilft bei Infektionskrankheiten, ist mineralstoffreich, vitalisiert, reinigt und entgiftet, hat einen hohen Vitamin C - Gehalt.

- **ORANGE**

  Sie wirkt gegen Depressionen, regt den Stoffwechsel an, stärkt die Abwehrkraft, festigt Knochen, das Zahnfleisch und die Zähne.

- **WEINTRAUBE**

  Sie regt Darm und Nierenfunktionen an, löst Giftstoffe auf und hilft diese auszuscheiden, Trauben bauen in unserem Körper gesunde Zellen auf, sie haben ein hohes Reinigungspotential und festigen unsere Knochen, dadurch stärken sie auch unseren Rücken.

Die Farbwirkungen, wie in den Kapiteln 7 und 10 beschrieben wurden, sind auch in den Obstsäften wirksam. Wegen des hohen Fruchtsäureanteils in unreifem Obst ist es ganz wichtig, ausschließlich reife Früchte zu verwenden, näheres darüber lesen Sie in Kapitel 14. Alle stark Vitamin C haltigen Früchte haben einen Haut schützenden und Haut kühlenden Aspekt. Deshalb können wir uns an heißen Sommertagen mit ihnen hervorragend erfrischen. Auch hilft das in ihnen enthaltene Vitamin C gegen Sonnenbrand.

Dieses möchten wir mit einem Beispiel vertiefen: Im Jahre 1999 haben wir beim Segeln in der Karibik folgenden Versuch gemacht. Ich aß schon vor Sonnenaufgang eine frische große Grapefruit, weitere 6 bis 8 Früchte verzehrte ich tagsüber. Auf das Eincremen mit Sonnenschutzmittel verzichtete ich ganz. Obwohl ich mich die meiste Zeit mit freiem Oberkörper auf dem Schiff aufhielt, hatte ich nach drei Wochen keinen Sonnenbrand, aber auch nicht die sonst obligatorisch starke

Bräunung der Haut. Auch fühlte ich mich trotz der schwülen Wärme angenehm wohl. Meine Frau „ernährte sich normal", d. h. sie aß weniger Früchte und nahm so auch weniger Vitamin C zu sich. Sie mußte sich täglich mit Sonnenschutzmittel einreiben. Anfangs mit einem Mittel mit dem Schutzfaktor 25, nach und nach wurde ein geringerer Schutzfaktor genommen, zum Schluß der Faktor 5. Allerdings hatte sie am Ende des Segeltörns eine bedeutend tiefere Bräunung als ich.

## Zubereitung von frischen Gemüse-, Kräuter- und Blattsäften

Wir benötigen einen Mixer. In diesen geben wir nicht zu viel von den zerteilten Gemüsen, Kräutern oder frischen Blättern (besonders eignen sich junge Buchen, Weißdorn und Birkenblätter). Zu einem viertel mit vitalisiertem Wasser auffüllen und fein zerkleinern. Nach zwei bis dreiminütigem Mixen füllen wir Wasser bis zu einer Menge nach, die für das Befüllen der bereitgestellten Gläser ausreicht. Wir können noch während des Mixens Honig, Meersalz, Algen, Zitronen-, oder anderen Zitrusfruchtsaft in ganz geringen Mengen, sowie Rohrzucker (besser ist Ursüße) nach Belieben hinzufügen. Der leuchtend grünen Saft wird dann durch ein Teesieb in die Gläser geseiht.

Unter vitalisiertem Wasser verstehen wir Wasser, dessen veränderte Urinformation durch kristalline, geometrische oder andere Formen in seinen Urzustand zurücktransformiert wurde. Wir kennen Systeme von Plocher, Grander, Sicon. Die gesundheitsförderlichsten Getränke dieser Art werden aus Wildkräutern wie: Löwenzahn, Spitzwegerich und Schachtelhalm usw. gewonnen. Wir handhaben dies folgendermaßen: Auf dem ungedüngten Rasen, der nicht mehr als auf zehn Zentimeter gekürzt wird, lassen wir unter anderem oben aufgeführte Wildkräuter wachsen. Morgens wird jeweils nur eine Sorte Kräuter frisch gesammelt und zu einem Getränk verarbeitet. Zwei Stunden vor dem Frühstück genossen, ist es ein wahres Lebenselexir.

## Einige Spezialgetränke, was sie beinhalten und bewirken

- **ARTISCHOCKENSAFT**
  Magnesium, Kalium, Eisen, Kalzium Mangan, Kupfer, Silizium, Schwefel, Phosphor, Cynarin, Cynaropytin, Bitterstoffe, Inulin, Cynarosit, Vitamin A, B1, B2, C, E, Niacin. Fördert den Leberstoffwechsel (Entgiftung), regt den Gallenfluß an, senkt den Cholesterin- und Triglyceridspiegel.

133

- **FENCHELSAFT**
Ätherische Öle, wie Fenchon, Anethol, Kalzium, Kalium, Phosphor, Eisen, Natrium, Kupfer, Magnesium, Zink, Pantothensäure, Folsäure, Niacin, Vitamine: A, B1, B2, B6, C und E. Gut für Bronchien und das Atmungssystem. Fördert die Durchblutung der Schleimhäute, wirkt der Migräne entgegen, entblähend.

- **GURKENSAFT**
Wir empfehlen Gurken nicht besonders; zweimal monatlich als Saft getrunken, entschlacken sie jedoch das Verdauungssystem und lindern Gicht- und Rheuma: sie wirken stark basenbildend. Um dies zu erreichen, sollten Sie den Saft ausgiebig kauen. Inhaltsstoffe: Kalzium, Kalium, Niacin, Magnesium, Natrium, Phosphor, Eisen, Jod, Molybdän, Pantothensäure, Mangan, Silizium, Selen, Fluor, Vanadium, Nickel, Zink, Kupfer, Pflanzenhormone, Aminosäuren.

- **KAROTTENSAFT**
Pro-Vitamin A, Folsäure, Kalzium, Kalium, Magnesium, Phosphor, Eisen, Silizium, Pantothensäure, Kupfer, Mangan, Kobalt, Zink, Nikkel, Molybdän, Vanadium, Fluor, Selen, Jod, Glutamin, Pektin, Zellulose. Wirkt fördernd auf den Zellstoffwechsel und die Zellatmung, stärkt das Immunsystem. Die Vitalstoffe und die hellorange Farbgebung wirken positiv auf Gehirn und Chakren. Heilende Wirkung auf die Darmwände sowie auf die Sehnerven.

- **LÖWENZAHNSAFT**
Vitamin A, B1, B2, C, E; Niacin, Kalzium, Kalium, Magnesium, Phosphor, Kupfer, Zink, hochwertiges Eisen, Inulin, Cholin, Silizium, Itybin (Bitterstoff), Taraxin, Saponine, Aminosäuren, Phytosterole, enzymhaltige Stoffe. Löwenzahn kann sehr viel Lichtenergie speichern. Nach Aussage von Experten ist Löwenzahn die Pflanze mit dem größten Lichtspeicherpotential. Seine Wirkung liegt vor allem auf dem Gebiet der Blutreinigung; sie ist entschlackend, beschleunigt den Leberstoffwechsel und den Gallenfluß, stimuliert Magen und Milz. Er ist darüber hinaus cholesterinsenkend und hat einen positiven Einfluß auf die Zellatmung, den Zellstoffwechsel, auf das Hormonsystem und das menschliche Gehirn.

Während der Vegetationszeit wird dieser Saft zu einem viertel Liter zwei bis drei Mal wöchentlich frisch zubereitet. Löwenzahnblätter im Salat, oder als Gemüse in Kombination mit frischem Saft erhöhen die Vitalität. Löwenzahn zeigt überdüngte Wiesen an, d. h. er nimmt alle Schadstoffe in sich auf und reinigt dadurch den Boden. Das Gleiche macht er auch in unserem Körper; daher kommt seine große Heilkraft. Wichtig ist: Löwenzahn nur von ungedüngten Feldern sammeln!

- **SPITZWEGERICHSAFT**
  Niacin, Kalzium, Kalium, Cholin, Magnesium, Saponine, Aesculin, Phosphor, Eisen, Gerbstoff, Glykoside Schleimstoffe, Kieselsäure, Vitamin A, B1, B2, C und sehr viel Lichtenergie. Er hat eine heilende Wirkung bei allen Erkältungskrankheiten, reinigt das Blut sowie das Lymphsystem. Sein positiver Einfluß auf Gallenblase, Magen, Dick- und Dünndarm sowie auf die Harnwege sind bekannt.

- **SCHACHTELHALMGETRÄNK**
  Kiesel- und organische Säuren, Kalium, Magnesium, Eisen Phosphor Zink Mangan, Natrium, Equisetonin, Flavonoide, Saponin, Vitamin, A, B1, B2, B6, C. Er hat eine ausgleichende Wirkung auf Gehirn, Nervensystem, Körperzellen und das Sonnengeflecht. Aufgrund seines hohen Anteils an Kieselsäure fördert er den Knochenaufbau, das Wachstum der Haare, Nägel und Zellen. In der Naturheilkunde findet er bei Gicht, und Rheuma sowie bei Blasen- und Nierenleiden Anwendung. Darüber hinaus verschönert er die Haut und strafft das Bindegewebe.

- **BIRKENBLÄTTERGETRÄNK**
  Vitamin A, B1, B2, C ätherische Öle, Kalzium, Magnesium, Hyperosid, Flavonoide, Saponine, Gerbstoffe. Der reiche Anteil an Flavonoiden sorgt dafür, daß Schlacken ausgeschieden werden. In der Naturheilkunde wird Birkenextrakt gegen viele Stoffwechselerkrankungen eingesetzt, wie Gicht, Rheuma, Arthritis. Im Frühjahr eine siebentägige Birkenblätter - Getränkekur und Sie schaffen sich einen reinen Körper und klare Gedanken. Das wirkt sich in umgekehrter Weise fördernd auf Ihre Bewußtwerdung aus. Vorsicht bei schwachen Nieren, er kann bei zu hoher Dosierung die Nieren reizen. Bitte verwenden Sie nur junge, zarte Blätter!

- **WEISSDORNBLÄTTERGETRÄNK**
  Vitamin A, B1, B2, C, Kalium, Niacin, Kalzium, Magnesium, Acetylcholin, Cholin, Aesculin, Pektin, Saponine, Gerbstoffe, Crataegussäure, Bioflavonoide (Quercetin, Rutin, Hyperosid, Vitexin, Procyanidine). Wir sammeln nur junge Blätter. Weißdorn eignet sich gut zum Mischen mit Zitronenmelisse, Baldrianblättern, und Petersilie.

Weißdornblättergetränke sind ausgezeichnet gegen Streß, Nervosität, sowie Überforderung. In der Naturheilkunde wird Weißdorn gegen alle Leiden, die mit dem Herzen zu tun haben, verwendet.

- **FICHTENSCHÖSSLINGGETRÄNK**
Vitamin A, B1, B2, C, E, Niacin, Kalium, Kalzium, Magnesium, Cholin, Bioflavonoide, Harze, Phosphor, ätherische Öle.
Wir sammeln nur junge, frische, weiche, hellgrüne Schößlinge. Ein hervorragendes Getränk gegen alle Erkältungskrankheiten, vor allem aber gegen Bronchitis, Frühjahrsmüdigkeit. Reinigt die Lunge. Nach einer siebentägigen Kur haben Sie freie Atemwege, fühlen sich leicht und beschwingt.

- **BUCHENBLÄTTERGETRÄNK**
Vitamin A, B1, B2, B6, C, E, Kalzium, Magnesium, Saponine, Phosphor, Eisen, ätherische Öle, Gerbstoffe, Flavonoide. Wirkt stabilisierend auf das Immunsystem, stärkt das Bindegewebe, reinigt den Körper, das Blut und die Harnwege. Hat einen ausgleichenden Einfluß auf den Magen und die Verdauungsorgane. Die zarte hellgrüne Farbe wirkt sich harmonisierend auf das Herzchakra und somit auf die Thymusdrüse aus (nur junge Buchenblätter verwenden!).

- **BRENNESSELGETRÄNK**
Vitamin A, B1, B2, C, Phytol (Vitamin K ähnliche Wirkung), Eisen, Phosphor, Kieselsäure, Schleimstoffe, Glucokinine, Gerbstoffe, Kalzium, Kalium, Natrium, Magnesium. Brennesseln sind für den Menschen die wertvollste Eisenquelle in der Natur. Sie wirken blutreinigend und blutbildend, stoffwechselanregend und entschlackend, unterstützen die Funktionsabläufe im Gehirn und Drüsensystem. Fördern Zellatmung und Zellstoffwechsel. Werden in der Naturheilkunde bei Nieren- und Leberleiden sowie zur Harnsäureausscheidung bei Arthritis, Rheuma und Gicht verwendet.

Aus Brennesseln können schmackhafte Beilagen zubereitet werden((Verarbeitung wie Spinat). Werden Brennesseln roh im Salat mit verwendet, müssen die Blätter vorher mit heißem Wasser kurz übergossen werden. Durch das heiße Wasser verliert die Nesselsäure ihre Wirkung und ihr Rachen ist sicher vor Brennschmerz.

- **HOLUNDERBEERENSAFT** (besonders wertvoll!)
Vitamin A, B1, B2, B6, C Niacin, Folsäure, Fruchtzucker, Fruchtsäure, Kalium, Biotin, Phosphor, Gerbstoffe, Bioflavonoide, Hespe-

ridin, Pantothensäure, Rutin, Anthozyane (Pflanzenfarbe mit hoher Schwingung). Holunderbeeren dürfen nicht roh verzehrt werden. Der Saft wirkt entschlackend und schweißtreibend. In der Naturheilkunde wird er eingesetzt bei grippalen und bronchialen Infekten, sowie zur Fiebersenkung und Stärkung des Immunsystems.

- **HEIDELBEEREN, HOLUNDERBEEREN, BROMBEEREN, SANDDORN, SCHWARZE JOHANNISBEEREN, SCHLEHEN**
  Dies sind die vitalstoffreichsten Beeren in unseren Breiten. Sie dienen zur Gesund- und Jungerhaltung von Körper und Geist. Die ausgleichende und Chakrablockaden abbauende Wirkung durch die Pflanzenfarben blau - violett und orange begründet ihren hohen Stellenwert in Bezug auf die bewußtseinserweiternde Ernährung.

Wenn wir von **bewußtseinsfördernder Nahrung** sprechen, so muß es in der Polarität auch gegenteilige Formen geben. Über einige haben wir in Bezug auf Lebensmittel der "alten Zeit" gesprochen. Hier nun zwei bekannte, viel geliebte und wegen ihrer starken Heilkraft in der Naturheilkunde nicht wegzudenkende Heilmittel. Aber was dem Körper gut tut, muß nicht jederzeit der Seele von Nutzen sein.

- **KNOBLAUCH**
  Er ist reich an Vitamin A, B1, B2, C, E und P. Sein Hauptbestandteil ist das Allicin. Es folgen, Enzyme, Cholin, Adenosin, Ajeon, Schwefel, Jod, Selen, Germanium, Molybdän, Zinn, Kupfer, Kalzium, Phosphor, antibiotikaähnliche Stoffe, Flavonoide.

Knoblauch ist eines der ältesten Naturheilmittel. In den Hochkulturen Indiens, Chinas und Ägypten wurde er schon zu Heilzwecken eingesetzt. Obwohl das Volk im alten Ägypten getrocknete Knoblauchzehen als Amulett trug, und auch seinen würzigen Geschmack zu würdigen wußte, war es den höheren Priestern vor allem aber den Eingeweihten strengstens verboten Knoblauch zu essen. Im Talmud steht über ihn: Er läßt das Gesicht des Menschen erstrahlen, er fördert die Samenbildung des Mannes, er befreit die Därme von falschen Lebewesen (Bakterien, Würmer, Pilze).

Wogegen er hilft: Knoblauch tötet Bakterien und Pilze, er baut Cholesterin ab, senkt den Blutdruck, wirkt entschlackend, fördert die Sauerstoffzufuhr des Blutes, regt den Gallenfluß an, hilft bei der Ausleitung von Schwermetallen. In jüngster Zeit werden immer mehr heilende Eigenschaften des Knoblauchs entdeckt.

Meine persönliche Erfahrung mit der Heilwirkung des Knoblauchs: Auf einer Reise durch Südafrika lernte ich die heilende Wirkung des Knoblauchs schätzen. Mitten in der Nacht bekam ich furchtbare Leib- und Kopfschmerzen. Ich konnte nichts bei mir behalten, oben und unten kam alles heraus - eine peinliche Angelegenheit. Am Tage im Auto krümmte ich mich vor Schmerzen und konnte mich kaum noch bewegen. In den Drakensbergen kamen wir in einen kleinen Berghof. Hier bestellte ich zur Verwunderung der Hausherrin eine große Portion frischer Knoblauchzehen, etwas trockenes Brot und einen Roibushtee. Obwohl ich keinerlei Appetit hatte, zwang ich mich, den Knoblauch zu verspeisen. Am nächsten Tag waren wie durch Zauberhand alle meine Unpäßlichkeiten verflogen.

In der Küche wird er für unzählige Gerichte, Gewürzkompositionen, Buttermischungen und Getränke verwendet. Nach der hl. Hildegard von Bingen soll der Knoblauch roh den Speisen hinzugefügt werden. Sein strenger Geruch kann gemildert werden, indem wir: Petersilie essen, Gewürznelken, Kardamom oder Zimtstangen kauen, Buttermilch, Milch mit Honig oder kräftigen Pfefferminztee trinken.

Warum aber durften die Eingeweihten keinen Knoblauch essen? Den Eingeweihten war bekannt, daß gerade die hoch wirksamen Stoffe, jene Wirkstoffe also, die ein Fließen, ein Ausscheiden, ein Trennen erst ermöglichen, übermäßig starke entmagnetisierende Kräfte auf die menschlichen Körper (auch auf die feinstofflichen) ausüben. Das bedeutet, daß der Mensch durch den Verzehr von Knoblauch instabil, unstet und labil wird und im Materiellen verhaftet bleibt. Zu unserer Aufwärtsentwicklung benötigen wir jedoch eine gewisse Festigkeit, Beharrlichkeit und Disziplin.

- **ZWIEBEL**
Auch sie war in den oben genannten Hochkulturen ein sehr geschätztes Würzgemüse. Im alten Ägypten war sie das Volksnahrungsmittel schlechthin. Auch hier durfte sie von den höheren Priestern und Eingeweihten bei Strafe nicht gegessen werden. Auch die Zwiebel ist seit alters her ein hochwirksames Naturheilmittel. Sie wurde früher als die Medizin der Armen bezeichnet. Das tut ihr aber keinen Abbruch, ganz im Gegenteil, hat sie doch nicht die Nebenwirkungen der allopathischen Medikamente.
Die Inhaltsstoffe der Zwiebel: Vitamin A, B1, B2, B6, C, Schwefel, Silizium, Selen, Jod, Eisen, Kieselsäure, Thiosulfinat, Senföle, Aminosäuren, Fluor, Niacin, Kalzium, Kalium, ätherische Öle.

Ihre Heilwirkung: Sie bringt alle Körpersäfte wie Speichel, Lymphe und Darmsäfte stark zum Fließen. Das Verdauungssystem wird angeregt, es kommt zur äußerst gründlichen Körperreinigung. Das hat der Zwiebel auch den Namen "Kehrbesen des menschlichen Körpers" eingebracht. Sie wirkt heilend bei Erkältungskrankheiten, zu hohem Cholesterinspiegel, verbessert die Zellatmung, senkt zu hohen Blutdruck, regt den Gallenfluß an. Sie wirkt auch Stoffwechselerkrankungen wie Gicht, Rheuma und Diabetes entgegen.

Aus der Küche ist sie nicht wegzudenken: bei vielen Speisen bringt sie den feinen Geschmack erst richtig zur Geltung. Fleischgerichte werden durch die Zwiebel erst bekömmlich. Des weiteren wird sie zum Ansetzen von braunen und weißen Saucen, zum Zubereiten von vegetarischen Brotaufstrichen, als Zugabe von Dips, Salaten usw. verwendet. Nach der hl. Hildegard von Bingen soll die Zwiebel nicht roh gegessen werden. Der gleichzeitige Genuß von Zwiebeln und Knoblauch sollte vermieden werden. Die südländische- und die asiatische Küche wären ohne die Zwiebel nicht denkbar.

Genau wie Knoblauch, hat auch die Zwiebel eine stark zerteilende Komponente: auch sie treibt, trennt, stößt hinaus. Diese Eigenschaften sind für den fleischverzehrenden oder kranken Menschen willkommen. Den aufstrebenden Menschen, den Menschen der nach geistig Höherem strebt, den Menschen der "Neuen Zeit" hält sie aber fest, läßt ihn nicht so schnell in die Lichtschwingung gelangen. Auch die Brahmanen verzehren keine Zwiebeln. Sie sehen in den sieben Häuten der Zwiebel die sieben Bewußtseinsstufen.

An den Beispielen Knoblauch und Zwiebel verdeutlicht uns die Natur, daß es von einer höheren Warte aus betrachtet, keine Polarität gibt. Denn auf der einen Seite sind Zwiebeln und Knoblauch hervorragende Heilmittel, auf der anderen Seite wirken sie verzögernd auf die spirituelle Entwicklung ein. Sinnbildlich gesehen bilden beide Wirkungen zusammen erst eine Einheit.

# 13. Speisenzusammenstellung und Rezepte

Ein wichtiger Faktor, um körperlich und geistig in der Harmonie zu bleiben, ist die richtige Kombination der einzelnen Nahrungsmittel untereinander. Wenn Sie noch tierisches Eiweiß essen, dann am besten in Form von Seefisch, Lamm und Geflügel und in kleinen Mengen. Kombinieren Sie diese immer mit den notwendigen Ballaststoffen, wie Gemüse und Salat.

Eiweiß und Stärke behindern sich bei der Verdauung gegenseitig, aus diesem Grunde verzichten wir auf stärkehaltige Beilagen wie Reis, Kartoffeln, Getreide als Begleitung zu Fleisch und Fisch. Wie wir erfahren haben, kann die im Fleisch enthaltene negative Elektrizität, außer mit viel Bewegung, zum Teil auch mit der positiven Elektrizität aus Blattgemüsen, sowie Löwenzahn, Spitzwegerich Brennesseln und Kräutern wie Oregano, Rosmarin, Thymian, Koriander, Majoran, Galgant, Chili-Pfeffer und Kümmel u. a. m., neutralisiert werden.

Da sich die unterschiedlichen Pflanzeneiweißstoffe miteinander nicht vertragen, sollten Sie Getreidearten nur einzeln verarbeiten. Das bedeutet, weder Mehrkorn-Müsli noch Mehrkorn-Brot zu essen. Alle Getreidesorten einzeln verwendet, ergeben in Verbindung mit Gemüsen oder Sprossen, schmackhafte und äußerst bekömmliche Gerichte.

Salatkombinationen sollten aus nicht mehr als drei verschiedenen Salatarten zubereitet werden. Wenn der Salat mit Blüten dekoriert wird, gelten die Blüten als Salatkomponente. Den angemachten Salat sollten Sie vor dem Verzehr 10 Minuten ziehen (garen) lassen und wenn möglich mit Körnern, wie gequollenem Dinkel, Kürbiskernen, Sesam, Flohsamen, oder Sonnenblumenkernen bestreuen. Zum Anmachen des Salates eignen sich am besten kaltgepreßtes Olivenöl, kaltgepreßtes Sonnenblumenöl, noch besser kaltgepreßtes Mandelöl, Balsamico-Essig, frisch gepreßter Zitronensaft. Seltener können auch Buttermilch, Joghurt, Creme-Fraiche oder Kefir Verwendung finden.

Auf Grund der Degeneration der Verdauungsorgane (Bauchspeicheldrüse, Darm, Magen) des heutigen Menschen, ist es ratsam auf zuviel Rohkost möglichst zu verzichten. Wer Rohkost trotzdem verzehren möchte sollte diese mit gekochten Gemüsen kombinieren. Um die biologische Wertigkeit des Salates zu erhöhen, ist es wichtig Wurzelgemüse, wie Karotten und vor allem Topinambur frisch über den Salat zu raspeln. Um ein Sklerotisieren (Verhärten) der Körperzellen zu verhindern, sollten Sie nur wenig Säure zum Anmachen verwenden.

Gemüse sind dem Menschen in wenig Flüssigkeit, leicht gedünstet und noch knackig serviert, am zuträglichsten. So zubereitete Gemüse tragen zur Erneuerung der Enzyme bei und helfen das Verdauungssystem zu regenerieren und zu stabilisieren. Auch bei den Gemüsen ist es besser, nie mehr als zwei bis drei Sorten für eine Mahlzeit miteinander zu mischen. Je weniger verschiedene Nahrungsarten wir bei einer Mahlzeit zu uns nehmen, desto weniger Enzyme sind für deren Aufspaltung notwendig, desto mehr Lebenskräfte stehen uns für andere Aufgaben zur Verfügung.

Milchsauer vergorene Gemüse, wie Sauerkraut und milchsauer vergorener Rettich, sind dem heutigen Menschen nicht mehr so zuträglich wie früher. Den sauer konservierten Gemüsen haftet eine relativ niedrige Schwingungsfrequenz an, außerdem führen sie wie alle säurehaltigen Speisen zur Zellverhärtung. Sie hatten zu ihrer Zeit, als die meisten Menschen noch gröber strukturiert waren als heute, eine große Bedeutung, ohne diese Produkte hätten unsere Vorfahren ein noch viel härteres Leben gefristet. Vor allem in Deutschland und seinen östlichen Nachbarländern, wie Polen, Tschechien, Slowakei usw. steht der Verzehr auch heute noch ganz oben auf der Verbrauchsskala. Aber der Mensch der heutigen Zeit, sollte Sauerkraut und seine Verwandten nur in geringen Mengen verspeisen.

Für Käse gilt in etwa das gleiche wie für Sauergemüse. Je stärker der Käse riecht, desto weniger ist er unserer Gesundheit dienlich. Quark, und vor allem Frischkäse sind anderen Käsesorten vorzuziehen. Menschen, die dem Ernährungsnaturell angehören, sollten auf Hartkäse verzichten. Mutterkümmel in kleinen Mengen über den Käse gestreut läßt diesen bekömmlicher werden.

Wir können selbst feststellen, was ein Zuviel an sauren Speisen (auch ein Zuviel an sauren Früchten, Getränken, Sauermilchprodukten usw.), im Menschen bewirken kann: Der Mensch, der im Einklang mit der Natur, dem Leben ist, kann im übertragenem Sinn "eine kleine Sonne" sein. Das heißt, je stärker und heller seine Licht/Helioda-Strahlung ist, desto lebensnaher ist seine Ernährung, sein Denken, und auch sein Handeln. Durch zuviel über die Nahrung zugeführte

Säure, entstehen saure Gedanken und damit beginnt im zellulären Bereich eine Sklerotisierung. Diese Verhärtung bindet Lebens/Liebes /Licht/Helioda/Strahlkraft. Menschen mit Säureüberschuß sehen oft fahl, hart und grau aus.

Vollmilch ist für junge Kälber gedacht. Auch für Kinder und Jugendliche bis zum 14. Lebensjahr ist sie in Maßen ein nützliches Lebensmittel. Dem Erwachsenen fehlt aber häufig das Ferment Laktase zum Aufschließen des Milchzuckers. Aus diesem Grund arbeiten wir ausschließlich mit Sauermilchprodukten. Allerdings säuern sie in größeren Mengen genossen, unseren Körper ebenfalls.

Um hochwertige Speisen herzustellen, können wir die Verträglichkeit der einzelnen Gemüsesorten und stärkehaltigen Lebensmittel untereinander nutzen. Folgende Gemüse und Stärkeprodukte harmonieren miteinander:

- Zu Fenchel und Karotte passen alle Gemüsearten.
- Getrocknete Algen können in kleinen Mengen über alle Gemüsegerichte gestreut werden. Frische Algen eignen sich am Besten als Einzelgemüse.
- Aubergine: Sellerie, Paprika, Avocado, Zucchini, Dinkel, Naturreis, Quinoa, Hirse, Topinambur.
- Blumenkohl: Rote Bete, Feldsalat, Kartoffeln in kleinen Mengen.
- Broccoli: Spargel, Sellerie. Rote Bete, Kürbis, Dinkel, Naturreis, Amaranth, gehobelte Mandeln.
- Erbsen oder süße Schoten: Petersilienwurzeln, Süßkartoffeln, Topinambur, Kartoffeln, Hirse, Dinkelgraupen.
- Kartoffeln: (Nur in kleinen Portionen verzehren). Grüne Bohnen, Spargel, Spinat, Mangold, Sellerie, Zucchini, Wirsing, Tomaten, Brennessel, Bärlauch.
- Linsen: ( Am besten ist die kleine rote Linse). Zucchini, Löwenzahn, Blattsalate, Kartoffeln, Spätzle.
- Mangold: Sellerie, Petersilienwurzeln, Kartoffeln, Süßkartoffeln, Reis.
- Paprika: Zucchini, Pastinake, Tomaten,
  Zum Füllen: Reis, Hirse, Quinoa, Amaranth.
  Als Beilage: Kartoffeln, Naturreis.
- Pastinake: (eine Zuchtform aus Karotte und Petersilienwurzel) Aubergine, Zucchini, Okra, Kartoffeln, Topinambur.
- Schwarzwurzeln: Mangold, süße Schoten, Kartoffeln.

- Sellerie: Rote Bete, Zucchini, Feldsalat, Mais, Kartoffel, Dinkel, Quinoa.
- Spargel: (Der grüne, chlorophyllhaltige ist dem weißen Spargel vorzuziehen), Frische Erbsen, Kartoffeln.
- Spinat: Sellerie, Mangold, Kartoffeln, Süßkartoffeln.

Bitte beachten Sie auch:
- Kohlsorten dürfen generell **nicht** miteinander kombiniert werden, sie verursachen sonst Verdauungsprobleme.
- Verschiedene Kohlenhydrate behindern sich gegenseitig bei der Verdauung (z. B. Brot und Marmelade, Kartoffeln und Getreide).
- Eiweiß und Stärke (Kohlenhydrate) in Kombination, verringern die Tätigkeit der Enzyme Ptyalin und Pepsin.
- Wenn Verdauungsbeschwerden vorliegen, können diese durch inulinhaltige Nahrungsmittel (z. B. Topinambur, Sellerie, Schwarzwurzeln, Dahlienknollen) unter Umständen behoben werden.

Dies stellt die materielle Seite der Regeln für eine neuzeitliche Speisenzusammenstellung dar. Aus geistiger Sicht betrachtet, haben wir folgende Regeln zu beachten:

- Nur frische, hochwertige Ware ist es Wert, uns als Nahrung zu dienen. Das bedeutet, daß wir nicht nach dem Billigen suchen dürfen, um das Billigste zu kaufen.
- Was lösen wir mit dem Suchen und Kaufen von Billigem auf der Kausal/Resonanzebene aus? Wir geben dem Produkt, das uns als Mittel zum Leben dienen soll, eine mindere Wertung.
- Uns selbst schätzen wir dadurch als minderwertig ein.
- Wir honorieren darüber hinaus die Arbeit des/der Erzeuger nicht und weil alles eins ist, bekommen wir vom Leben auch nur Billiges z. B. in Form von Krankheit, Unzufriedenheit und vor allem als Mangel, zurück.

Ich war einmal mit einem Bekannten im Lebensmittelgeschäft. Wir kauften ein. Er hatte sich für Tomaten entschieden. Dann sah er an anderer Stelle Tomaten, die einige Pfennige weniger kosteten. Mein Bekannter holte die etwas teureren Tomaten aus dem Einkaufswagen, tauschte die Ware um. Nach dem Resonanzgesetz, das nicht nur in Bezug auf die Wertschätzung unserer Nahrung, sondern für alles in unserm Leben Gültigkeit hat, wurde hier ein Grundstein für Mangel gelegt.

Betrachten wir einen Großteil unserer Mitmenschen, wie sie die Preise vergleichen, wie sie ihr Kaufverhalten nach dem Billigsten ausrichten, wie sie nur nach dem Billigsten suchen. Solange diese Mentalität auf großer Ebene nicht geändert wird, wird es auf der Welt mangelnde Wertschätzung, Arbeitslosigkeit, Armut geben.

Dieses in Bezug gebracht auf unsere Ernährung, dem Fundament unseres Lebens, bedeutet: Wertschätzung uns selbst gegenüber, Achtung vor der Arbeit unserer Mitmenschen zeigen wir, indem wir bereit sind, die Leistung der Menschen angemessen zu honorieren. Will ich aber keinen angemessenen Energieausgleich für die Leistung meines Nächsten erbringen, zeige ich damit, **daß ich mich selbst für wertlos halte,** dem Erzeuger gegenüber drücke ich meine Nichtachtung aus. Ich selbst erhalte dem Kausalitätsgesetz entsprechend meinen Lohn.

Manche Menschen sind der Meinung, daß sie auch keine dementsprechenden Konsequenzen tragen müssen, wenn sie über ihr Fehlverhalten kein Schuldbewußtsein entwickeln. Eine ungerechte Handlung, bleibt ungerecht und fordert nach dem kosmischen Gesetz der Kausalität Ausgleich. Für alles, aber wirklich alles was ich tue, bewußt oder unbewußt, habe ich die Verantwortung zu übernehmen. Verantwortung zu tragen, bedeutet, die Antwort des Schicksals auf meine Handlungen ertragen zu können oder zu müssen.

# Rezepte (jeweils für vier Personen):

## • Kürbiscremesuppe

400 g Kürbis
200 g Karotten
1 Zwiebel
40 g Butter
20 g grüne Kürbiskerne
2 EL Kürbiskernöl
20 g Dinkelvollkornmehl

1 l Gemüsebrühe
4 EL Creme Fraiche
½ TL Kurkuma
½ TL Galgantpulver
etwas weißer Pfeffer
Meersalz

Zubereitung: Das von Kernen und Schale befreite Kürbisfleisch, sowie die geschälten Karotten in Stücke schneiden, mit der Butter und den Zwiebelwürfeln ansautieren. Mit dem Mehl bestäuben und gut anschwitzen lassen. Mit der Brühe aufgießen, Gewürze zugeben, 15 Minuten leicht köcheln lassen, dann mit dem Pürrierstab zerkleinern. Die angerichtete Suppe mit den Kürbiskernen, dem Öl und Creme Fraiche garnieren.

## • Schwedensuppe

50 g Karotten
50 g Kohlrabi
200 g Topinambur
1/8 l süße Sahne
etwas Meersalz

Pfeffer/Galgant
Geriebene Muskatnuß
1 l Wasser
50 g Dinkelgraupen

Zubereitung: Gemüse und Topinambur waschen, schälen, in grobe Würfel schneiden. Das Wasser mit Pfeffer oder Galgant und Muskatnuß würzen und das Gemüse darin ca. 20 Minuten kochen. Das Ganze mit dem Mixstab gut durchmixen, die flüssige Sahne darunterrühren und mit dem Salz abschmecken. Zum Schluß die separat nach Vorschrift gekochten Gaupen einrühren.

## • Hausgemachte Dinkelnudeln mit jungen Zucchini und Arame in Zitronen-Käsecreme

Nudeln:

300 g Dinkelmehl
geriebene Schale von 1 Zitrone
2 Eier
2 EL kaltgepreßtes Olivenöl

4 EL lauwarmes Wasser
1 Messerspitze Meersalz
1 Messerspitze Muskatnuß
(für das Nudelwasser)

Gemüse:

700 g Zucchini
3 EL kaltgepreßtes Olivenöl

2 Zehen Knoblauch
25 g getrocknete Arame

Zitronen - Käsecreme:

1/8 l trockener Weißwein
1/8 l Creme Fraiche
1/8 l Sauerrahm

100 g geriebener Gruyer
Salz, Galgant
etwas Zitronensaft

Zubereitung: alle Zutaten für die Nudeln in eine Küchenrührmaschine geben, ca. 2-3 Minuten durcharbeiten. Teig in ein trockenes Tuch schlagen und ca. 1 Stunde an kühlem Ort ruhen lassen. In der Zwischenzeit Arame mit kaltem Wasser übergießen und 15 Minuten quellen lassen. Die Zucchini halbieren und in kleine, dünne Scheiben schneiden. Öl in einen flachen Topf geben, den feingehackten Knoblauch und die Zitronenschale hinzufügen und alles gut anschwitzen lassen. Mit Weißwein, Creme Fraiche und Sauerrahm ablöschen, geriebenen Käse hineingeben, mit Gewürzen und Zitronensaft abschmecken. Das Gemüse vom Feuer nehmen.

Nudelteig mit Mehl bestäuben nochmals mit der Hand durcharbeiten und mittels Nudelmaschine oder per Hand in Streifen schneiden, leicht mit Mehl bestäubt ca. 10 Minuten antrocknen lassen. Dann die Streifen 3 bis 4 Minuten in sprudelndem Salzwasser, dem etwas geriebene Muskatnuß und Öl beigefügt ist, kochen. Mit kaltem Wasser abschrecken.

Anrichten: Arame in Öl ganz leicht anbraten, Nudeln hinzugeben, kurz durchschwenken, auf Teller verteilen mit Schöpfkelle eine kleine Mulde formen und das Gemüse hineingeben.

- **Gemüse-Dinkel-Pfanne mit Flocken aus Nori, Seelattich und Dulse bestreut** (im Handel unter der Bezeichnung "Salade du Pecheur" erhältlich)

150 g Karotten
150 g rote Paprikaschoten
250 g Broccoliröschen
50 g Sellerie
1 Zwiebel
150 g frische Sprossen

350 g Dinkelkörner
4 EL kaltgepreßtes Olivenöl
1/8 l Gemüsebrühe
Meersalz, Galgant,
Bertram nach Geschmack.
20 g "Salade du Pecheur"

Zubereitung: Dinkel über Nacht im Wasser quellen, danach 15 Minuten kochen und auf dem Sieb abtropfen lassen. Das Gemüse putzen und in feine Streifen schneiden. Öl in eine Pfanne oder Wok geben, Zwiebel- und Gemüsestreifen hinzufügen. 10 Minuten anschwitzen. Dinkelkörner, Sprossen und Gewürz zufügen, mit Gemüsebrühe ablöschen, kurz durchschwenken und knackig-frisch servieren. Mit Algenflocken nach Belieben bestreuen.


- **Strudel gefüllt mit Mangold und Kabeljaufilet in Wildkräutersauce:**

Strudelteig
250 g Dinkelmehl
Mehl für die Teigbearbeitung
1 Eßlöffel kaltgepreßtes Öl

1 Ei
4 EL lauwarmes Wasser
1 Messerspitze Meersalz

600 g frisches Kabeljaufilet
etwas Salz

Zitronensaft
½ Zwiebel

500 g Mangoldblätter
30 g Butter

1 Messerspitze Meersalz

Sauce
20 g Butter
½ Zwiebel
20 g Mehl
0,2 l Gemüsebrühe
0,2 l Weißwein

1/8 l Sahne
50 g Wildkräuter
1 Prise Meersalz
etwas weißen Pfeffer
Galgantpulver

Zubereitung: das Mehl für den Teig in eine Schüssel sieben, zu einem Hügel formen und in dessen Mitte eine Mulde formen. 2 Eßlöffel Öl, Ei, einen Teil Wasser und Salz hineingeben. Von außen nach innen zu einem Teig verarbeiten. Nach und nach soviel lauwarmes Wasser hinzufügen, bis ein mittelfester Teig entsteht. Diesen so lange kneten, bis er seidig glänzt (ca. 10 bis 15 Minuten). Mit dem Rest Öl einpinseln und 30 Minuten kühl ruhen lassen.

Inzwischen von den Mangoldblättern die dicken Strünke entfernen. Die Blätter kurz blanchieren. Den Fisch mit Salz, Galgant und Zitronensaft marinieren. ½ Zwiebel würfeln und diese in 10g Butter leicht glasig werden lassen.

Auf dem Tisch ein Tuch ausbreiten, mit Mehl bestäuben, darauf den Teig ausrollen. Diesen auf die mehlierten Handrücken legen und vorsichtig von der Mitte nach außen hauchdünn ausziehen und wieder auf das Tuch legen. Den Teig mit Butter bestreichen, und darauf den Mangold ausbreiten und leicht salzen. Nach allen Seiten einen ca. 3 cm breiten Rand frei lassen. Auf das Gemüse die Fischfilets geben und mit den ansautierten Zwiebeln bestreichen. Den Strudel mit dem Tuch einrollen und mit der Naht nach unten auf ein geöltes Backblech legen. Mit Butter bestreichen und ca. 50 Minuten bei 190° im Rohr goldbraun backen. Den fertigen Strudel schräg in acht Stücke schneiden und mit der Sauce servieren.

Für die Sauce die restlichen Zwiebelwürfel in Butter glasig werden lassen, mit dem Mehl zusammen anschwitzen, mit Weißwein und Gemüsebrühe ablöschen, kurz aufkochen und die Sahne zufügen. Mit den Gewürzen und dem Zitronensaft abschmecken, kurz vor dem Servieren die gehackten Kräuter hineingeben.

## • Topinamburauflauf nach Kaiser-Art mit Kräuterrahm

600 g Topinambur
500 g Broccoli
1 kleiner Blumenkohl
300 g Karotten
4 Eier
¼ l Vollmilch oder Sojamilch

30 g Butter
100 g geriebener Käse
3 Tomaten
je eine Prise Meersalz,
Galgantpulver, Muskatnuß

Sauce
100 g Topinambur
0,2 l frische Sahne
0,1 l Gemüsebrühe
20 g geschälte Mandeln

50 g frische Kräuter
1 Knoblauchzehe
je eine Messerspitze Pfeffer
Bertrampulver, Meersalz

Zubereitung: für den Auflauf die Topinambur waschen, schälen und in kleine Stücke schneiden. In wenig schwach gesalzenem Wasser halbfertig garen. Broccoli und Blumenkohl in Röschen brechen, mit den in feine Scheiben geschnittenen Karotten in Butter anschwenken. Die Topinambur abgießen (den Fond für die Sauce aufheben). Alles zusammen in eine Auflaufform füllen. Eier mit der Milch und den Gewürzen verquirlen. Diesen Guß über das Gemüse geben und im Ofen bei 180 Grad überbacken (in offener Form 40 Minuten, in geschlossener Form z. B. Römertopf 55 Minuten).

In der Zwischenzeit die Tomaten waschen, die Stengelansätze entfernen und in dünne Scheiben schneiden, den Auflauf damit belegen und den Käse darüber streuen. Nochmals in das Rohr schieben und bei 180 Grad solange überbacken, bis der Käse gut zerlaufen ist (offene Form 5 Minuten, geschlossene Form 10 Minuten).

Für die Sauce die restlichen 100g Topinamburwürfel, Gemüsefond, Sahne, Knoblauch und Mandeln zusammen gut gar kochen. Mit Mixerstab fein pürrieren. Kräuter hacken und frisch auf die Sauce geben. Nicht mehr kochen lassen.

## • Topinambur – Gratin

1,3 kg große Topinambur-
knollen
40 g Butter
100 g geriebener Käse
1 Knoblauchzehe
2 Eier

1/8 l Sahne
3/8 l Vollmilch oder Sojamilch
Meersalz, Galgantpulver
Bertrampulver
Muskatnuß
etwas weißer Pfeffer

Zubereitung: die Topinambur schälen, kurz unter fließendem Wasser reinigen. In ca. ¼ cm dicke Scheiben schneiden. Eine Auflaufform (Römertopf) mit der Knoblauchzehe ausreiben und mit 20 g Butter ausfetten. Den Boden mit einer Schicht Topinamburscheiben belegen, mit etwas Käse bestreuen. Weitere Schichten aufeinander geben bis die Topinambur aufgebraucht sind. Eier, Sahne, Milch und Gewürze verquirlen, den Guß über die geschichteten Topinambur gießen. Oben drüber den Käse streuen, die restliche Butter in Flocken daraufsetzen. Bei 180 Grad ca. 50 Minuten im Ofenrohr garen. Der Auflauf soll schön goldbraun direkt aus dem Rohr auf den Tisch kommen.

## • Gemüse-Sprossenpfanne mit Arame :

500 g frische Sprossen
(z. B. Mungosprossen)
1/8 l Gemüsebrühe
60 g Arame
200 g Möhren
100 g Sellerie

1 Bund Petersilie
5 EL Sesamöl
1 Teelöffel Meersalz
1 Messerspitze Galgantpulver
etwas Bertram

Zubereitung: Arame in Gemüsebrühe einweichen. Möhren und Sellerie in Pfanne oder Wok in Sesamöl ansautieren. Wenn das Gemüse noch knackig ist, die Sprossen hinzugeben. Gewürze beigeben, mit den Arame-Algen und der Gemüsebrühe auffüllen und ca. 3 Minuten leicht ziehen lassen. Kurz vor dem Anrichten frisch, nicht zu fein gehackte Petersilie drüber streuen.

- **Algen-Kaviar:**

60g Iziki gut durch spülen, etwa 15 Minuten im kaltem Wasser weichen lassen, anschließend in kleine Würfel schneiden. Das Ganze in
eine Schüssel geben und mit 3 Eßlöffel Zitronensaft und 1 Eßlöffel
kaltgepreßtem Olivenöl und einer Prise Meersalz würzen. Unter gele-
gentlichem Umrühren 12 Stunden ziehen lassen. Auf Buttertoast,
Butterbrot, zum Garnieren von Kaltspeisen, oder über der Salat gegeben, ist dieser Kaviarersatz eine wahre Delikatesse.

- **Gemüse – Gratin mit Dinkelnudeln und Rosenblättern**

| | |
|---|---|
| 400 g Auberginen, | (Basilikum, Majoran, |
| 200 g Paprikaschoten(gelb/grün) | Petersilie, Rosmarinzweig) |
| 100 g Topinambur | etwas Galgantpulver |
| 100 g Zucchini | 2 EL Semmelbrösel |
| 10 g Rosenblüten (1 Blüte) | Meersalz |
| 200 g Quark | 3 EL kaltgepeßtes Olivenöl |
| 2 Eier | 250 g Dinkelnudeln |
| 200 g süße Sahne | 1 Messerspitze Kurkuma |
| 150 g saure Sahne | etwas frisch geriebener Muskat |
| 150 g Schaf- oder Ziegenkäse | etwas Salz |
| 50 g Kräuter | 1 TL Öl |

Zubereitung: In das Nudelwasser Öl, Kurkuma, Muskat und Salz geben. Nudeln ca. 15 Minuten in sprudelndem Wasser kochen und mit
kaltem Wasser abschrecken. Auberginen, Paprika waschen, in ca. 1
cm dicke Scheiben schneiden und in der Pfanne leicht anbraten. Topinambur waschen, mit der Bürste gut abreiben, entweder geschält
oder ungeschält in Scheiben schneiden. Die gesäuberten Zucchini
ebenfalls in ca. 1 cm dicke Scheiben schneiden.

Quark, Eier, süße- und saure Sahne, Käse und etwas Öl, Galgantpulver, Salz, mit dem Pürrierstab gut durcharbeiten. Die fein gehackten
Kräuter und Rosenblütenblätter darunter heben. In die ausgefettete
Auflaufform die Hälfte der Nudeln geben, Quarkmasse und Gemüse
daraufgeben. Darauf wieder Nudeln und zum Schluß die zweite Hälfte
der Quark- Gemüsemasse darüber streichen. Oben drauf die Sem-
melbrösel streuen und mit dem restlichen Öl beträufeln. Bei 160 Grad
ca. 40 Minuten im Umluftofen backen. Vor dem Servieren mit dem
Rosmarinzweig dekorieren.

- **Gemüseeintopf mit Dinkelgraupen:**

300 g Fenchel
300 g Karotten
200 g Sellerie
2 Zwiebeln
200 g Kernotto (Dinkelgraupen)
Meersalz

Majoran
3 EL kaltgepreßtes Olivenöl
50 g Gartenkräuter u. Petersilie
etwas Galgant
1 Messerspitze Bertrampulver

Zubereitung: Zwiebeln schälen, würfeln und im Öl leicht anschwitzen. Gemüse waschen, Karotten und Sellerie schälen; dann alles grob würfeln und mit den Zwiebeln zusammen angehen lassen. Mit 1L Wasser auffüllen. Galgant und Bertram hinein geben. Kurz aufkochen lassen und den Kernotto hineingeben. Bei schwacher Hitze ca. 30 Minuten leicht köcheln lassen. Das Gemüse soll noch einen Biß haben.

Diesen Eintopf können Sie auch abwandeln, z. B. mit Lammfleisch oder Geflügel. Hierzu 500g Fleisch in ca. 2 cm große Würfel schneiden. Das Fleisch 10 Minuten lang mit den Zwiebeln zusammen anschwitzen und dann erst das Gemüse hinzufügen. Weiterer Vorgang wie oben beschrieben. Oder dem Gemüseeintopf nach 25minütiger Kochzeit 600g frisches, in ca. 2,5 cm dicke Würfel geschnittenes, Seefischfilet beifügen und 10 Minuten ohne Hitze ziehen lassen. Oder dem Gemüse nach dreißigminütiger Kochzeit 400g ca. 1,5 cm dicke Tofuwürfel beigeben und 15 Minuten ohne Hitze ziehen lassen.

- **Topinamburauflauf mit Frühlingszwiebeln:**

400 g Topinambur
400 g Frühlingszwiebeln
10 g Butter zum Form Ausfetten
30 g Butter
40 g Dinkelschrot
3/8 l Brühe (Zwiebel-Fond)

150 g Creme Fraiche
etwas Meersalz
50 g frische Galgantwurzel
etwas frisch geriebene Muskatnuß
Saft von ¼ Zitrone
100 g Gryere, 1 Ei

Zubereitung: Frühlingszwiebeln waschen, in Streifen schneiden und blanchieren. Auf ein Sieb geben und kurz kalt abschrecken. Topinambur schälen, in dünne Scheiben schneiden. In ausgefettete Auflaufform geben. Butter im Topf erhitzen, Dinkelschrot und Galgantwurzel darin ca. 5 Minuten anschwitzen lassen. Mit Zwiebelwasser oder Brühe auffüllen und 10 Minuten unter ständigem Rühren köcheln lassen.

Nach leichtem Abkühlen Creme Fraiche, Salz, Muskatnuß und Zitronensaft hineingeben und mit dem Mixer gut durcharbeiten (vor dem Mixen die ausgekochte Galgantwurzel entfernen). Zum Schluß das Ei vorsichtig unterrühren. Das Ganze über die Topinambur und Frühlingszwiebeln gießen und ca. 50 Minuten bei 160°C im Ofen garen. Nach 35 Minuten den in hauchdünne Scheiben geschnittenen Käse drauflegen und gut bräunen lassen.

- **Wildkräuter - Nudeln aus Vollkorndinkel**

150 g Wildkräuter oder Bärlauch      2 EL kalt gepreßtes Olivenöl
125 g feinen Dinkel-Vollkornschrot   ½ TL Meersalz, 1 Ei
125 g Dinkelmehl der Type 815        etwas geriebene Muskatnuß

Zubereitung: Kräuter waschen, kurz blanchieren, kalt abschrecken, fein hacken, oder in der Küchenmaschine pürieren. Mehl und Schrot auf eine Steinplatte oder in eine Schüssel geben. Eine Mulde formen, Ei, pürierte Kräuter, Salz und Muskat dazu geben. Vom Rand her das Mehl einarbeiten. Nach Bedarf lauwarmes Wasser dazu geben. Das Ganze ca. 5 Minuten gut durchkneten. Der Teig muß elastisch sein, eventuell etwas Mehl hinzu fügen. 1 Stunde abgedeckt kühl ruhen lassen. Den Teig ausrollen, in Streifen schneiden. Diese Nudeln in sprudelndem Wasser, das gut gesalzen und dem etwas Öl zugegeben ist, bißfest kochen (Öl verhindert das Zusammenkleben der Nudeln).

- **Rezepte mit Tofu**

Tofu ist geschmacksneutral und sehr kompakt, deshalb sollten die zur Verarbeitung hergerichteten Würfel, Scheiben usw. über Nacht in Marinade eingelegt stehen bleiben. Anschließend kann er weiter verarbeitet werden, z. B. zum Grillen, Braten, Panieren und an Stelle von Fleisch in Aufläufen, Eintöpfen und Füllungen. Er kann auch gewürfelt oder in Streifen geschnitten, dem Salat zugefügt, auf Spieße gesteckt, mit Gemüsen und Tomaten kombiniert werden. Tofumarinaden:
- Frisch pürierte rohe Tomaten, Meersalz, Galgantpulver, gehackte Petersilie, Rosmarinzweig.
- Feingeschnittenes Basilikum, kalt gepreßtes Olivenöl, sehr fein gehackter Knoblauch, Pfeffer, Galgantpulver, Meersalz.
- Scharfer Senf mit kalt gepreßtem Kürbiskernöl verrühren.
- Kräftige Gemüsebrühe verrührt mit Sojasauce.

## • Gefüllte Auberginen

4 mittelgroße Auberginen
500 g Tofu oder
500 g gehacktes Lammfleisch
3 EL kalt gepreßtes Olivenöl
200 g Karotten
1 Zwiebel

1 Knoblauchzehe
100 g feines Dinkelschrot
150 g saure Sahne
etwas Thymian
Meersalz
30 g gehackte Petersilie

Zubereitung: Am Abend vorher den Tofu in kleine Würfel schneiden, in 1/3 des Olivenöles, Thymian, fein geschnittenem Knoblauch und Meersalz marinieren. Auberginen waschen, halbieren. Mit dem Teelöffel etwas Fruchtfleisch aus den Auberginenhälften entfernen, so daß ein Rinne entsteht. Dinkelschrot im restlichem Öl anschwitzen, Zwiebel, Auberginen-Fruchtfleisch und Karotten fein würfeln und auf den angeschwitzten Dinkelschrot geben. Alles zusammen 10 Minuten leicht schmoren lassen. Tofu oder Lammfleisch dazu geben und abermals 5 Minuten schmoren. Bei der Lammfleisch Variante, das Gewürz hinzufügen. Saure Sahne unterheben und die Masse in die Auberginen füllen. Im vorgeheizten Backrohr ca. 40 Minuten bei 160°C backen.


## • Gemüsestäbchen mit Kräuter-Quarkdip (kalt)

100 g Karotten
50 g Paprika gelb
50 g Paprika rot

100 g Zucchini
50 g Sellerie
50 g Chicoree

Dip:
150 g 20%iger Speisequark
50 g Creme Fraiche
50 g frische Wild/Gartenkräuter

Meersalz
Etwas Pfeffer
Wasser

Zubereitung: Gemüse waschen, schälen und in ca. 1 cm x 6 cm Stäbchen schneiden. Quark, Creme Fraiche, Salz, Pfeffer, gehackte Kräuter miteinander verrühren und mit dem nötigen Wasser in eine cremige Konsistenz bringen.

- **Neuzeitliche Gemüsekombination**

25 g Kombu
3 EL kalt gepreßtes Olivenöl
300 g Karotten
300 g Fenchel
300 g Topinambur
etwas Meersalz

etwas Galgantpulver
2 TL Gemüsebrühe Instant
ein wenig Muskatnuß
30 g Petersilie
10 g Basilikum

Zubereitung: Kombu in 0,4L Wasser ca. 30 Minuten einweichen. Karotten und Fenchel waschen, schälen und in ca. 1 cm dicke Streifen schneiden. Topinambur waschen schälen und in ca. 1 cm dicke Scheiben schneiden. Öl im Topf leicht erhitzen, Karotten und Fenchel 3 Minuten darin anschwenken. Topinamburscheiben hinzugeben, eine weitere Minute schwitzen lassen. Gewürze und Kombu hineingeben, mit dem Einweichwasser auffüllen. Das ganze 15 Minuten bei schwacher Hitze leicht köcheln lassen.

- **Fruchtgelee**

½ l frischer Fruchtsaft
2 EL Agar Agar Flocken

3 EL brauner Rohrzucker
1 Stange Zimt

Zubereitung, Saft, Agar Agar, Zucker miteinander vermischen. Zimt hinzugeben, unter ständigem Rühren kurz köcheln lassen. Zimt entfernen und in mit kaltem Wasser ausgespülte Formen einfüllen. Nach 2 Stunden im Kühlschrank können die Formen gestürzt werden. Dazu paßt am besten, halbgeschlagener Rahm mit echter Vanille.

## • Tofu – Mandel – Nachspeise mit Apfelspalten

300 g Tofu
250 ml Sojamilch
50 ml Rahm
2 EL Agar Agar Flocken
2 Stangen Naturvanille
3 EL brauner Rohrzucker

etwas geriebene, unbehandelte Zitronenschale
60 g geschälte Mandeln
Saft von 2 frischen Orangen
2 TL Schleuderhonig
3 Äpfel

Zubereitung, Tofu fein zerdrücken, mit Sojamilch, Rahm, Rohrzucker, Vanille, Agar Agar und Zitronenschale zusammen im Topf vermischen und unter ständigem Rühren aufkochen lassen. Vanillestangen entfernen, leicht abgekühlte Masse mit den Mandeln zusammen in einen Mixer geben, und gut zerkleinern. In mit kaltem Wasser ausgespülte Formen füllen und im Kühlschrank fest werden lassen. Äpfel ungeschält oder geschält in Spalten schneiden und im Orangensaft, der mit dem Honig vermischt wurde, ziehen lassen. Vor dem Servieren auf Dessertteller verteilen. Die gestürzte Nachspeise in die Mitte setzen.

## • Herz – Kreislauf – Konfekt

200 g frische Galgantwurzeln
1 l Wasser
10 EL brauner Rohrzucker
5 EL Agar Agar Flocken

3 Zimtstangen
Saft von 3 Limetten
1 Prise Meersalz

Zubereitung, Galgantwurzeln zerkleinern, zusammen mit 6 EL Rohrzucker, Wasser, Zimt und Agar Agar gut durchkochen lassen. Durch ein Sieb seihen, Limettensaft und Salz hinzufügen und auf ein mit kaltem Wasser benetztes Blech 2 cm hoch auffüllen. In der Zwischenzeit den restlichen Zucker im Mixer zerkleinern. Das abgekühlte Gelee in ca. 2 cm x 2 cm große Würfel schneiden und im zerstoßenen Zucker wälzen.

# 14. Erfahrungen und Tipps aus der Praxis

Gerade auf dem Sektor der Ernährung hat sich in den letzten Jahren sehr viel bewegt. Einerseits stellt sich nun auch auf diesem, für die menschliche Gesundheit und Entwicklung äußerst wichtigem Gebiet heraus, daß man in der Vergangenheit viele Irrtümer begangen hat und man ist dabei, diese zu korrigieren. Andererseits herrscht ein enormes Defizit an Wissen, so daß wir uns von einer ausgleichenden Ernährungsform immer weiter entfernen. Aufgrund der einseitigen Forschung werden die alten Irrtümer durch Neue ersetzt.

Als ich 1958 die Berufsschule besuchte, wurde uns als neueste wissenschaftliche Erkenntnis, im Unterrichtsfach Ernährungslehre folgendes beigebracht: Aufgrund des hohen Vitamingehalts, vor allem Vitamin A in der Leber, sowie der reichlich vorhandenen Mineral- und Nährstoffe, vorwiegend in den Schweinenieren, sollten mindestens zweimal wöchentlich Innereien auf dem Speiseplan angeboten werden. Heute weiß man, daß gerade Innereien die Teile des Tieres sind, die mit allen möglichen Umweltgiften am stärksten kontaminiert sind. Kein halbwegs verantwortlicher Ernährungsberater würde heute seinen Kunden raten, Innereien zu essen.

Auch wurde uns damals gelehrt, daß das Fett so heiß sein muß, daß es in der Pfanne raucht bevor Steaks oder Bratenstücke hineingelegt werden, damit das sich im Fleisch befindliche Eiweiß gerinnt, die Poren schließt und somit das Auslaufen des Fleischsaftes verhindert wird. Das hört sich auf den ersten Blick sehr logisch an. Tatsächlich gerinnt Eiweiß durch Hitze und schließt die Poren. Aber es verändern sich dadurch auch die Kohlenwasserstoffverbindungen des Fettes. Unser Körper benötigt viel Lebensenergie um hier einen Ausgleich zu schaffen. Wenn mehrere gleichartige Faktoren zusammentreffen, überfordern wir unseren physischen Körper. Er ist dann nicht mehr in der Lage, alles zur gleichen Zeit zu regeln; schwerste Krankheiten können die Folge sein.

Auch begann man zu dieser Zeit das große Loblied auf die gesundheitsfördernde, weil Cholesterin senkende Wirkung der mehrfach ungesättigten Fettsäuren zu singen. Das war der Beginn des Siegeszuges der Margarine. Denn in diese konnte alles was als "gesund" galt eingerührt werden. Margarine war der Vorläufer des heutigen Functional Food. Heute weiß man, daß ein zuviel an Folsäure (mehrfach ungesättigte Fettsäure) krebserzeugend sein kann. Die davon täglich zugeführte Menge darf nicht mehr als 7% der Gesamtfettzufuhr betragen.

Darüber hinaus ist es ebenfalls Stand des heutigen Wissens, daß die Senkung des Cholesterinspiegels nichts mit Gesundheitsförderung zu tun hat. Denn wenn wir das eine Cholesterin (LDL), das als "böse" bezeichnet wird, abbauen, verringern wir gleichzeitig den prozentualen Anteil des HDL-Cholesterins das als "gut" bezeichnet wird, sowie des Triglyzerids.

In der heutigen Zeit setzt sich das Niedertemperaturgaren immer mehr durch. Die Garzeit ist zwar länger. Z. B. ein ca. drei Kilo schwerer Rinderbraten bei 90 bis 95 Grad im Haushaltsofen gebraten, dauert ca. sechs Stunden. Die Vorteile: Saftigeres, zarteres Fleisch, höhere Ausbeute, aus ernährungsphysiologischer Sicht eine bessere Bekömmlichkeit, trotz längerer Bratzeit weniger Energieverbrauch. Für Gemüse gibt es spezielle Niedertemperaturtöpfe, die mit noch niedrigeren Temperaturen arbeiten.

Hierzu gebe ich Ihnen ein Beispiel aus der Haushaltspraxis: An unseren freien Tagen gehen meine Frau und ich gern in den Bergen wandern. Weil wir aber lieber zu Hause speisen als im Gasthaus und nicht am Abend noch viel Zeit mit dem Zubereiten unseres Essens verbringen wollen, bedienen wir uns der Technik des Niedertemperaturgarens. Am frühen Morgen bereiten wir unser Gemüse zu und legen dieses in einen Römertopf. Die Gartemperatur wird nach der geschätzten Wanderzeit gewählt. Je länger wir fort bleiben möchten, desto niedriger stellen wir die Temperatur des Backrohres ein.

Eine Speise bestehend aus grob geschnittenen Karotten, Sellerie, Fenchel, Topinambur, eventuell Wirsing und Kartoffeln dauert bei einer Temperatur von 90 Grad ca. 3 (sehr knackiges Gemüse) bis 4 Stunden (gut weich gekochtes Gemüse); wenn sie Fleisch mit verwenden, erhöht sich die Garzeit um ca. 1/2 Stunde.

Die chinesischen Köche beherrschen schon seit alters her die hohe Kunst des "Niedertemperaturgarens". In der Regel schneiden sie ihr gesamtes Kochgut in nicht zu feine Streifen. Das hat den Vorteil, daß diese bei geringerer Hitze schneller garen. Das Geheimnis, weshalb chinesische Speisen so zart und saftig sind: Fleisch, Fisch oder Krustentiere, werden vor dem Garen im Wok mit Gewürzen und den verschiedenartigsten Saucenmischungen auf Soja- oder Fischextraktbasis mariniert. Etwa eine Stunde vor der Zubereitung wird dem marinierten Kochgut Vollei oder nur Eiklar hinzu gegeben. Das Ei gerinnt beim Erhitzen sehr schnell, umschließt das Kochgut, es kann kein Saft auslaufen.

Übrigens: Chinesen würzen ihre Speisen fast immer mit Glutamat. Glutamat ist das Natriumsalz der Glutaminsäure. Diese wiederum ist ein Baustein vieler tierischer und pflanzlicher Eiweißstoffe. Sie wird nicht nur aus Weizen- und Maiskleber, Sojabohnen und Rüben, Eiklar, Kasein und Blut, sondern auch synthetisch hergestellt und heißt Glutamin. Glutamat regt in geringer Dosierung die Nerven an und steigert die geistige Tätigkeit des Menschen. Glutamat verstärkt den Eigengeschmack der Speisen, es verleiht diesen einen abgerundeten Geschmack. Im Übermaß genossen, wirkt es jedoch nervenreizend und kann zu erschöpfungsähnlichen Zuständen führen. Darüber hinaus macht es süchtig. Heute wird Glutamat in großen Mengen aus Biertrester hergestellt.

Bei einem Versuch wurde der ersten Gruppe Kartoffelchips gewürzt mit Glutamat gereicht, der zweiten Gruppe Chips gewürzt nur mit Salz. Während die Probanden der ersten Gruppe das Essen einstellen mußten, nachdem alle Chips verzehrt waren, ließ die zweite Gruppe schon nach kurzer Zeit von den Chips ab und verspürte kein Verlangen, ständig in die gefüllte Schüssel zu greifen. Glutamat ist in hoher Konzentrierung ein Nervengift. Chinesen sind wahre Glutamat-Enthusiasten. In Fertiggerichten wird es als Geschmacksverstärker und Fleischzartmacher verwendet. Deklariert wird es mit der E-Nr. 621. Wir sehen auch hier, das Verlassen der "Mitte" bringt immer Probleme mit sich. Schon Paracelsus sagte: "Die Dosis macht es, ob etwas Gift oder Heilmittel ist".

- "Eiweiß hält fit!"
- "Eiweiß macht schlank!"
- "Eiweiß ist gesund!"

Wer kennt nicht diese Werbespots? Millionenfach wurden sie uns in den Massenmedien durch die Vertreter der "anerkannten Medizin", sowie der Ernährungswissenschaft eingehämmert. Eiweiß war das Thema, das den Lobgesang auf die Vitamine in den Innereien ablöste. Die negativen Auswirkungen auf die Gesundheit derer, die dieser veröffentlichten Meinung folgten, waren und sind immer noch gigantisch. Wir möchten versuchen, Ihnen anhand eines Falles, der für mich persönlich zum Schlüsselerlebnis wurde, die Folgen einer solchen Ernährungsweise aufzuzeigen:

Ich hatte einen Gast. Dieser wurde, außer an Sonn- und Feiertagen, täglich von meinen Köchen verköstigt. Sein Name war Rudi, er war in leitender Position. Rudi war ein leidenschaftlicher Esser, ein Feinschmecker, kein Vielfraß, sondern ein wirklicher Genießer. Er aß mit Charme und Stil. Es war eine Freude für ihn zu kochen oder mit ihm gemeinsam zu speisen. Sein Problem war: Er hatte das Bild, das uns oben aufgeführte Experten über den gesunden, fitten, erfolgreichen, modernen Menschen aufzeigen, voll verinnerlicht.

Rudi war schlank, aktiv, sportlich, kurz gesagt, er entsprach voll und ganz jenem Bild eines Menschen, der von den "Meinungsmachern" propagiert wird. Rudi lag voll im "Trend". Seine Ernährung war es ebenfalls, sie bestand zum allergrößten Teil aus dem "wertvollen" tierischen Eiweiß und Salaten. Fett und kohlenhydrathaltige Beilagen verzehrte er, wenn überhaupt, nur in allerkleinsten Mengen. Seine Vorliebe galt gekochtem Fisch, großen Steaks und sehr trockenem Wein: wie es eben von allen "Experten" propagiert wurde.

Eines Tages wechselte die Führung. Rudi bekam einen neuen Vorgesetzten. Zwischenmenschliche Dissonanzen traten immer häufiger zwischen den beiden auf. Die Gedankenstrukturen veränderten sich bei Rudi. Die Gedanken der Verneinung, der Ablehnung, ja auch des Hasses gegenüber seinem Vorgesetzten traten bei ihm immer stärker hervor. Wie wir an anderer Stelle gehört haben, baut sich die Seele aus den ihr zur Verfügung stehenden Bausteinen (Informationen) ihre (unsere) Körper auf.

Bei Rudi waren es aufgrund der Ernährung, die hauptsächlich aus tierischem Eiweiß bestand, vorwiegend Informationen/Bausteine der Dichte, der Angst, der Aggression, des Todes, des nicht Verändernkönnens. Hierdurch wurden seine negativen Gedankenstrukturen verstärkt. Eine vorwiegend auf Gemüse aufgebaute Ernährungsform hätte hier ausgleichend einwirken können.

Das "Schicksal" nahm seinen Lauf. Rudi erkrankte an Krebs. Überraschender Weise baute er weder körperlich noch geistig schnell ab. Kurz vor seinem "Abschied" hatten wir noch ein Gespräch, in dem ich die Möglichkeit der Fehlernährung durch zuviel tierisches Eiweiß, in Bezug auf seine Erkrankung erwähnte. Rudis Antwort: "Mein Doktor hat gesagt, da ich wenig Fett, dafür aber viel "hochwertiges" Eiweiß verzehre, lebe ich sehr gesundheitsbewußt. Außerdem erhalte ich von ihm auch die richtige Form der Therapie (Chemotherapie). Es dauert nicht mehr allzu lange und ich verlasse als gesunder Mann das Krankenhaus".

Sauer macht lustig - Essig macht "Fröhlich". Mit diesem Werbeslogan ermunterte ein Essighersteller namens Fröhlich seine Kunden zu höherem Essigkonsum. Säure, ob wir sie in Form von Essig, unreifem Obst, oder gar durch den von allen Seiten so sehr empfohlenen trockenen Wein verkonsumieren, wir nehmen durch sie immer eine Körper und Seele negativ beeinflussende Komponente in uns auf. Das bedeutet, daß wir beim Anmachen von Salaten möglichst wenig Essig verwenden. Essigessenz und künstliche Zitronensäure verwenden wir ohnehin nicht. Als Säuerungsmittel für Salate ist die natürlich voll ausgereifte Zitrone in geringer Menge verwendet, das Beste.

Darüber hinaus trinken wir zukünftig, unserer geistigen und körperlichen Gesundheit zuliebe keinen Säure betonten, sehr trockenen Wein mehr. Das zur Zeit groß in Mode gekommene Trinken von Trinkessig sollte für uns ohnehin kein Thema sein. Je ausgeprägter Ihre Hauptgedanken in negative Richtung gehen (der Volksmund spricht hier ganz deutlich vom "Sauersein"), desto vorsichtiger müssen sie mit dem Verzehr saurer Nahrung sein. Allein die Gedanken des Ärgers, des Zornes, können dazu führen, daß Ihr Körper Nahrung, die er in Zeiten ausgeglichener Gedankengrundlage basisch verstoffwechseln würde, dann sauer verstoffwechselt. Wie schädlich sich in diesem Zustand das Trinken von Essig auf Ihren Stoffwechsel auswirkt, ist unvorstellbar.

Um Vitamine, Mineral- und Vitalstoffe zu erhalten und ihrem Körper eine aus ernährungsphysiologischer Sicht hochwertige Nahrung zur Verfügung zu stellen, sollten Sie bei der Herstellung Ihrer Speisen folgendes beachten: Kaufen Sie nur frische reife Ware, wenn möglich aus biologisch – dynamischem Anbau, nichts Überlagertes oder Vorproduziertes. Eier, Milch und Milchprodukte, sowie Fleisch, wenn sie es benötigen, sollte aus artgerechter Tierhaltung stammen. Lassen Sie sich nicht von EU-Normen oder Handelsklassen wie z. B. der Handelsklasse "A" zum Kauf bzw. zum Verzehr verleiten.

Diese Zertifizierungen sagen nichts über die wirkliche Wertigkeit der Ware aus, sondern regeln lediglich aus ernährungsphysiologischer Sicht unwichtige Dinge, wie z. B. Größe und Farbe beim Obst. Meine Küchenchefs, die alle ein ausgeprägtes Qualitätsbewußtsein haben, sind oft über die miserable Qualität der Waren (vor allem bei Obst und Gemüsen), die mit höchsten EU-Auszeichnungen auf den Markt kommen, verzweifelt.

Tipps: Waschen Sie Ihr Gemüse nur sehr kurz, lassen Sie es nie im Wasser liegen. Mineralstoffe und wasserlösliche Vitamine - C und B - werden ausgelaugt. Verarbeiten Sie frisches, reifes Gemüse und Obst nach dem Reinigen sofort; an den Schnittstellen kommt es zur Oxydation, hierdurch entstehen u. a. Vitamin C Verluste.

Heutzutage häufen sich Lebensmittelunverträglichkeiten, die zum Teil versteckt sind, d. h. sie äußern sich nicht unmittelbar im Zusammenhang mit dem betreffenden Lebensmittel sondern nur in allgemeinen Symptomen, die sich nicht einem Lebensmittel oder einer Mahlzeit zuordnen lassen: Müdigkeit, Lustlosigkeit, Krankheitsanfälligkeit etc. Das liegt an der Vergiftung und Genmanipulierung unserer Nahrung aber vor allem daran, daß wir durch **Amalgamplomben Quecksilber**, durch Benzindämpfe oder Abgase Blei, durch Leitungen Kupfer etc. aufnehmen. Kochgeschirr kann Schwermetalle abgeben, die Allergien auslösen. Chromargangeschirr gibt z. B., wenn es mit Säuren in Kontakt kommt, Nickel frei. Aluminiumkochgeschirr ist aufgrund seines negativen Einflusses auf die Speisen schon seit längerem aus den Küchen verbannt. Beim Kauf von Terrakottatöpfen (Römertöpfen) sollten Sie darauf achten, daß diese kein Blei enthalten (sie sind dann ca. doppelt so teuer – fragen Sie den Verkäufer!). Sind diese Töpfe ohne Blei hergestellt, eignen sie sich hervorragend zum Niedertemperaturgaren im Backrohr. Vor allem aber sollten Sie auf den Einsatz von beschichteten Pfannen und dergleichen verzichten, auch wenn die Argumentation des fettlosen Kochens noch so verlockend klingt.

Kochgeschirr bestehend aus Glas wäre eine Alternative, benötigt aber aufgrund der geringen Leitfähigkeit viel Energie. Daher empfehlen wir, aus hygienischen, ernährungsphysiologischen und Energiespar-Gründen, zum Kochen auf der Herdplatte ausschließlich Kochgeschirr zu verwenden, das innen emailliert ist und mit einem Sandwichboden (der besseren Wärmeleitfähigkeit wegen mit einem integrierten Kupferkern) ausgestattet ist. Dieses Geschirr gibt keine Metall- oder sonstige Verbindungen an die Speisen ab. Aufgrund der geschlossenen Oberfläche können keine Speisereste haften bleiben. Energie sparen können Sie, indem Sie mit großer Hitze den Topf aufheizen, dann die Energiezufuhr drosseln und unter Ausnutzung der Restwärme das Kochgut bei mäßiger Hitze schonend garen.

"Fleisch gibt Kraft"! Wer kennt nicht diesen genialen, enorm verkaufsfördernden Werbeslogan? Täglich habe ich mit vielen Menschen Kontakt, die von der Wahrheit dieser Werbung überzeugt sind. Tatsächlich vermittelt uns Fleisch aufgrund der aggressiven, negativen Elektrizität und der dunkelroten Farbschwingung für kurze Zeit die Illusion der Kraft. Wer aber länger anhaltende Kräfte benötigt, bedarf der positiven Elektrizität der Pflanzen, damit diese sich mit der in uns befindlichen negativen Elektrizität verbindet und somit erst der Lebensstrom zum Fließen kommt. Nicht ohne Grund stellen immer mehr Leistungssportler ihre Kost auf diese Form der Ernährung um.

Fleisch hinterläßt im Körper viele Schlacken. Das ist mit ein Grund dafür, daß tierische Nahrung, über einen längeren Zeitraum betrachtet, müde und träge macht. Auch die Aussage, tierisches Eiweiß sei für die menschliche Ernährung wertvoller als pflanzliches Eiweiß ist nicht haltbar. Im anerkannten medizinischem Fachblatt Lancet lesen wir: "Früher galt pflanzliches Eiweiß als zweitklassig und gegenüber dem erstklassigen Tiereiweiß als minderwertig. Diese Unterscheidung muß revidiert werden". Die amerikanische Autorin Frances Moore Lappé vermittelte in ihrem Buch "Diet for a small planet" den Eindruck, pflanzliches Eiweiß sei minderwertiger als tierisches. Mittlerweile vertritt sie eine gegenteilige Meinung.

Der große Hit, der uns aus Amerika erreichte, ist das "Wunder, der angeblich nicht dick machenden Light Produkte". Weil die meisten Ernährungsfachleute auch heute noch den Menschen als Verbrennungsmaschine sehen, teilen diese die Nahrung nach sogenannten Brennwerten ein, d. h., sie berechnen die zugeführte Nahrung nach Kalorien bzw. Joule. Auf Grund dieser Fehleinschätzung, sowie der Tatsache, daß der in den Light-Produkten enthaltene Süßstoff keine Brennwerte /Kalorien enthält, kommen sie mit ihrer Berechnung auf niedrige Werte. Hierbei wird, aus welchen Gründen auch immer übersehen, daß gerade in jenem Land, in dem am meisten Süßstoff konsumiert wird und die meisten Kalorientabellen und Diätvorschriften kursieren, die dicksten Menschen leben. Was ist der Grund dafür?

165

Süßstoff täuscht kurzfristig Sättigung vor, aber schnell merkt der Körper diesen Irrtum. Er reagiert mit Unterzuckerung, wir bekommen Hunger. Weil aber keine echte Sättigung erfolgt, zieht der Körper die maximalen Brennstoffwerte aus der begleitenden Nahrung und speichert diese als Fett. Im übrigen soll Süßstoff nach Untersuchungen mancher Wissenschaftler Krebs erzeugen. Die Situation mit dem Süßstoff zeigt uns mehr als deutlich, daß wir uns nicht von Werbekampagnen verführen lassen dürfen, sondern auf unser Gefühl vertrauen lernen müssen.

Die Intuition des Menschen läßt sich dahingehend schulen, daß ihm sein Unterbewußtsein eingibt, was für ihn im Augenblick das Richtige ist. Denn die Nahrungsbedürfnisse und somit auch die Nahrungsverträglichkeit ist einem ständigen Wechsel unterworfen. Erst wenn wir verstanden haben, daß der Mensch in erster Linie ein lichtenergetisches Wesen ist, werden wir begreifen, welche Schäden künstlich erzeugte "Lebensmittel", wie z. B. Süßstoff in unserem Lichtkörper, anrichten.

Die Strahlkraft unserer Zellen korrespondiert mit dem Lichtkörper. Wir müssen uns das vereinfacht so vorstellen: Alle Informationen zwischen den Zellen unseres physischen Körpers bilden eine Strom /Lichtverbindung mit dem Ätherkörper. Künstlich erzeugte Nahrung trägt Informationen in sich, die unser Körper nicht kennt. Das verursacht Kurzschlüsse in den Lichtbahnen. Dadurch kann der Lebensstrom nicht optimal fließen, Dissonanzen sind die Folge.

Feinmehl, Feinbrot, Feingebäck sind alles wohlklingende Namen, aber wir sollten in unseren Breiten diese Erzeugnisse nicht zu unserer ausschließlichen Nahrung werden lassen, sondern sie nur zum Genuß und zum Aufheitern des Gemütes gelegentlich verzehren. Voll ausgemahlenes Mehl ist im Norden, d. h. in den kühleren Regionen für die Speisenherstellung nach Möglichkeit seltener zu verwenden. Das muß aber nicht heißen, daß wir ganz darauf verzichten.

Alles hat eben zwei Seiten. Weißbrot im Süden, also in der Toskana oder in der Provence, eine Köstlichkeit, die Lebensfreude, Frohsinn und Heiterkeit vermittelt, eine Speise, die zu Land, Klima und Menschen paßt. Das Geheimnis der Bekömmlichkeit des Weißbrotes in südlichen Gefilden ist aber nicht allein auf das wärmere Klima zurückzuführen, sondern hängt auch mit der wesentlich zeitaufwendigeren Teigführung zusammen. Das heißt, südländische Bäcker kneten ihren

Teig länger, dadurch kommt mehr Sauerstoff in den Teig. Er wird luftiger und es wird um das sechsfache weniger Hefe benötigt. Auch auf die bei uns üblichen Backhilfen, wie Ascorbinsäure (künstlich hergestelltes Vitamin C) und Malzzusätze, die unsere Bäcker für eine gute Krustenbildung verwenden, wird dort verzichtet.

Hefen sind entgegen der allgemeinen Ansicht nicht unserer Gesundheit förderlich. Hefen sind kugelförmige "Sproßpilze", sie inaktivieren und belasten den Stoffwechsel. Die Körperzellen wehren sich gegen die Eindringlinge. Je nach Vitalität des Einzelnen unterliegen die Zellmembranen nach kürzerer oder längerer Zeit den Angriffen. Es kommt zu verminderten Zell- und Drüsenfunktionen. Wir raten Ihnen deshalb, keine hefehaltigen Getränke zu trinken (z. B. Weißbier), Hefegebäck einzuschränken und auf Hefestreuflocken und Bierhefe zu verzichten.

Mehl wird nach Feinheitsgraden (Typen) eingestuft. Die bei der Verbrennung des Mehles übrig bleibende Asche ist die Grundlage für die Bestimmung der Typenbezeichnung. Je niedriger also die Type, desto weniger Mineralstoffe und Ballaststoff sind noch vorhanden. Weizenmehl erhalten wir in den Typen 405 bis 2000, Roggenmehl in den Typen 610 bis 1950. Der vorteilhafteste Feinheitsgrad beim Dinkel ist 815, weil hier der Kleber eine optimale Wirkung zeigt. Beim Kauf von Nudeln ist darauf zu achten, daß diese aus Hartweizengrieß hergestellt sind, besser noch ist Dinkelgrieß. Wenn dem Kochwasser etwas Kurkuma beigegeben wird, erhalten die Nudeln eine hellgelbe, erheiternde Farbe. Eiteigwaren sollten nur selten auf dem Speiseplan der "Neuen Zeit" erscheinen.

Wir meiden alle Lebensmittel, die Tierblut enthalten. Neben den allseits bekannten Blutwürsten, dem Gansjung und dem Hasenpfeffer gibt es einige Sorten von Süßigkeiten, wie manche Schokoladensorten und Lakritze, die Substanzen enthalten, die Tierblut als Ausgangsbasis haben.

Ein Segen für die Versorgung der Menschen sind die Treibhäuser. Pflanzen, die in Treibhäusern aufgezogen werden, fehlt jedoch die Urwüchsigkeit. Sie bilden im Gegensatz zu Freilandpflanzen kaum Vitalstoffe und können dem Verzehrer somit auch keine übermitteln. Der Grund dafür ist das Fehlen kosmischer Einflüsse, wie Wind, Regen, Sonnenbestrahlung und Mondlicht. Ein weiterer Mangel der Treibhauskulturen ist neben dem hohen Energiebedarf, der allein für sich betrachtet schon einen unökonomischen Faktor darstellt, das Anreichern von Gemüsen, Salaten und Früchten mit Nitrat, das sich u. U. in das krebserzeugende Nitrit umwandeln kann; das ist übrigens mit ein Grund dafür, daß einmal zubereiteter Spinat nicht wieder aufgewärmt werden darf.

Nitrit verbindet sich anstelle des Sauerstoffes mit dem Hämoglobin. In den Metzgereien machte man sich diese Eigenschaft zunutze. Fleisch, vor allem Hackfleisch wurde mit Nitrit versetzt und erhielt dadurch eine unbegrenzt frisch rote Farbe. Es ist tatsächlich vorgekommen, daß Metzger, die zuviel nitritgefärbtes Fleisch aßen, regelrecht daran erstickt sind. Heute ist diese Manipulation verboten. Nur zum Röten von Eisbein, allen rötlichen Wurstsorten, Schinken, und Rohwurst, ist die "Umrötung" mit Nitrit in 5%iger Salz-Nitritmischung noch zulässig.

Tipps: wenn Sie Wurstwaren essen möchten, nehmen Sie luftgetrocknete rote Rohwürste, diese sind dem Menschen bekömmlicher. Denn bei ihrer Reifung sind Milchsäurebakterien am Werk gewesen. Das ist bedeutend gesünder als der mit Formaldehyd versetzte Holzrauch. Das gleiche gilt auch für rohe Schinken.

Auch eine Überdüngung des Bodens führt zu einer Nitratanreicherung. Der größte Teil des Nitrates lagert sich in den Strünken, Stielen und Rispen des Gemüses ab. Diese bitte nicht mit verarbeiten. Kartoffeln, die überdüngt wurden (vor allem jene, die zuviel mineralischen Dünger erhielten), erkennen Sie an den schwarzen Stellen, die diese beim Schälen bzw. beim Kochen bekommen.

Bei Übelkeit, Magen- und Darmverstimmung ist Pfefferminztee hilfreich. Dank seines Mentholgehaltes ist er ein ausgezeichnetes Erfrischungsgetränk. Pfefferminztee hebt jedoch die Wirkung von Homöopathika auf. Außerdem schadet er, im Übermaß getrunken, den Augen. Die Kochzeit von Hülsenfrüchten kann stark verkürzt werden, wenn Sie die Alge Kombu dem Kochgut beigeben. Darüber hinaus wird die Verdauung besser und die Bekömmlichkeit erhöht sich.

Für den Fall, daß Sie vor einer Operation stehen, sollten Sie mindestens drei Tage vorher auf den Verzehr von Kartoffeln, Tomaten, und Auberginen (Nachtschattengewächse) verzichten. Durch die Inhaltsstoffe dieser Lebensmittel wird die Wirkung der Anästhesie abgeschwächt. Die Wundheilung nach Operationen wird gefördert, wenn Sie acht Tage vor der Operation beginnend, täglich zwei Prisen getrocknetes Schafgarbenkraut in Tee einnehmen und dies bis zu einer Woche nach der Operation weiter führen.

- Mikrowellenherde schonen die Umwelt, weil sie Energie sparen
- In Minutenschnelle wird eine warme Mahlzeit gezaubert
- Ohne Fett kochen, keine Angst vor hohen Cholesterinwerten
- Beim Kochen Vitamine, Mineral- und Aromastoffe schonen.

Jeder von uns kennt diese Werbeslogans. Hunderttausende Käufer ließen sich von diesen Argumenten überzeugen. In fast 80% der deutschen Haushalte steht ein Mikrowellenherd. Vor einiger Zeit unterhielt ich mich mit einem jungen Physiker, der voller Begeisterung für oben genannte Argumente plädierte. Zur Bekräftigung seiner Argumentation schenkte er mir ein Buch mit dem Titel "Kursbuch Lebensqualität".

Seine Meinung war, daß Mikrowellen auch in der Natur vorkommen, würden. Meine Einwände, die sich hauptsächlich auf Erkenntnisse und Forschungen der Universität Lausanne bezogen, wischte er mit der lapidaren Bemerkung "vollkommen unwissenschaftlich" weg. Tatsächlich ist die Sonne als unsere größte Licht/Energiequelle auch der größte Produzent von natürlichen Mikrowellen. Hier drängt sich uns die Frage auf: "Warum werden wir von den natürlichen Mikrowellen nicht geschädigt oder sogar gekocht?" Die Hauptgründe dafür sind: Der Mikrowellenherd hat mit amtlicher Genehmigung einen ca. eine Milliarde mal höheren Grenzwert als der natürliche Mikrowellenanteil im Sonnenlicht. Natürliche Mikrowellen basieren auf gepulstem Gleichstrom, der keine Reibungswärme erzeugt. Künstliche Mikrowellen werden dagegen durch Wechselstrom erzeugt. Durch das millionenfache Umpolen pro Sekunde, schwingen die Moleküle derart schnell, daß sie sich erhitzen (Reibungswärme). Beide Wellenarten sind, physikalisch betrachtet elektromagnetischer Natur.

Weil wir aber über die Auswirkungen der Mikrowellen auf unsere Speisen, und somit auf unsere Körper sprechen wollen, müssen wir die Wellen aus biologischer Sicht, also aus der Sicht des Lebens betrachten. Hier erkennen wir den gravierenden Unterschied: Die Amplituden (der höchste Wert der Schwingungsveränderung, der von der Nullinie aus gemessen wird), die Wellenlängen und die Frequenzen weichen sehr stark voneinander ab. Wir haben es also mit zwei völlig verschiedenen Strahlungsqualitäten zu tun. Die Auswirkungen auf uns sind dadurch auch unterschiedlich.

Wenn wir körperlich gesund und mental stabil bleiben, oder uns geistig weiter entwickeln wollen, sind wir auf harmonische Schwingungen, die wir über unser Umfeld und unsere Nahrung aufnehmen, angewiesen. Die millionenfach überhöhte Strahlungsdichte der künstlich erzeugten Mikrowellen beeinflußt unsere Speisen sehr negativ. Die mit ihr erwärmte oder zubereitete Nahrung wirkt sich im höchsten Grad krankmachend auf den physischen Körper und disharmonisierend auf unsere Seele aus.

Folgende Beeinträchtigungen der in Mikrowellenöfen erwärmten oder gekochten Lebensmittel wurden in der Universität Lausanne von den Forschern B. H. Blanc und H. U. Hertel festgestellt:

- Unmittelbar nach dem Verzehr werden ähnliche Blutwerte wie bei Patienten festgestellt, bei denen ein kanzerogener Prozeß beginnt.
- Der Säuregrad der Lebensmittel wird verstärkt. Selbst in der Mikrowelle erhitzte Rohmilch wirkt sich im Körper säurebildend aus.
- Die Fettstruktur wird verändert, das Sediment nimmt zu, Folsäure (ein Vitamin aus der B-Gruppe) nimmt ab.
- Die Erythrozyten (rote Blutkörperchen) nehmen zu und das in ihnen enthaltene Hämoglobin (roter Blutfarbstoff) nimmt ab.
- Ebenfalls steigt der Hämatokrit-Wert (Anzahl der Blutkörperchen im Verhältnis zum Körpergewicht).
- Die Leukozyten (weiße Blutkörperchen) nehmen zu, während die Lymphozyten (ebenfalls Abwehrzellen) abnehmen.
- Die Kristallstruktur des Cholesterins wird verändert, Cholesterin kann aus dem Blut in Depots abwandern.

Folgerungen: Im Mikrowellenherd zubereitete Speisen können in uns streßähnliche Zustände auslösen, den Cholesterinwert ansteigen lassen und eine Übersäuerung im Körper verursachen. Dadurch hervorgerufene Risiken: geschwächtes Immunsystem, vorzeitiges Altern, Rheuma, Herzinfarkt, Schlaganfall, Krebs.

Auf dem Markt werden eine Unzahl von zum Teil sehr guten Kochbüchern angeboten. Um Ihnen die Möglichkeit zu geben, die dort aufgeführten Gerichte im Sinne dieses Buches nachkochen zu können, wird hier ein Umschlüsselungssystem angeboten.

## Im Kochbuch aufgeführte Lebensmittel

| | |
|---|---|
| Weizenmehl | Dinkelmehl |
| Eiernudeln | Hartweizennudeln |
| Hartweizennudeln | Dinkelnudeln |
| Weizenpaniermehl | Dinkelpaniermehl |
| Weizengrieß | Dinkelgrieß |
| helles Brot | dunkles Brot |
| dunkles Brot | Vollkornbrot |
| geschälter Reis | Naturreis |
| H-Milch | Rohmilch |
| Rohmilch | Sojamilch, Mandelmilch |
| Gelatine | Agar-Agar |
| tierische Fette | pflanzliche Fette |
| Speiseöle | kaltgepreßte Öle |
| eingelegte Gurken | eingelegte Kürbisse |
| Steinsalz | Meersalz |
| Pfeffer | Galgant |
| schwarzer Tee | grüner Tee |
| Konserven | Tiefkühlkost |
| Tiefkühlkost | Frischkost |
| weißer Rübenzucker | brauner Rohrzucker |
| brauner Rohrzucker | Honig |
| Honig | Kaltschleuder-Honig |
| Süßstoff | brauner Rohrzucker |
| Essig-Essenz | Balsamico Essig |
| Essig | Zitronensaft |
| Industriemarmelade | selbstgemachte Marmelade |
| "Holland"- Käse | Almkäse |
| Almkäse | Frischkäse |
| Industriegebäck | Selbstgebackenes |
| Glashausgemüse | Freilandgemüse |
| Freilandgemüse | Demeterprodukte |
| Südfrüchte | heimisches Obst |
| Früchte der Handelsklasse A | Früchte vom Bauernhof |
| Fleisch v. Schlachthof | Bio-Fleisch |
| Schwein, Rind, Wild | Lamm, Geflügel |
| Eier aus Legebatterien | Eier aus Freilandhaltung |
| Zuchtfische | Wildwasserfische |
| Wildwasserfisch ohne Schuppen | Wildwasserfisch m. Schuppen |
| Margarine | Butter |

**Austauschlebensmittel**

| | |
|---|---|
| Walnüsse | Haselnüsse |
| Nektar | 100% Fruchtsaft |
| 100% Fruchtsaft | frischgepreßter Natursaft |

## Küchentechnische Verarbeitung

| | |
|---|---|
| kochen | dämpfen |
| braten | dünsten |
| grillen | poilieren (garziehen) |
| Spiegeleier | verlorene Eier |
| Garen im Topf od. Pfanne auf Herd | garen im Römertopf |

Wer sich bisher "normal" ernährt hat, kann die Eßgewohnheiten mit Hilfe der unten angeführten Tabelle abändern. Er erlangt so eine Ernährungsform, welche die Umstellung auf eine leichtere Kost bei gleichzeitiger Reinigung des Körpers einleiten kann. Wenn die bisherige Ernährungsweise für 90 Tage umgestellt, wird, d. h. einige Lebensmittel weggelassen oder durch andere ausgetauscht werden, erfährt der Körper eine grundlegende Reinigung. Eine bessere Wahrnehmungsfähigkeit auch eine stärkere Intuition kann die Folge sein.

| **Wegzulassen sind:** | **Werden ersetzt durch:** |
|---|---|
| Kuhmilch, Käse, Eier | Ziegenmilch, Sauermilch, Schafskäse |
| weißer Industriezucker | Honig, Ahornsirup, Birnendicksaft |
| alle mit Zucker gesüßten | Grün-Tee aus biologischem Anbau |
| Getränke (auch Fruchtsäfte) | |
| geschälter Reis, | Vollreis, Dinkelbrei |
| Weißmehlprodukte | Vollkornprodukte |
| Kaffe, schwarzer Tee, | Kräutertee |
| Alkohol, Tabak | viel vitalisiertes Wasser |
| rotes Fleisch | weißes Fleisch, besser Fisch |
| weißes Fleisch; Fisch | Verzicht auf tierisches Eiweiß |
| Margarine | Butter |

Wer auf Fleisch nicht verzichten möchte, kann gut ausgeblutetes Lammfleisch oder Geflügel aus Freilandhaltung essen. Vorwiegend sollten frische, reife Früchte, Nüsse und Dinkel gegessen werden. Alle Nahrungsmittel, die hier nicht aufgeführt sind, die aber wie in Kap. 8 aufgezeigt, bekömmlich gemacht wurden, können gegessen werden.

## Beispiele von Tagesplänen

- Frühstück: Grüner Tee nach Belieben, gesüßt mit etwas Birnel. Zwei frische reife Äpfel, einige Mandelkerne, eine 0,2L Schüssel mit Porridge aus grob geschrotetem Dinkel.
- Mittag: Knackig frischer Salat, angemacht mit frischem Zitronensaft oder Balsamico Essig (von beiden nur ganz wenig), etwas Meersalz, kaltgepreßtem Oliven- oder Mandelöl, etwas Galgant, (wenn Süße gewünscht, mit Ahornsirup süßen). Über den fertigen Salat streut man Algen, am besten die Sorte Dulse. Nach belieben kann etwas Eiweiß in Form von gekochtem Fisch, Lamm, Geflügel und - falls er vertragen wird - auch Tofu gegessen werden.
- Abendessen: "Habermus", (mittelfein geschroteter Dinkel, mit einigen unbehandelten Rosinen in Wasser ca. 6 Minuten leicht köcheln lassen, dann ca. 15 Minuten ziehen lassen), mit etwas geschmolzener Butter begießen.

- Frühstück: Zwei Gläser Molke (aber nur der allerbesten Qualität), eine 0.2l Schale ungesüßtes Birnenkompott, bis zu drei Stück Bananen, eine Dinkelsemmel mit etwas Butter und Quittenmus.
- Mittag: Dinkelspaghetti mit gedünsteten Zucchini, kaltgepreßtem Oliven- oder Sonnenblumenöl, und Wakamealgen bestreut (zum Abschmecken kann etwas Knoblauch verwendet werden). Dazu paßt gut Feldsalat.
- Abend: Gemüsesülze gebunden mit Agar-Agar. Dazu eine Majonnaise, bestehend nur aus mittelscharfem Senf und kaltgepreßtem Oliven- oder Kürbiskernöl; zwei Scheiben Dinkelbrot.

Es gibt keine generelle Ernährungsform, die zu allen paßt. Jeder sollte die für ihn persönlich bekömmliche Nahrung aus dem breit gefächerten Angebot wählen (siehe Weise "Harmonische Ernährung"). Nur dann, wenn wir bereit sind, Nahrung zu uns zu nehmen, die unserem Stoffwechsel zuträglich ist, wird uns für die Nahrungsaufspaltung keine Lebenskraft abgezogen, die andernfalls notwendig wäre, um den physischen Körper wieder ins Gleichgewicht zu bringen.

Wie macht man das? Zuerst ermitteln wir die Lebensmittel, die wir meiden sollten: Unser Körper ist so programmiert, daß er uns jede, ihm nicht zuträgliche Speise sofort nach deren Verzehr anzeigt. Dies kann durch Sodbrennen, Blähungen, Verstopfung, Durchfall, Schnupfen, Kopfdruck, Verschleimung, Müdigkeit, Mißstimmung und andere

Unpäßlichkeiten geschehen. Wenn sich eine der oben genannten Unpäßlichkeiten meldet, muß unverzüglich festhalten werden, was vorher gegessen wurde, aber auch die Gedanken, die unmittelbar vorher gedacht wurden, müssen aufgezeichnet werden. Nach einer gewissen Zeit entsteht auf diese Weise eine Liste mit Speisen, die nicht vertragen werden. Nun muß noch die Verträglichkeit der einzelnen Grundbestandteile, aus denen sich das Gericht zusammensetzte, ermittelt werden. Die einzelnen Zutaten werden aufgeschrieben und dann ganz bewußt eine nach der anderen durchprobiert. Stellen sich wieder die obengenannten Symptome ein, weiß man, welche Nahrungsmittel zukünftig gemieden werden müssen. Die Nahrungsmittelunverträglichkeit kann sich im Laufe der Zeit verändern.

Dann ermitteln wir die Lebensmittel, die zu uns passen: Wenn sich nach dem Verzehr ein Gefühl der Leichtigkeit, Heiterkeit, Fröhlichkeit usw. einstellt, dann ist diese Nahrung für uns persönlich verträglich. Wir sollten generell nur dann unsere Speisen zu uns nehmen, wenn wir genügend Ruhe dazu haben. Auch müssen wir dafür sorgen, daß eine gute Atmosphäre während des Speisens herrscht.

- Je öfter wir uns mit Speisen versorgen, die für uns zuträglich sind
- Je öfter wir uns mit einer angenehmen Atmosphäre umgeben
- Je öfter es uns gelingt erhabene Gedanken zu denken
- Je öfter es uns gelingt auf tierisches Eiweiß zu verzichten
- Desto weniger Lebenskraft benötigt unser Körper für die Wiederherstellung des inneren Gleichgewichts
- Desto mehr Energie steht für die Gesunderhaltung zur Verfügung
- Desto vitaler und lebensfroher sind wir

**Das Wesentliche liegt in der Einfachheit!**

Seit Generationen und besonders in der heutigen Zeit wird uns gelehrt, daß Lösungen, wir können auch sagen, die "Wahrheit", nur in künstlich manipulierten, z. T. absichtlich verkomplizierten "Lehrmeinungen" zu finden sind. Dies hat dazu geführt, daß die Menschen voll den Beeinflussungen durch sogenannte "wissenschaftliche Erkenntnisse" unterliegen. Erst jetzt, mit dem Beginn des neuen Zeitalters und der damit verbundenen Bewußtseinsveränderung tritt ein Wandel im Denken ein. Der Mensch erkennt wieder, daß das Wesentliche, nur in der Einfachheit liegen kann. Dies gilt für alle Dinge in unserem Leben und somit auch für unsere Ernährung. Wer die Geheimnisse seiner persönlichen Ernährung erkennen will, findet diese nur in sich selbst. Jede Suche oder Beeinflussung von Außen führt auf Irrwege. Wir zeigen in der Folge einige dieser Irrungen auf.

Im Jahre 1995 war ich anläßlich der Gastronomiemesse der National Restaurant Association in Chikago. Hier lernte ich "blackened food" bzw. "blackened delicious" kennen. Geschäftsfreunde luden mich in das damals unter "Feinschmeckern" bekannteste Restaurant Chikagos ein. Das Lokal war übervoll. Wir mußten auf einen Platz warten. Der Grund für den Andrang: Die neueste Kreation der amerikanischen Küche wurde hier serviert: blackened food bzw. blackened delicious.

Tatsächlich! Es wurden über offenem Grill geschwärzte, total verbrannte Speisen angeboten. Zu meiner großen Überraschung labten sich die Gäste an diesen "Kohlen". Bei zu starkem Erhitzen, beim Verbrennen von Lebensmitteln werden körperschädigende Stoffe frei, vor allem die krebserzeugende Benzpyrensäure. Unvorstellbar, welche Blüten eine übersättigte Zivilisation treiben kann, wenn ihre Menschen bar jeglichen Instinktes geworden sind. Es ist unbegreiflich, wie scheinbar aufgeklärte Verbraucher mit ihrer Gesundheit spielen.

Über "Light Produkte" haben wir schon berichtet. Zu einer verwandten Gruppe zählt auch "Convenience Food". Dieses Wort steht für Bequemlichkeit in der Zubereitung von Speisen. Man braucht für die Herstellung des Essens lediglich eine Dose, Plastikschachtel oder "ganz umweltfreundlich" einen Pappkarton aufzumachen. Das industriell gefertigte Essen wird zum Erhitzen (fachmännisch ausgedrückt regenerieren) direkt einschließlich der ebenfalls vorproduzierten Beilagen auf einen Teller gegeben und alles zusammen im Mikrowellenofen erhitzt. Es wird viel Mühe und Zeit gespart, aber als Gegenleistung erhält man eine Mahlzeit bar jeder fördernden Schwingung, bar jedweder Lebenskraft, bar aller Liebe.

"So vit food": Dieser Name steht für; "so vitales Essen", soll suggerieren: Essen voller Lebenskraft. In einer Großküche, irgendwo in Europa, der Standort ist aufgrund guter Straßen, schneller Lastautos und gutem Logistikmanagement sekundär, werden Speisen zubereitet. Diese kühlt man unmittelbar nach ihrer Herstellung auf +4°C bis +3° herunter und transportiert sie zu den Standorten quer durch Europa. Hier regeneriert man die einzelnen Komponenten und reicht sie den Gästen. Über die Wertigkeit wollen wir nicht urteilen, aber wir erlauben uns die Frage, woher die lebensspendende Kraft kommen soll?

175

Functional Food: Irgendwo auf der Welt stellt ein von irgendeinem Lebensmittelhersteller oder der Pharmaindustrie "gesponserter" Wissenschaftler eine These über die gesundmachende Wirkung irgendeines Lebensmittel- bzw. Nahrungsbestandteiles auf. In letzter Zeit war dies der rote Farbstoff der Tomaten, Lycopin. Dieser Karotin-Stoff, so fanden Forscher in Detroit heraus, verhindere das Wuchern von Tumoren. Andere Forscher bestätigen dem Lycopin fröhlich machende Eigenschaften. Die Pharmakonzerne wittern große Geschäfte. In den USA wird der Farbstoff aus Tomaten gewonnen, ein deutscher Pharmakonzern stellt Lycopin künstlich her. Dieser wird nun Lebensmitteln beigemengt. Versuche mit Nudeln laufen zur Zeit, um diese dann als krebsvorbeugend oder fröhlich machend zu vermarkten.

Auf dem Nahrungsmarkt befinden sich bereits unzählige mit Begleitstoffen aufgeputschte "Lebensmittel". Die Werbung stellt den angeblichen "Gesundheitswert" heraus. Dem Konsumenten wird suggeriert, daß er beim Verzehr etwas ganz besonders gutes für seine Gesundheit tut. Zu diesen "Lebensmitteln" gehören alle Halbfett Produkte und alle mit künstlich hergestellten Vitaminen oder mit Taurin usw. angereicherten Nahrungsmittel. Wie dies im einzelnen abläuft, kann im Buch "Diätlos glücklich" von Nicolai Worm nachgelesen werden.

"Design Food": Wenn etwas gar nichts mehr mit Lebensmittel gemeinsam hat, dann ist es ein aus künstlichen Grundbaustoffen zusammengestelltes, entworfenes "Lebensmittel". Wir wollen hier stellvertretend für diese Sorte von Nahrung – Food - oder sollen wir besser sagen Futter, zwei Erzeugnisse dieser Art beschreiben:

In einem Werk der Großchemie wird Orangenaroma hergestellt; dieses wird mit Wasser verdünnt, bis ein Orangensaftimitat mit hochintensivem Orangengeschmack erzielt ist. Dieses Imitat schmeckt fruchtiger als normaler Orangensaft und sehr natürlich. Das fatale daran ist, daß der Geschmack der Konsumenten durch diese Kunstprodukte derart verbildet wird, daß ein Naturprodukt im Vergleich dazu langweilig schmeckt und abgelehnt wird. Weil der Kunde im Saft schwebendes Fruchtfleisch mit Qualität verbindet, wird zusätzlich Fruchtfleischimitat bestehend aus gewebter Baumwolle hinzugefügt.

Kunst-"fleisch" wird aus genmanipuliertem Tofu mittels chemischer Substanzen hergestellt. Je nach gewünschtem Geschmack, werden künstliche Aromastoffe (Hähnchen, Schwein, Rind, Ente usw.) zugesetzt. Diese Masse wird unter hohem Druck durch feine Düsen gepreßt. Hierbei entstehen Fäden, aus denen ein Gewebe gefertigt wird, das der Struktur des gewünschten Fleisches entspricht. Über die ernährungsphysiologische Wertigkeit dieses TVP (texturiertes vegetabiles Protein) möchten wir uns jeden Kommentars enthalten.

Kennen Sie schon folgende "neudeutsche, moderne Ernährungsbezeichnungen"? Wir raten Ihnen, die Finger davon zu lassen: Finger-Food, Cook & Chill, Cook & Freeze

In der Regel kommen oben aufgeführte Speisen in Großbetrieben zum Eisatz. Alle Speisebetriebe, die mit Massenabfertigung ihr Geld verdienen, passen nicht mehr in die heutige Zeit. Hierzu gehören u. a. Autobahnraststätten, Festzelte, Krankenhäuser und alle ähnlichen Einrichtungen, die nicht auf die echten Bedürfnisse ihrer Gäste eingehen. Es sind Betriebe, die es sich leisten, lieblose, ausschließlich auf Gewinnmaximierung ausgerichtete Speisen und Getränke anzubieten. Im Zuge der immer schneller werdenden Bewußtseinsveränderung bei sehr vielen Menschen, kommen in den nächsten Jahren auf diese Einrichtungen enorme Anpassungsprobleme zu. Vor allem wird es die Betriebe der Gemeinschaftsverpflegung (Kantinen) treffen.

In den meisten Einrichtungen dieser Art wird die Ansicht vertreten, nur in der "Kostensenkung" läge der Erfolg. Qualitativ hochwertige Lebensmittel kommen in den seltensten Fällen zum Einsatz. Es wird ausschließlich auf den äußeren Schein Wert gelegt. Die Verantwortlichen haben vollkommen vergessen, daß die Mitarbeiter das wichtigste Kapital einer Firma sind. Wer so wenig Interesse auf die Werterhaltung seines wichtigsten "Kapitals" legt, der hat die kosmischen Gesetze nicht verstanden, der handelt nach alten Vorstellungen. Das angestrebte Ziel, die Kostensenkung, kann langfristig so nicht erreicht werden. Das Gegenteil wird eintreten. Wer seine Gäste mit dem Minderwertigsten abspeist, wer nicht auf die wirklichen Bedürfnisse und Wünsche der Essensteilnehmer hört, wird die moralische Berechtigung, Speisen für Werte schaffende Menschen herzustellen, verlieren. Die totale Kommerzialisierung dieser Branche wird dann jedenfalls nicht mehr gefragt sein. Die ersten Zeichen in dieser Richtung sind bereits zu erkennen. Alle, die sich nicht umstellen können werden ihren "Job" verlieren.

Wer nicht willens oder in der Lage ist, mit Gedanken der Freude und Liebe anderen Menschen zu dienen, sondern seine Produkte ausschließlich an den Gedanken der Großartigkeit des eigenen Egos, der

"Einsparungen" und der vordergründigen Betriebswirtschaftlichkeit orientiert, wird schneller ins Abseits geraten als ihm lieb ist. Wer in seinen Gästen wahre Partner sieht, ihnen wirklich aus Überzeugung heraus dienen will, wird sich über Wirtschaftlichkeit keine Gedanken machen müssen, sein Betrieb wird in jeder Hinsicht florieren.

Hygiene ist wichtig, übertrieben wirkt sie dem Leben entgegen. Alles was aus der Harmonie, dem Gleichgewicht geraten ist schadet letztlich dem Menschen. Ein zur Zeit viel beachtetes Thema betrifft die Hygiene, Keimfreiheit und Sterilität. Seit August 1998 wird nun auch in deutschen Großküchen, auf Grund der neuen Lebensmittelverordnung der EU, ungeachtet der Schreckensmeldungen, die uns über übertriebene Hygienemaßnahmen von der anderen Seite des Atlantik erreichen, diese Verordnung durchgeführt.

Über Probleme und Schäden, die, gegen Chemie und Antibiotika resistente Bakterienstämme dort verursachen, macht man sich hier noch keine Gedanken. Jetzt wird nun auch bei uns vergiftet, gesprüht und vergast was das Zeug hält. Ein ganzer Industriezweig hat ein enorm gewinnträchtiges Aufgabengebiet bekommen. Es wird nur das getan, was Viren und Bakterien tötet, ob diese Maßnahmen dem Menschen zuträglich sind oder nicht, spielt keine Rolle. Hauptsache, kein Keim überlebt und es wird verdient.

Den Menschen wird suggeriert, dieses geschähe zu ihrem Schutz. Im Hinblick auf das universelle Gesetz, ist bekannt, daß alles was beachtet wird, auch wächst. Wir können uns unschwer ausmalen, was das im Falle übertriebener Hygienemaßnahmen bedeutet

**Zurück zur Einfachheit!**

Ich bin nicht gegen Umsatz und Gewinne, aber ich bin gegen Umsatz um jeden Preis, vor allen Dingen wenn es um die Gesundheit von Menschen geht. Heutzutage wird jeder verantwortungsbewußte Mensch erkennen müssen, daß Umdenken unumgänglich ist. In diesem Zusammenhang möchte ich berichten, wodurch mein Empfinden für die Natur sensibilisiert wurde.

Eine meiner liebsten Freizeitbeschäftigungen ist das Wandern über blühende Bergwiesen im Frühjahr. Nachdem ich mich mit den Namen und den Eigenschaften der Wildblumen näher befaßt hatte, erkannte ich, daß sie ihre für Tier und Mensch heilenden Fähigkeiten, nur entfalten, wenn sie auf kargen Böden wachsen dürfen. Werden sie jedoch gedüngt, egal ob mit Kunstdünger, Schweine- oder Rinderjauche, so ziehen sie sich zurück. An ihrer Stelle wachsen nun vor Geilheit strotzende Gräser, saftig und anfällig, gerade noch gut genug, um als Futter für die Kühe zu dienen. Selbst der nun üppig gedeihende Löwenzahn büßt seine Wertigkeit ein. Er ist jetzt voll mit Nitraten und anderen Giften.

Da alles, was uns die Natur zeigt, Symbolcharakter hat, sehe ich hierin die uns übermittelte Weisheit, daß nur in der Einfachheit, in der Bescheidenheit, in dem Maßvollen das Große, das Wahre steckt. Aus diesem Grund empfehle ich auch die Speisen vorzugsweise mit Wildblüten zu dekorieren und seltener mit den hoch gezüchteten Gartenblumen. Deshalb habe ich mich z. B. von den Edelrosen in meinem Garten getrennt und an deren Stelle Rosensorten gepflanzt, die schon im Mittelalter die Gärten mit ihrem Duft erfüllten. Einige Blütenblätter frisch gepflückt in den grünen Tee, oder unter den Wildpflanzensaft gemixt, geben diesen Getränken einen traumhaften Duft und ein phantastisches Aroma. Gehackt in hausgemachten Nudeln oder Spätzle verleihen sie diesen etwas Märchenhaftes.

## Schwarzweiß-Raster / Polarität

In diesem Kapitel trat die Polarität in den Vordergrund, es wurde vieles im Schwarzweiß-Raster, also dualistisch geschildert. Dieses war beabsichtigt, denn es ist wichtig, daß die Menschheit lernt, mit der Gegensätzlichkeit umzugehen, d. h. den Ausgleich zwischen den beiden Polen bewußt zu schaffen. Hier wollen wir auf die Polarität der Nahrung näher eingehen. In diesem Zusammenhang stellte mir ein Freund folgende Frage:

"Es wird behauptet, Gott sei in allem, dann aber heißt es, Gott sei das Leben, weiterhin spricht man davon, daß es weder gut noch böse gäbe. Was trifft nun zu?" Das einzige was ich verstehe ist, daß es richtig ist, wenn es heißt, daß es lebensfördernde und lebensmindernde Nahrungsmittel gibt und sogar Pflanzen und Teile von Tieren, die auf den Menschen tödlich wirken. Das kann ich nachvollziehen, denn selbst Sokrates mußte sterben, nachdem er den Schierlingsbecher geleert hatte.

Mein Freund hatte Recht, Gott ist das Leben; und das Leben ist reinste Energie und diese reine Energie befindet sich in allem. Auch scheint sie in Form unserer Sonne auf alle und jeden. Damit zeigt sie uns, daß wir nicht verurteilen sollten. Hierbei dürfen wir den großen qualitativen Unterschied nicht übersehen, der zwischen Gott und uns besteht. Gott oder pure Energie, das Leben oder wie wir es auch immer bezeichnen wollen ist vollkommen.

Wir hingegen haben uns hier auf eine "Spielwiese" begeben, auf der die Spielregel Polarität heißt. Wir spielen dieses Spielchen Dualität solange, bis wir es beherrschen, das heißt, bis wir es verinnerlicht, oder besser gesagt, bis wir es gelernt haben, den Ausgleich zwischen beiden Polen zu schaffen. Dabei steht es uns nicht zu, uns selbst oder andere zu verurteilen; wir dürfen aber unser Unterscheidungsvermögen schärfen, damit wir persönlich wählen können, was uns selbst am besten weiter bringt.

Voraussetzung für die Überwindung der Dualität ist primär das Loslassen aller Wünsche. Jeder geäußerte Wunsch birgt in sich den Keim des sogenannten "Jo-Jo-Effektes". Das bedeutet, sich von einem Extrem zum anderen zu begeben (von arm zu reich, von krank zu gesund, von groß zu klein). Die Mitte kann nur im wunschlosem Sein gefunden werden. Erst wenn der Mensch alle möglichen Zustände des Lebens kennen gelernt hat, verliert er das Interesse sich etwas zu wünschen, dann ist der Zeitpunkt erreicht, keine Wünsche mehr zu haben und in der Einheit zu sein.

Auf unsere Ernährung bezogen bedeutet das, solange wie wir das Spiel Polarität spielen wollen/müssen, wird es für uns auch Zuträgliches und Unzuträgliches geben. Menschen, die den Ausgleich beider Pole in sich geschaffen haben, sind an einem Punkt angekommen, an dem sich auch ihr Unterbewußtsein jeglicher Bewertung enthält. So weit entwickelte Persönlichkeiten können essen was sie wollen, ihnen geschieht nur Gutes.

# 15. Fragen und Antworten

• Frage: Wodurch entsteht bei spiritueller Arbeit Heißhunger auf Haselnüsse, Karotten und Orangen?

Antwort: Nüsse sind "Gehirnnahrung": durch das in ihnen enthaltene Lecithin und Mangan werden verbrauchte Nervenenergien ersetzt. Ein großer Teil der Vorgänge im menschlichem Körper wird durch kaum meßbare elektrische Ströme gelenkt. Wenn wir uns Teile des Körper sehr vereinfacht als Batterie vorstellen, wissen wir, daß Säure in ganz geringen Mengen benötigt wird, um Strom zu erzeugen. In diesem konkreten Fall liefert die Orange die Säure. Durch die Karotte werden verbrauchte Mineralstoffe ersetzt. Die Apfelsine liefert orange, die Karotte gelbe und orange Farbschwingungen. Beides wird benötigt, um die Gehirnzellen zu regenerieren. Spirituelle Tätigkeit erfordert einen großen Einsatz an Kreativität und gedanklicher Koordination Wir verlangen unbewußt nach der Farbe Orange (Karotte, Apfelsine).

• Frage: Warum nehme ich an Gewicht zu, obwohl ich meine, jetzt in der Harmonie zu leben?

Antwort: Nach der Naturell-Lehre Carl Huters leben Sie im Bewegungs-Empfindungsprinzip. Das heißt, Sie neigen von Ihrem Naturell aus gesehen, nicht unbedingt zur Körperfülle. Sie haben das große Glück, zur Zeit in sehr harmonischen Verhältnissen zu leben und befinden sich darüber hinaus gedanklich in der "Fülle". Beides sind hervorragende Situationen, nach dem sich viele Menschen vergeblich sehnen. Der Mensch kann nicht alles zugleich haben. Die Harmonie (zu ihr gehört nach Huter als drittes Prinzip die Ernährung) und die Fülle in den Gedanken, die sich nicht nur in Wohlhabenheit sondern auch in der körperlichen Fülle manifestiert.

Der in der heutigen Zeit propagierte überschlanke (oft in der Disharmonie lebende Mensch), ist das Spiegelbild des heutigen Denkens, deshalb wird er von jenen Menschen, welche die Weltmeinung bestimmen, zum Schönheitsideal hochstilisiert. Als freidenkende Menschen sollten wir uns selbstbewußt verhalten, d. h. wir lassen uns nicht mehr weiter bevormunden.

- Frage: Der menschliche Körper besteht hauptsächlich aus Wasser. Die Erneuerung dieser blauen Energie auf der ätherischen sowie astralen Ebene ist lebenswichtig. Ähnlich sieht es auf der spiegelbildlichen d. h. körperlichen Seite aus. Welche Rolle spielt dieses Element in der Ernährung? Was sollen wir trinken um unsere Gesundheit zu unterstützen? Was könnte sie ruinieren und weshalb?

Antwort: Auf der ätherisch, astralen Ebene wird die blaue Energie benötigt um zu beruhigen, zu dämpfen und zu schützen. Sie ist demnach zum Ausgleich gegen zuviel rote Energie gedacht (wir kennen in der katholischen Religion das Symbol "des blauen Mantels der Madonna"). Dieser Mantel schützt alle Wesen, die sich gedanklich darunter begeben. Auf der spiegelbildlichen physischen Seite ist das Wasser die Verkörperung der blauen Energie. Die Hauptaufgabe des Wassers in der materiellen Welt ist, als Lösungsmittel zu dienen. Im Wasser sind sowohl grobstoffliche Bestandteile wie beispielsweise Mineralien, Nährstoffe und Toxine gelöst, als auch feinstoffliche Informationen und Ideen. Wasser ist das Element in der grobstofflichen Welt, das Prägungen am schnellsten aufnimmt und wieder abgibt.

Neben Luft ist Wasser das wichtigste Lebensmittel. Beim Trinken nehmen wir alle gelösten Partikel und alle informativen Prägungen in unseren Körper auf. Prozesse, auf die wir hier nicht näher eingehen können, führen den Körperzellen und Organen die benötigte Flüssigkeit zu. Somit gelangen die gelösten Partikel und Informationen an die dafür vorgesehenen Körperstellen. Komplizierte Auf- und Abbauvorgänge die das Leben erst bedingen, werden ermöglicht. Aufgrund der oben aufgeführten Abläufe sehen wir wie wichtig es ist, Wasser zu trinken, das möglichst reich an fördernden Informationen ist.

Wir empfehlen Wasser zu trinken, das aus den Tiefen der Erde kommt, und dadurch optimal gefiltert wurde und reich ist an aufbauenden Erdinformationen. Diesem Wasser sollten keine zusätzlichen Stoffe zugesetzt werden. Leitungswasser, das über eine Vitalisierungsanlage fließt und dadurch seine Urinformationen zurückerhält, kann als Alternative gelten. Durch Zusätze, wie Chlor, Fluor, chemische Rückstände, Hormone und Toxine die sich im Wasser befinden, kann die Gesundheit beeinträchtigt werden. Wasser wird vom Körper auch als Säurepuffer benötigt. Deshalb ist es der Gesundheit zuträglicher, wenn der Mensch wenig kohlensäurehaltiges Wasser trinkt.

• Frage: Wir wissen, daß die eigenen Gedanken, Gefühle und Verstrickungen und auch die von uns angenommenen gesellschaftlichen Muster zwangsläufig zu unbewußten Willensimpulsen des Abschiedes führen können. Es kann zur Verselbstständigung ganzer Gruppen von Zellen kommen, was gewöhnlich Krebs genannt wird. Welche Rolle spielt die Ernährung gesundheitsunterstützend in solchen Situationen?

Antwort: Gedanken, vor allem aber Gefühle gehören zu den stärksten krankheits- oder gesundheitsbildenden Faktoren. Eine auf der emotionalen Ebene festgesetzte Gedankenstruktur des Hasses, Neides und des übertriebenen Egodenkens ist nicht so leicht zu verändern, zumal die Krankheit Krebs die rücksichtslosen, lieblosen, zerstörerischen Gedanken unserer Zivilisation versinnbildlicht. All diese Gedanken führen dazu, daß der Körper immer mehr ihm zugeführte Lebensmittel sauer verstoffwechselt. Ganz anders sieht es im Menschen aus, der vorwiegend liebevolle Gedanken hegt und sein Ego nicht über das der anderen stellt. Sein Stoffwechsel wandelt sogar säuernde Nahrung bei Bedarf in basische um.

Um den Stoffwechsel des an Krebs leidenden Mensch umzustimmen, ist es nötig, daß er alle Nahrungsmittel, die bei ihm sauer verstoffwechseln, meidet. Die Verträglichkeit der Nahrungsmittel kann mit Hilfe der Kinesiologie oder des Biotensors ausgetestet werden.

Die meisten Menschen verstoffwechseln folgende Lebensmittel säurebildend:
• Zucker, Honig
• Kaffee, Schwarztee, Kakao
• Schweinefleisch, Rindfleisch
• Weißmehlprodukte
• schwere Vollkornprodukte
• Alkohol, Zucker
• Lauch, Paprika
• Margarine
• heißgepreßte oder chemisch gelöste Öle
• Knoblauch, rohe Zwiebeln
• Pfirsich, Pflaumen
• Käse, Kuhmilch, vor allem H-Milch
• Vollei
• weißer Reis
• alle im Mikrowellenofen zubereiteten Speisen
• spätnachmittags und abends gegessene rohe Früchte und rohe Gemüse
• eiweißreiche Nahrung abends gegessen.
• Tabak

Die meisten Menschen verstoffwechseln folgende Lebensmittel basenbildend:

- Dinkel, alle Dinkelprodukte
- Fenchelgemüse, Fencheltee
- Kamillentee, Kräutertees außer den roten Teesorten (Hagebutten-, Hibiskus-, Früchtetee)
- grüner Tee
- Karotten, Zucchini, Kürbis
- Gemüseerbsen, Rote Beete
- Kartoffeln, Topinambur
- Gewürzkräuter, Sellerie
- Nüsse, v. a. Haselnüsse und Mandeln, in kleinen Mengen
- frische Algen, Broccoli
- Blattsalate, bes. Löwenzahn

- kaltgepreßte Öle
- Vollreis
- gekochter Meeresfisch
- gekochtes Lammfleisch
- Schafs- und Ziegenkäse
- Eidotter
- Frisches Obst, wie Äpfel, Kirschen, Zitrusfrüchte, Beeren; gekochte Birnen; (immer für sich allein vormittags auf leeren Magen gegessen!)
- frisches Wasser oder kohlensäurefreies, mineralarmes Mineralwasser

- Butter, Sahne,

Ich persönlich würde im Falle einer Krebserkrankung für 40 Tage meine gesamte Nahrung ausschließlich auf in leicht gesalzenem Wasser gekochten Dinkelschrot und frisch gepreßte Gemüsesäfte reduzieren. **Das wichtigste aber ist das Segnen der Nahrung. Dies sollte gerade bei den Speisen für kranke Menschen niemals fehlen. Hierdurch empfängt sie die nötige Liebe und gibt sie an den Patienten weiter.**

- Frage: Was halten Sie vom Segnen des Essens? Meinen Sie wirklich, daß Segnen die Nahrung aufwertet?

Antwort: Segnen, richtig vorgenommen, bedeutet eine liebevolle Kommunikation mit der Nahrung. Hierdurch übertrage ich die Schwingung der Liebe auf die Speisen. Diese werden dadurch für mich zuträglicher und bekömmlicher.

- Frage: Wirkt Fleischverzehr so stark entwicklungshemmend, daß es uns nicht ermöglicht wird, das Bewußtsein zu erweitern und auf eine höhere Schwingungsebene zu gelangen?

Antwort: Zuerst müssen wir uns darüber im klaren sein, daß alles was existiert Energie ist. Energie ist Bewußtsein, Bewußtsein ist Information. Information ist da, um "dem EINEN" zu dienen.

Wenn ein Mensch das Verlangen nach Fleisch hat, so benötigt er wahrscheinlich dessen Information für seine Entwicklung. Wenn er in sich das Verlangen nach tierischer Nahrung nicht mehr verspürt, dann braucht er diese Information auch nicht mehr. Wer sich aus welchen Gründen auch immer, dazu zwingt kein Fleisch zu essen, obwohl er großes Verlangen darnach hätte, der verweigert seinem hohen Selbst die Aufnahme der Information, die dieses benötigt.

Das bedeutet aber nicht, daß man wahllos Fleisch essen soll, denn wir benötigen nicht die Prägung des Leides jener Tiere, die aus den Mastanstalten kommen. Denn durch den Verzehr **dieses** Fleisches vergrößern wir das Leid auf der Welt und schaden uns letztendlich selbst. Auch sollten wir wissen, ob wir mit der Schwingung jener Tiere in Resonanz stehen wollen, deren Fleisch wir verzehren, oder ob wir die artspezifischen Verhaltensmuster und charakteristischen Eigenschaften verinnerlichen und zum Teil leben wollen.

Charakteristika einiger Tiere:
- Schwein: Das Schwein steht für Sensibilität, Maßlosigkeit, Mutlosigkeit, Bequemlichkeit; sein Fleisch fördert Entzündungen
- Kalb: es vermittelt Leichtigkeit, Verspieltheit, Fröhlichkeit; Kalbfleisch kann suchtverstärkend wirken und erzeugt in manchen Menschen ein Gefühl der Sehnsucht
- Rind: es vermittelt Lebenskraft, d. h. viel rote Energie
- Reh: Sensibilität, Empfindsamkeit, auch ein gewisses Scheusein
- Hirsch: Dynamik und Ausdauer
- Hase: er verleiht uns Achtsamkeit, und ein Lauschen nach innen
- Gans: sie steht für Freiheit, Wachheit, Geduld und Weiblichkeit
- Hähnchen: Auflockerung, beschwingtes Fröhlichsein.
- Lamm: dieses Fleisch vermittelt uns Unschuld, Reinheit und hilft uns von der Egoverhaftung loszukommen
- Pute: wie wir aus der Küche wissen, besteht das Putenfleisch aus neun unterschiedlichen Sorten. Neun das ist die Zahl der Harmonie. Der Verzehr von Putenfleisch vermittelt uns eine harmonische Energie.
- Kaninchen: überträgt die Information der Belanglosigkeit und der Einfältigkeit.

Hinweis: Vor dem Verzehr des Fleisches sollten Sie eine Kommunikation zwischen Ihnen und dem Tiergeist herstellen und sich bei ihm, mit liebevollen Gedanken für dessen Bereitwilligkeit, Ihnen als Nahrung zu dienen, bedanken.

Gerade weil in der Aufzucht von Puten, Hähnchen, Kaninchen, Kälbern aber auch von Schweinen unvorstellbare Grausamkeiten vorherrschen, soll hier nochmals darauf hingewiesen werden, auf den Verzehr dieses Fleisches zu verzichten. Das Essen dieses Fleisches würde Sie mit aller größter Wahrscheinlichkeit auf allen Ihren Ebenen stark belasten. Falls Sie doch dazu greifen, sollten Sie nur ganz geringe Mengen verzehren. Bei Eiweißmast bilden sich toxische Verbindungen, im Mastdarm, die zu Krankheiten und Charakter-Beeinträchtigungen führen können. Zum Schluß ein Zitat von Tolstoi:

**"Solange es auf der Welt noch Schlachthöfe gibt, solange wird es auch Schlachtfelder geben."**

- Frage: Zuckerkrankheit entsteht aus einem Mangel an Liebesfähigkeit. Wenn man zuwenig Liebe in sich trägt, hat man in der Vergangenheit vielleicht zu wenig von ihr bekommen. Zucker ist die Süße des Lebens, ein Synonym für die Liebe. Waren wir uns in der Vergangenheit unseres Liebespotentials nicht bewußt, oder wieso war früher die Krankheit fast unbekannt? Welche Ernährungsform unterstützt die Heilung und wieso?

Antwort: Über die Verbreitung des Diabetes in der Vergangenheit kann hier nur spekuliert werden. Die Zuckerkrankheit wurde in vielen Fällen nicht als solche erkannt. Außerdem gab es für einige Krankheiten den Sammelbegriff "Auszehrung", unter den nicht nur abgemagerte Diabetiker sondern auch an Krebs Erkrankte fielen. Darüber hinaus kannte man das Krankenkassen-Versicherungssystem noch nicht, so daß vielen Erkrankten keine Hilfe zuteil wurde und diese auch nicht statistisch erfaßt werden konnten. Auch stieg die Lebenserwartung und die Quantität der verzehrten Nahrung.

Ob in den enger zusammen lebenden Familienverbänden früherer Zeiten mehr Liebe zueinander herrschte, oder inwieweit sich der heutige egobezogene lieblosere Zeitgeist auf die Häufigkeit des Diabetes auswirkt, bedarf eigener Studien. Bei der Zuckerkrankheit handelt es sich um eine Stoffwechselerkrankung, schulmedizinisch gesehen um einen Insulinmangel auf Grund einer gestörten Bauchspeicheldrüsenfunktion, den man über die Verabreichung von Tabletten oder mit Insulininjektionen ausgleicht. Wir kennen aber auch die Diätvorschriften, in denen die für Diabetiker zuträgliche Nahrung aufgeführt ist, sowie Umrechnungstabellen, nach denen die Nahrungsmengen über

sogenannte Broteinheiten (BE) berechnet werden. Diese sind hinläng-
lich bekannt, wir wollen nicht näher darauf eingehen.

Wenn wir über eine Ernährungsform bei Zuckerkrankheit sprechen
wollen, müssen wir Jugenddiabetes und Altersdiabetes unterscheiden. Ersterer ist angeboren, d. h. in einer früheren Inkarnation wurde
das Thema Liebe nicht verinnerlicht, deshalb muß es jetzt auf der
physischen Ebene verinnerlicht werden, um eine Weiterentwicklung zu
ermöglichen. Die Verabreichung von Insulin ist in diesem Falle unumgänglich. Die begleitende Ernährung sollte so ausgelegt sein, daß
diese die Psyche des Erkrankten aufhellen und dem Menschen bei der
Verinnerlichung der Liebe behilflich sein kann.

Der Altersdiabetes ist eine Stoffwechselstörung, die sich der Betref-
fende durch emotionales Fehlverhalten in diesem Leben zugezogen
hat. Auf diese Form der Erkrankung kann, konsequentes Verhalten
vorausgesetzt, über die Ernährung unterstützend eingewirkt werden.
Folgende Nahrungsmittel sind bei beiden Formen des Diabetes wirksam und hilfreich:
- Topinambur: in ihr ist viel Sonnenheilkraft gespeichert. Der Wirkstoff der Topinambur heißt Inulin. Er unterstützt die Bauchspeicheldrüse bei der Insulinproduktion.
- Sellerie: er wirkt stark basisch und Stoffwechselgifte ausleitend. Der
  in Sellerie enthaltene Wirkstoff ist ein insulinähnlicher Pflanzenstoff.
- Schwarzwurzeln: sie enthalten Inulin.
- Schwarze Johannisbeeren: sie wirken ausleitend, entgiftend. Zuk-
  kerkranke können schlecht die Vitamine C und A über die Leber
  beziehen, schwarze Johannisbeeren wirken diesem Unvermögen
  entgegen.
- Sesamöl und Sesamsaat: beides wirkt kräftigend und entgiftend.
- Aubergine; beschleunigt den Stoffwechsel, stärkt die Nerven.
- Hafer: er enthält Fruktose, für deren Verdauung kein Insulin benötigt wird. Darüber hinaus erhellt er den Geist und Lichtkräfte benötigt der Zuckerkranke in jeder Menge.
- Fenchel; er macht fröhlich und heiter und hat viel Sonnenkraft gespeichert und ist nervenstärkend.
- Dinkel; er ist nach Hildegard von Bingen das wertvollste Getreide,
  er macht einen fröhlichen Geist und einen gesunden Körper.
Wie der Krebskranke  bedarf auch der Diabetiker eines hohen Liebespotentials, das über das Segnen der Speisen erreicht werden kann.

- Frage: Saure Gedanken führen zur Übersäuerung unseres Magens und folgend zu Magengeschwüren und zu Pilzen im Darmtrakt. Was stimmt uns basisch um auf der Ernährungsebene?

Antwort: Es ist richtig, daß saure Gedanken zur Übersäuerung unseres Körpers führen; dies trifft aber auch auf Streß und vor allem auf säurebildende Lebensmittel zu. Auf der Ernährungsebene können wir mit basenbildenden Nahrungsmitteln einer Übersäuerung des Körpers und den damit verbundenen Krankheiten, wie Osteoporose, Gicht, Rheuma, Krebs usw. entgegenwirken. Über das Erreichen des Säure-Basengleichgewichts gibt es sehr viel Literatur auf dem naturheilkundlichen Sektor (lesen sie dazu das Buch von O. Weise: Entschlakkung, Entsäuerung, Entgiftung). Die wichtigsten basenbildenden Lebensmittel werden auf S. 165 genannt. Speisen aus der Mikrowelle sind unbedingt zu vermeiden. Viel Bewegung an der frischen Luft, wirkt basenbildend, Leistungssport ist abzulehnen.

- Frage: Mit der Verkomplizierung unserer Persönlichkeit wächst die Vielfalt und Änderung unserer Ernährung. Wie kommt damit unser physischer Körper zurecht? Muß sich die Ernährung mit dem wachsenden Bewußtsein ändern?

Antwort: Wir haben zur Zeit in der "zivilisierten" Welt ein Nahrungsüberangebot. Der Sinn dieser Nahrungsvielfalt aus kosmischer Sicht ist: wir sollen unsere Sensibilität für die uns zuträglichen Lebensmittel schulen. Das Geheimnis hierbei ist, daß ein Gericht um so bekömmlicher ist, je weniger Komponenten es enthält. Das heißt mit anderen Worten, je höher der Mensch entwickelt ist, desto unkomplizierter ist sein Denken und Handeln, desto einfacher wird sein Essen sein.

Zum Beispiel ist es bekannt, daß tibetische Mönche, die im Himalaja leben, über Monate nur Gerstenbrei (Zampa) mit speziellen Saucen essen. In dieser Zeit besteht ihr einziges Getränk aus Buttertee. Wir wollen niemanden zur Nachahmung animieren, denn für uns soll das Speisen ein Akt der Freude sein. Wir sind aber der Überzeugung, daß sich auch die Mönche jedesmal auf den Brei freuen und diesen mit Genuß verspeisen. Wie oben angeführt, wird sich mit wachsendem Bewußtsein die Ernährungsform ändern. Diese Änderung geschieht automatisch, jeder Zwang muß unterbleiben. Ganz von selbst wird sich im Laufe der Bewußtwerdung das Verlangen nach einfacher Sonnen/Lichtnahrung einstellen.

- Frage: Sollen wir der zunehmenden Umweltverschmutzung und Vergiftung der Nahrungsmittel entgegenarbeiten, indem wir uns nur biologisch-dynamisch ernähren? Oder sollen wir uns an die neuen Verhältnisse gewöhnen, indem wir uns bewußt dagegen resistent machen?

Antwort: Einer Verschmutzung und Vergiftung unserer Umwelt können wir vorerst auf der physischen Ebene nicht entgehen. Entgegenarbeiten und verändern können wir diese langfristig nur mental. Was die Ernährung betrifft, so sollten wir nur Lebensmittel kaufen, von denen wir wissen, daß deren Erzeuger diese mit Überzeugung und Liebe zum Beruf, zur Pflanze und zum Tier hergestellt haben. In der Regel ist dieses bei alternativen Landwirten eher der Fall. Bewußt können wir uns nicht gegen Gifte resistent machen. Wir würden dadurch deren Schädlichkeit zu viel Beachtung schenken und damit das Gegenteil von dem erreichen, was wir ursprünglich wollten. Mit unserer zunehmenden Schwingungserhöhung, die immer mit einer Potenzierung unserer Liebesfähigkeit verbunden ist, wächst automatisch unsere Unempfindlichkeit gegenüber den Umweltgiften.

- Frage: Für wen ist vegetarische Ernährung gesund?

Antwort: Diese Frage sollte sich jeder selbst beantworten. Ein Mensch, der sich soweit entwickelt hat, daß er ein liebevolles Leben lebt, der sich selbst und seine Mitmenschen achtet und diesen ein großes Maß an Wertschätzung entgegenbringt, erhöht seine Schwingung soweit, daß er sein Verlangen nach tierischer Nahrung nach und nach verliert. Im Zuge dieses von innen heraus wachsenden Vorgangs, wird der Mensch auch sein überdimensioniertes Ego verringern und sich statt dessen dem Du hinwenden.

Er verzichtet aus der verständnisvollen Bescheidenheit heraus und übt deshalb auch keinerlei Verzicht. Ein so weit entwickelter Mensch läuft auch keine Gefahr, in den spirituellen Hochmut zu verfallen. Er steht in Resonanz mit der Liebesschwingung und sieht in den Tieren seine brüderlichen Mitgeschöpfe. Für diesen Menschen ist es gesund kein Fleisch zu verzehren, sofern wir in diesem Fall überhaupt von Gesundsein sprechen wollen. Ein Mensch auf dieser Entwicklungsstufe ist in der Regel immer gesund.

In jedem Fall ist die vegetarische Ernährungsform für denjenigen ungesund, der sich gegen sein Verlangen zwingt fleischlos zu essen, um dadurch vor seiner Umwelt zu glänzen oder sich durch die vegetarische Kost spirituelle Vorteile erhofft. Bei verschiedenen Stoffwechselerkrankungen ist fleischlose Kost eine Notwendigkeit, um eine Ausbalancierung des zellulären Gleichgewichtes zu erreichen (z. B. bei Nieren-, Herzkreislauf- und Darmerkrankungen).

- Frage: Finden Sie folgende Ernährungs-Faustregel gut?
  So frisch wie möglich!
  So vital wie möglich!
  So unbehandelt wie möglich!
  So reif wie möglich!

Antwort: Dieser Formel stimmen wir voll und ganz zu, möchten aber noch hinzufügen, so einfach wie möglich.

- Frage: Saison - Produkte sind bekanntlich am preiswertesten. Sind sie aus gesundheitlicher Sicht nicht auch empfehlenswerter?

Antwort: Der Preis bestimmt nicht unbedingt die gesundheitliche Wertigkeit einer Ware. Sie haben recht, die saisonalen Lebensmittel haben ihren Reifezustand erreicht, sie haben keine Qualitätseinbußen durch Lagerung hinnehmen müssen. Eine noch höhere Wertigkeit in geschmacklicher- und ernährungsphysiologischer Hinsicht haben Lebensmittel, die dort verzehrt werden, wo sie angebaut und geerntet werden.

Zum Beispiel fahren viele Touristen jährlich nach Südtirol, um den dort köstlich schmeckenden Wein zu trinken. Die Nähe der Weinberge, das spezielle Klima, die zu der Landschaft passenden Menschen, deren Häuser, die Stimmung, die gesamte Atmosphäre stimuliert u. a. auch unsere Geschmacksnerven und läßt uns den Wein in seiner Umgebung ausgezeichnet munden. Viele Touristen nehmen den Wein mit nach Hause und sind verwundert, daß ihnen der Wein nun im anderen Umfeld getrunken, viel weniger schmeckt.

- Frage: Wie oft und wieviel sollen wir am Tag essen?

Antwort: Die traditionellen Speisegewohnheiten haben dazu geführt, daß das Gefühl für die rechten Speisezeiten bei vielen Menschen nicht mehr existiert. Diese Orientierungslosigkeit erkennen wir allein schon daran, daß das Speisen am späten Abend, also in der Dunkelheit - bei Kerzenlicht - immer beliebter wird. Wir sind der Überzeugung, daß nur dann, wenn der Mensch ganz frei und unabhängig von irgendwelchen traditionellen Zwängen bestimmen kann, wann und wieviel er essen möchte, sich bei ihm das Gefühl für seine individuellen Bedürfnisse einstellen kann.

• Frage: Meinen Sie, daß sich alle Menschen im dritten Jahrtausend auf Lichternährung umstellen werden?

Antwort: Um Ihre Frage zu beantworten, sollten wir definieren, was Sie unter dem Begriff Lichternährung verstehen. Meinen Sie hiermit eine Form der Ernährung, bei der die Zubereitung der Speisen mit liebevollen Gedanken geschieht, bei der ausschließlich tierische Produkte von Tieren Verwendung finden, die aus Art gerechter Haltung kommen, daß die Menschen vor dem Verzehr ihre Speisen wieder segnen und die Speisen während der hellen Tageszeiten mit Freude und Genuß einnehmen? Denken Sie an eine Ernährung, bei welcher der Koch, die Hausfrau oder wer auch immer die Speisen zubereitet, dieses mit Liebe, Kreativität und Überlegung auch in Hinsicht der fördernden Aspekte, der für das Gericht verwendeten Komponenten tut? Wenn Sie dies unter Lichtnahrung verstehen, dann bin ich voll davon überzeugt, daß sich die Menschen im dritten Jahrtausend auf diese Form der Ernährung umstellen werden.

Verstehen Sie aber die Nahrungsaufnahme direkt aus dem Sonnenlicht, d. h. eine Visualisierung der Farben mit Hilfe des Sonnenlichtes um damit den physischen Körper zu erhalten, ähnlich wie es die Australierin Jasmuheen praktiziert bzw. vorlebt, so bin ich der Meinung, daß sich eine immer größer werdende Anzahl von Menschen für gewisse Zeiträume dieser Form der Nahrungsaufnahme bedienen werden, um aber immer wieder auf den Verzehr von physischer Nahrung zurückzukommen. Allerdings setzen beide Sichtweisen voraus, daß unser Planet auch im dritten Jahrtausend in der Grobstofflichkeit bleibt und nicht in die Feinstofflichkeit mutiert.

• Frage: Die Form ist der Ausdruck des Geistes. Wir wissen z. B., daß die Pyramiden ein Kraftfeld bilden. Gibt es Formen, von denen unsere Nahrung beeinflußt wird?

Antwort: Formen sind Konstellationen differenzierter Energien. Entsprechend ihrer Umrisse wird der Energiefluß gelenkt und das Umfeld beeinflußt. Man hat entdeckt, daß Speisen, die sich innerhalb einer Pyramide befinden, länger frisch bleiben. Also wirkt die Pyramide konservierend. Eine weitere hoch interessante Form in Zusammenhang mit der Wirkung auf unsere Nahrung ist das Achteck. Es harmonisiert alle Speisen und Getränke, die sich auf einer achteckigen Unterlage befinden

- Frage: Unsere Nahrung, sogar die, welche auf biologische Weise erzeugt wird, enthält immer mehr toxische Substanzen. Die erste Instanz, welche die Gifte abbaut, sind Pilze in unserem Darmtrakt und dann kommt die Leber. Immer mehr Menschen leiden an Pilzerkrankungen (z. B. candida albicans).
Wie sinnvoll ist es, sie zu reduzieren z. B. mit Nystatin?
Wie sollen wir die Ernährung an die neuen Verhältnisse anpassen?
Wäre es nicht klug, insgesamt weniger feste Nahrung zu essen und sich mehr und mehr auf die Lichternährung umzustellen?

Antwort: Ohne Pilze im Darm wäre ein Überleben nicht möglich. Die sogenannten "guten" Bakterien halten die Pilze bei gesunden Menschen auf einem niedrigen Niveau. Einem starken Pilzbefall liegt fast immer eine Schwermetallvergiftung zugrunde. Dabei spielt Quecksilber aus Amalgamfüllungen mit Abstand die größte Rolle. Ein pathologischer Pilzbefall zeigt generell an, daß mit unserem Stoffwechsel und/oder mit unseren Gefühls- und Denkmustern etwas nicht in Ordnung ist. Die Schwierigkeit bei der "Pilzüberflutung" ist, diese überhaupt als solche zu erkennen, denn bei Symptomen, wie Müdigkeit, Gemütsschwankungen, Gelenkschmerzen, Entzündungen oder Hautjucken, denkt jeder zunächst an alles andere, nur nicht an Pilzbefall.

Maßnahmen bei Pilzbefall:
- Entfernen der Amalgamplomben und Ausleitung der Schwermetalle durch Programme, die zur Zeit nur spezielle, naturheilkundlich arbeitende Ärzte oder Heilpraktiker kennen. Die Pilze verschwinden danach in der Regel von alleine, weil ihnen ihre Aufgabe entzogen wurde – nämlich diejenige, den Menschen vor den Schwermetallen zu schützen. Wenn Sie hierzu mehr erfahren wollen, lesen Sie das Buch "Entschlackung, Entsäuerung, Entgiftung" von O. Weise.
- vorwiegender Verzehr von ballaststoffreicher Nahrung (diese wirkt wie ein Besen, und reinigt den Darm).
- Umstellung auf basenbildende Lebensmittel, strikte Verbannung aller Hefewaren, Alkohol, schimmelpilzhaltiger Lebensmittel, sowie Lebensmittel aus fermentiertem Eiweiß z. B. Tofu, Sojasaucen, Essig, sowie Mikrowellenerhitztes. Diese "Candida-Diät" verhindert die starken Blähungen, die verpilzte Menschen haben.

- alle Streßfaktoren im Umfeld abstellen, oder mental versuchen diese so zu verarbeiten, daß sie nicht mehr schaden.
- wenn nach der Quecksilberausleitung die Pilze nicht allein verschwinden, können homöopathische Heilmittel eingesetzt werden.

Schwermetallvergiftung und pathologischer Pilzbefall führt immer zu einer Schwächung des Immunsystems. Diese kann sowohl auf der körperlichen wie auf der mentalen Ebene passieren. Die Stärke des Immunsystems wird durch emotionale und körperliche Gegebenheiten beeinflußt, z. B. durch Umstellung des Körpers auf eine strenge Diät, Dauerstreß, aber auch durch fehlerhafte Umstellung von Lichternährung auf Normalkost. Wenn das Fastenbrechen nicht fachgerecht durchgeführt wird, entsteht ein fast unstillbarer Heißhunger. Das Überangebot an Nahrung, das dem Körper dann zugemutet wird, überlastet unser Enzymsystem und es stellt sich bei den meisten Menschen eine Schwächung des Immunsystems ein.

- Frage: Je einfacher das Leben desto einfacher die Ernährung, je komplizierter das Leben desto zahlreicher die Bestandteile unserer Speisen. Die meisten Deutschen kannten vor 100 Jahren keine Paprika, Avokado, Kokosnuß, Kiwi, Zitrone, Orange, Banane usw. Heute sind dies typisch "deutsche" Nahrungsmittel. Wir verändern uns und damit unsere Nahrung. Kann der Körper die rasche Umstellung schadlos überstehen? Was ist dabei zu berücksichtigen?

Antwort: Die zur Zeit erkennbare Kompliziertheit (nicht nur im Bereich der Speisen) gründet in der heute vorherrschenden Denkweise vieler Menschen. Sie wird mit zunehmender spiritueller Entwicklung abnehmen. Und damit wird die Einfachheit in unserer Ernährung wieder zunehmen. Der Volksmund behauptet zurecht:

**Das Große liegt nur in der Einfachheit.**

Generell ist über die Speisenzusammenstellung zu sagen: So wenig verschiedene Arten von Rohstoffen wie möglich. Unser Körper benötigt für unterschiedliche Nahrungsarten verschiedene Enzyme für deren Aufspaltung. Hierbei behindern sich manche Nahrungsbestandteile gegenseitig, z. B. Alkohol (Wein) und Eiweiß (Käse). Säure läßt Kohlenhydrate schwer verdaulich werden. Andere Bestandteile unserer Nahrung benötigen wiederum eine spezifische Nahrungskomponente, um für den Körper verwertbar zu sein; z. B. braucht das Vitamin A Fett, das Vitamin C Wasser.

Der Wechsel von einem regionalen Nahrungsmittel zu einem überregionalen Nahrungsmittel mit ähnlicher Struktur und identischer Zubereitung, z. B. von gekochter Rübe auf gekochte Banane, oder von geschmorter Rehkeule auf geschmorten Springbockrücken, ist unserem Verdauungssystem zuträglicher, als der Wechsel von einer Ernährungsform zu einer anderen, auch wenn alle Komponenten aus der näheren Umgebung stammen. Das liegt darin begründet, daß sich in unserem Verdauungssystem vorwiegend Bakterien und Enzyme gebildet haben, die für die Verwandlung der bevorzugt eingenommenen Lebensmittel, sowie deren Zubereitungsart nötig sind.

Wenn ein Mensch, der über längere Zeit vorwiegend Weißmehlprodukte verzehrt hat, seine Ernährung abrupt auf Vollkornerzeugnisse umstellt, weil er gesünder leben will, bekommt er wahrscheinlich Verdauungsprobleme. So geht es auch einem Menschen, der in der Vergangenheit mit Hitze gegarte Speisen bevorzugte und nun plötzlich seine Ernährung auf Rohkost umstellt. Weil alle Menschen unterschiedlich reagieren, kann sich dieser Schock bei dem einen heilend und bei dem anderen mindernd auswirken. Ein Wechsel von der einen in die andere Ernährungsform sollte mit Bedacht vorgenommen werden, damit der Körper sich darauf einstellen kann. Eine Ausnahme von dieser Regel sind notwendig erscheinende sofortige Ernährungsumstellungen im Krankheitsfall. Generell ist die verträglichste Nahrung die, welche in unmittelbarer Umgebung erzeugt wurde.

- Frage: Kann säurebildende Nahrung zu "sauren" Gedanken und Gefühlen führen?

Antwort: Der ganze Mensch, bestehend aus Körper, Seele und Geist ist als Einheit zu verstehen. Da alles miteinander in Wechselbeziehung steht, nimmt auch alles Einfluß aufeinander. Somit beeinflußt die Nahrung unsere Gedanken und Gefühle. Andererseits nehmen unsere mentalen und emotionalen Zustände großen Einfluß darauf, wie unser Körper die Nahrung verarbeitet.

- Frage: Kann bewußtes Denken und Fühlen zur bewußten Ernährung führen und somit zur psychosomatischen Harmonie? Wenn ja, wie sollen wir damit anfangen? Wollen sie nicht mit Spezialkursen und Seminaren eine neue Ernährungsart unterstützen?

Antwort: Die stärksten Kräfte im Menschen sind Gefühle und gefühlsmäßig eingefärbte Gedanken (Wünsche und Begierden). Höhere

Wünsche und Ziele können im Laufe der Zeit zu einer bewußten Ernährung und zur Harmonie zwischen dem grobstofflichen (physischen) Körper und den feinstofflichen (Äther-, Emotional-, Mental- und Kausal-) Körpern führen. Die Umstellung der Ernährung geschieht gleichzeitig mit der Reinigung unserer Gedanken und Gefühle. Eine individuell angepaßte Nahrungsauswahl wird die Folge sein.

Obwohl sich das Verlangen nach bestimmter Nahrung automatisch einstellt, ist es nicht ganz einfach, aus den verschiedenen Komponenten ein bekömmliches Gericht (Einheit) zusammenzustellen. Hier sehe ich den Bedarf, interessierten Menschen Unterstützung in Form von Vorträgen und Seminaren zukommen zu lassen und kann Ihre Frage mit ja beantworten.

- Frage: Welche Rolle spielen wissenschaftliche Erkenntnisse in bezug auf die Ernährung des Menschen?

Antwort: Es liegt in der Natur des Menschen, die Welt zu erforschen, in der er lebt. Das bedeutet aber nicht, daß dies ihm auch in jedem Fall im täglichen Leben wirklich weiterhilft. Immer mehr Teilentdeckungen von Wirkstoffen in Bezug auf die Zusammensetzung unserer Nahrung werden durch die analytische, einseitig materialistische Forschung entdeckt. Die daraus resultierende Methode, Teile aus einem Ganzen herauszunehmen, ohne zu wissen, welche Veränderung dadurch eintritt, führt immer zu gravierenderen Dissonanzen.

Das zeigt uns, daß das Zergliedern und Aufspalten komplizierter Vorgänge uns daran hindert, das Wesentliche zu erkennen. Diese analytische Art von Wissenschaft ist Bestandteil des polaren Denkens und führt letztlich immer nur zu Halbwahrheiten. Das ist auch der Grund dafür, daß die Naturwissenschaft und die Schulmedizin in einer Sackgasse stecken. Sie sind mit ihrem analytischen Denken nicht in der Lage, wirklich große Zusammenhänge zu erkennen. Deswegen bin ich der Meinung, daß es für den Verbraucher unwichtig, ja hinderlich sein kann, über die komplizierten Stoffwechselschritte, die in unserem Körper mit Hilfe der Nährstoffe, der Vitamine, der Mineralien, der Enzyme usw. ablaufen, informiert zu sein.

Das ist das alte Denken, das im industriellen Zeitalter den Ton angab und auch damals berechtigt war. Diese Denkweise gilt es jetzt hinter uns zulassen, sie ist überholt. Hierin liegt begründet, daß z. B. die Schweinenieren als Vitaminspender selbst in der Krankendiät zum

Einsatz kamen, daß Butter als Cholesterinträger diffamiert und das Kunstprodukt Margarine, künstlich vitaminisiert, sowie mit künstlich gehärteten Fetten vermischt, als Gesundheitsträger hochstilisiert werden konnte.

Wir wollen das an einem Beispiel vertiefen. Für uns ist es eine Selbstverständlichkeit, daß wir laufen können. Wir haben es erlernt von unserer Mutter. Sie benötigte keine hoch "wissenschaftlichen" Fachbücher, sie lehrte uns das Gehen aus der Ursprünglichkeit, aus der Einfachheit heraus. Wir können nur deshalb ohne Komplikationen so gut gehen, weil wir niemals über die komplizierten Abläufe nachdenken, die in unserem Körper ablaufen, um nur diese "simple" Tätigkeit bewältigen zu können. Stellen Sie sich einmal vor, was passieren würde, wenn Sie ganz bewußt genau das tun wollten, was nötig wäre, nur um Ihren Fuß zu bewegen. Wie viele wissenschaftliche Abhandlungen müßten Sie lesen und vor allem verstehen, um diesen Vorgang durchführen zu können. Ich bin der Überzeugung, daß der größte Teil der Menschheit in diesem Falle niemals in der Lage wäre, zu gehen.

Wir müssen es lernen, zwischen wirklich Wichtigem und Belanglosem zu unterscheiden. So ist es für einen Pilzsammler überlebenswichtig, zu wissen, daß der Verzehr eines einzigen Knollenblätterpilzes tödlich ist. Er muß also wissen, woran dieser zu erkennen ist. Unwichtig für ihn ist, das Wissen über die komplizierten, chemischen Abläufe in seinem Körper nach dem Verzehr.

Wer seine Intuition geweckt hat, weiß, was ihm bekommt und was er meiden sollte. Über viele Leben wurde dieses Erfahrungswissen in unsere Zellen einprogrammiert. Durch kompliziertes Denken wurde/wird dieses Wissen verschüttet und kommt nur dann wieder zum Vorschein, wenn wir zur Einfachheit in unserem Denken wieder zurückkehren. Der Inhalt dieses Buches möchte Ihnen helfen, diesen, in Ihren Zellen gespeicherten Erfahrungsschatz zu heben.

Wie diese Programmierung vor sich geht, hat man in Japan an Affen beobachtet. Bei hohem Schnee im Winter fütterte man die Tiere mit rohen Süßkartoffeln. Jahrelang fraßen die Affen die Kartoffeln einschließlich der Verschmutzungen. Eines Tages wusch ein Affenweibchen in warmem Wasser den Sand von den Kartoffeln ab. Bald darauf folgten andere. Die Alten übertrugen ihr Wissen auf die Jungen. Heute waschen alle Tiere die Kartoffeln. Nach einigen Generationen wurden auch andere Affenstämme bei der gleichen Tätigkeit beobachtet.

Aus den oben angeführten Beispielen ziehen wir den Schluß: es ist wichtig, die großen Zusammenhänge zu sehen, und holistisch (ganzheitlich) zu denken.

• Frage: Ich esse gerne Butter, meine Ernährungsberaterin rät mir zur Margarine mit vielen ungesättigten Fettsäuren. Sie sagt, dies wäre gesünder. Butter erhöhe den Cholesterinwert und im übrigen sei Butter ein tierisches Fett und das sollte nicht gegessen werden.

Antwort: Je kürzer die Fettsäurenkette, desto zuträglicher das Fett. Butter hat eine sehr kurze Fettsäurenkette. Was das Cholesterin betrifft, so wird der Polarität zu Folge auch auf diesem Sektor in gute und schlechte Cholesterine, Fette und Fettsäuren unterschieden. Beides, HDL- und LDL-Cholesterine, Fettsäuren gesättigt und ungesättigt und Fette tierisch und pflanzlich, sind gleich wichtig; sie erfüllen nur verschiedene Aufgaben, auf die wir hier nicht näher eingehen wollen. Margarine ist ein künstlich hergestelltes Produkt, in der Regel mit künstlichen Vitaminen angereichert. Wir ziehen Naturprodukte künstlich hergestellten Nahrungsmitteln mit weitem Abstand vor. Bei bestimmten Krankheiten (z. B. Gallenwegserkrankungen) ist ein kurzfristiges Umstellen auf pflanzliches Fett angezeigt,

Ganzheitlich betrachtet erkennen wir, daß gut und schlecht keine Wertung bedeutet. Wir wissen sehr wohl, daß die Ganzheit immer beider Pole bedarf. Z. B. unterscheiden wir positiv und negativ gepolte Spannung. Keine ist besser oder wichtiger, beides zusammen ergibt erst den elektrischen Strom. Wir können dieses fortführen, indem wir gleich wichtige Pole aufzeigen: Heiß und kalt, Sommer und Winter, Mann und Frau, Yin und Yang, Tag und Nacht, tierische und pflanzliche Nahrung, HDL und LDL Cholesterine usw.

# Nachwort

Wir beglückwünschen alle, die dieses Buch bis zum Ende durchgearbeitet haben und die sich von manchem Impuls zu neuen Ideen und Verhaltensweisen inspirieren ließen.

**Aus kosmischer Sicht sind wir alle Gewinner:**

* Wir, die wir Ihnen nicht alltägliche Denkanstöße in Form einer neuen Ernährungsphilosophie geben dürfen und
* Sie, die diese Denkanstöße aufnehmen und individuell in Ihr Wissen und Handeln integrieren können.

Die zusätzliche Lebenskraft, die in uns durch einen bewußten Umgang mit unserer Nahrung entsteht, gibt uns Augenblicke in unserem Leben, die wir mit undiszipliniertem Essen so nicht erfahren hätten. Zum Schluß wollen wir anhand von vier Beispielen aufzeigen, welche Erlebnisse man haben kann, wenn man mit sich selbst im Reinen ist, ruhig in seiner Mitte lebt, und eine zeitlang "vernünftig" gegessen hat. So bereitet man das Gemüt darauf vor, harmonische Eindrücke aufnehmen zu können, die aus der Verschmelzung von Seele und Persönlichkeit entstehen – mystische Momente der Allverbundenheit, des inneren Glücks, der göttlichen Glückseligkeit.

**1. Beispiel:**

Im Jahre 1995 waren meine Frau und ich sowie ein befreundetes Ehepaar mit einem schönem 39-Fuß Segelschiff in der Karibik unterwegs. Wärme, Entspannung Erholung, Ruhe, Sonne pur sowie leichte, vegetarische Speisen, vor allem aber frische, sonnengereifte Früchte und Kokosnüsse, sowie deren Milch als Getränk. Wie von Zauberhand war der "Alltagsrummel" verflogen. Den Körper durchströmte ein wohliges Gefühl, der Geist wurde freier und freier.

In einer einsamen Bucht legte ich mich ins warme, seichte Wasser. Die Sonne beschien mich, ich hörte das leise Plätschern der Wellen. Um mich herum viele kleine bunte Fische. Für kurze Zeit fühlte ich mich wie im Paradies. Alles um mich herum versank. Der Raum löste sich auf. Die Zeit blieb stehen. Ich verspürte absolute Glückseligkeit.

Erstmalig erlebte ich, was es heißt "ohne Zeit und Raum zu sein". Ich fragte mich, ob dies wohl der Zustand sei, der uns in der fünften Dimension erwartet, wenn die Persönlichkeit seelendurchdrungen ist?

## 2. Beispiel:

Wir fuhren mit einem PKW durch die Wüste, und kamen durch den Namib-Naukluft-Nationalpark bis zum Resort Karoo. Dieses ist eine kleine, im afrikanischem Stil gebaute Zeltanlage in der Nähe der farbenprächtigen Sanddünen von Soussusvlei. Nachdem wir uns ausgeruht hatten, nahmen wir ein delikates Mahl ein, bestehend aus Nüssen und allen Früchten, die das Land uns zu bieten hatte. Auffallend freundliche Menschen bedienten uns. Wir aßen in vollkommener Ruhe und Gelassenheit und hatten endlos viel Zeit.

Die Nacht brach herein. Alle Gäste und auch das Personal hatten sich zur Ruhe begeben. Die Lichter waren gelöscht. Es war sternenklar. Wir bestiegen einen hohen Turm und setzten uns auf eine Plattform. Über uns der tiefschwarze Nachthimmel. Es war, als wären die Sterne zum Pflücken nah. Eine traumhafte Stimmung. Der dunkle Himmel, die strahlend hellen Sterne, die absolute Stille. All das versetzte uns in eine phantastisch leichte Stimmung. Mir wurde mit einemmal bewußt, was es heißt, "das Licht wird aus der Finsternis".

Wir fragten uns, wieviel der Sterne wohl bewohnt wären, wie die dort lebenden Menschen aussähen und von welchem der unzähligen Sterne wir wohl kämen? Der Anblick des Himmels hatte mich nach einiger Zeit in Trance versetzt, ich vergaß alles um mich herum. Vor meinem inneren Auge erschien eine herrliche Welt voller friedliebender Menschen, Blumen, Wiesen, Wälder, Flüsse und ein unendliches, nur leicht bewegtes Meer. War dies ein Vorgeschmack auf das vorausgesagte "goldene Zeitalter"? Obwohl ich nach vielleicht fünfzehn Minuten in die normale Wirklichkeit zurückkam, hatte ich das Gefühl eine Ewigkeit "dort drüben gewesen" zu sein.

Übrigens, die Sanddünen von Soussusvlei sind die höchsten Dünen der Welt. Dadurch, daß sie je nach Sonnenlichteinstrahlung in halbstündigem Rhythmus ihre Farbe von rot über rosa bis blaugrau nach gelb und schwarz wechseln, bieten sie ein eindrucksvolles Schauspiel. Wir haben uns damals vorgenommen, in diesen Dünen einmal zu meditieren und sind der Überzeugung, hier etwas ganz Besonderes verinnerlichen zu können.

## 3. Beispiel:

Mit einer Segelyacht liegen wir vor einer kleinen unbewohnten Insel vor Anker. Der schneeweiße Strand leuchtet in der Morgensonne. Die dunkelgrünen Kokospalmen wiegen sich im Passatwind. Wir schlendern durch den Palmenhain, suchen am Strand nach bunten Muscheln, "faulenzen" im warmen Sand. Müde geworden vom Tauchen, Schnorcheln, Schwimmen und Wandern setzen wir uns nieder. Das Rauschen der Brandung, die türkisblaue Weite des Meeres, die hellgrüne Farbe des Sonnenlichtes, das durch die Palmenwedel scheint, lassen uns die Welt vergessen. Ein eigenartiges, aber angenehmes Gefühl im Herzen hüllt uns ein, alles verklärt sich; Traum oder Wirklichkeit? Die Zeit der Versenkung kommt uns wie eine Ewigkeit vor.
Wenn ein Mensch öfters Meditationsreisen unternähme, so könnten das Licht und die Farben sein Gemüt erhellen und er würde in eine harmonischere Grundstimmung gelangen. Dabei könnte die Gruppendynamik eine Rolle spielen, weil sie die Energie aufgrund gleicher Gedanken und Gefühle der Teilnehmer verstärkte, wenn diese miteinander harmonisierten. Der Zustand der inneren Ruhe, Gelassenheit und Harmonie würde wahrscheinlich über einen längeren Zeitraum anhalten. Unter Umständen bestände sogar die Möglichkeit, daß dieser Zustand verinnerlicht würde und der Mensch danach ein neues, glücklicheres, friedlicheres und harmonischeres Leben führen könnte.

## 4. Beispiel:

Nach frühem Aufstehen und einem köstlichen Glas frisch zubereiteten Löwenzahnsaftes, kommen wir nach zügigem Aufstieg gerade noch rechtzeitig zum Sonnenaufgang auf dem Berggipfel an. Ein Gefühl der Größe durchdringt uns, die goldroten Sonnenstrahlen tauchen die Landschaft in märchenhaftes Licht. Hier oben kommen uns beim Anblick der Sonne die Alltagssorgen klein und nichtig vor. Wir spüren, daß die Sonne unsere Heimat sein muß und begreifen, weshalb gerade sie nicht nur von so vielen alten Kulturen als Lebensspenderin und Symbol der Göttlichkeit verehrt wurde, sondern gerade jetzt in der neuen Zeit wieder mehr und mehr die Aufmerksamkeit der Menschen auf sich zieht. Wir sollten uns alle bemühen, wieder im Einklang mit der Natur zu leben. Keiner von uns kann im Kampf gegen sie gewinnen. Der Mensch in der neuen Zeit lernt wieder die Natur zu lieben; dadurch lernt er erneut ihre Sprache zu verstehen und sich in das Mosaik ihres Gewandes einzufügen. Seine Nahrung sowie deren Zubereitungstechniken stehen wieder im Einklang mit ihrem Gesetz.

# Literaturhinweise und weiterführende Bücher

- Aivanhov, O. M.: Der Wassermann und das goldene Zeitalter.- Prosveta, Fréjus
- Aivanhov, O. M.: Yoga der Ernährung.- Prosveta, Fréjus
- Bach, R.: Brücke über die Zeit.- Ullstein, Berlin
- Breves, S.: Die feinstofflichen Heilenergien.- Medea, Colmberg
- Carson, R.: Der stumme Frühling.- Beck, München
- Cousens, G.: Ganzheitliche Ernährung und ihre spirituelle Dimension (mit der "Regenbogen-Ernährung" nach den Farben der Lebensmittel).- Sternenprinz, Frankfurt
- Detlefsen, T. & Dahlke, R.: Krankheit als Weg.- Bertelsmann, München
- Echter, Chr. W.: Neue Wege zur Gesundheit.- Ganzheitl. Gesundheit, Bad Schönborn
- Essence, V. & Nidle, S.: Der Photonenring. Nachricht vom Sirius.- Chr. Falk, Seeon
- Fischer, E.: Algen, Lebenskraft aus dem Meer.- Mosaik, München
- Frissell, B.: Zurück in unsere Zukunft - vorwärts in die Vergangenheit; Die MER KA BA: Ein Schlüssel zu den höheren Dimensionen.- Michaelisvertrieb, Peiting
- Helmke-Hausen, M.: Die Botschaft der Früchte.- Bauer, Freiburg
- Helmke-Hausen, M.: Die Lichtkräfte unserer Nahrung.- Bauer, Freiburg
- Hertzka, G. & Strehlow, W.: Handbuch der Hildegard-Medizin, Küchengeimnisse der Heiligen Hildegard.- Bauer, Freiburg
- Kapfelsperger, E. & Pollmer, U.: Iss und stirb.- Kiepenheuer & Witsch, Köln
- Kraske, E.-M.: Wie neugeboren d. Säure-Basen-Balance.- Gräfe & Unzer, München
- Kupfer, A. & Huter, C.: Grundlagen der Menschenkenntnis, Bd. I & II.- Carl Huter Verlag, Arlesheim
- Lappé, F. M.: Diet for a small planet.- Ballantines
- Marciniak, B.: Boten des Neuen Morgen, Lehren von den Plejaden.- Bauer, Freiburg
- Münzing-Ruef, I.: Kursbuch für gesunde Ernährung.- Heyne
- Nassall, K.-D.: Mittel zum Leben.- Nassall, Pürgen
- Nassall, K.-D.: Ganzheitliche Therapie.- Nassall, Pürgen

- Ohne Autor: Mikrowellen und Herzinfarkt, die totgeschwiegene Gefahr.- Institut für baubiologische Anwendungen, Bad Fellbach
- Pade, R. G. & Mazur, J. A.: Aura-Farben des Lichtes.- Aquamarin, Grafing
- Robbins, J.: Ernährung für ein neues Jahrtausend.- H. Nietsch, Freiburg
- Sharamon, S. & Baginski, B.: Das Chakra Handbuch.- Windpferd, Aitrang
- Strehlow, W.: Heilen mit der Kraft der Seele.- Bauer, Freiburg
- Strehlow, W.: Das Hildegard von Bingen Kochbuch.- Heyne, München
- Strehlow, W.: Hildegard Heilkunde von A-Z.- Knaur, München
- Tachi-ren, T.: Der Lichtkörper Prozeß; 12 Stufen vom dichten zum lichten Körper.-Sternenprinz, Frankfurt
- Worm, N.: Diätlos Glücklich.- Hallwag, Bern
- Wagner, C. E.: Jeder ist einmalig; Biochemische Konstitutionstypen des Menschen mit Angaben zur individuellen Ernährung.- Tabula Smaragdina, München
- Weise, D. O.: Harmonische Ernährung; Wie Sie bewußter werden und Ihre persönliche gesunde Ernährung intuitiv selbst finden.- Tabula Smaragdina, München
- Weise, D. O.: Melone zum Frühstück.- Tabula Smaragdina, München
- Weise, D. O. & J. Frederiksen: Die Fünf Tibeter Feinschmeckerküche; 144 Rezepte für Ihren guten Appetit! Scherz, München
- Weise, D. O.: Bewußte Ernährung. In: F. Heininger: Trink Wasser, Ernähre Dich bewußt.- Ennsthaler, Steyr
- Weise, D. O.: Zur eigenen Kraft finden; Harmonisch leben und essen mit den vier Elementen und Ayurveda.- Dr. Otfried Weise Tabula Smaragdina Verlag, München.
- Weise, D. O.: Entschlackung, Entsäuerung, Entgiftung.- Goldmann, München
- Weise, D. O.: Die Sieben Kosmischen Strahlen.- Goldmann, München

# Register

AGAR AGAR ............................................................. 88 90 100 104
AGGRESSION .......................................................... 29 53 67
ALCYONE ............................................................... 1
ALGEN .................................................................. 98 99 100
ALGINATE .............................................................. 100
ALLERGIEN ............................................................ 48
AMALGAM ............................................................. 120
AMALGAMPLOMBEN .............................................. 164 194
AMPLITUDE ........................................................... 169
ANANAS ................................................................ 131
APFEL ................................................................... 122 131
ARAME ................................................................. 102 103
ARTISCHOCKENSAFT .............................................. 133
ASTRALKÖRPER ...................................................... 9 57
ÄTHERISCHE ANTENNE ........................................... 84
ÄTHERISCHE BLAUPAUSE ........................................ 59
ÄTHERKÖRPER ....................................................... 166
AUBERGINEN ......................................................... 155 168
AURA .................................................................... 53
AVOKADO ............................................................. 131
AYURVEDA ............................................................ 4

BANANEN ............................................................. 132
BASILIKUM ............................................................ 117
BATAVIA ............................................................... 114
BEEREN ................................................................ 122
BEIFUSS ................................................................ 117
BERTRAM .............................................................. 74 122
BEWEGUNGSNATURELL .......................................... 10
BEWUSSTSEINSERWEITERUNG ................................. 45
BIOPHOTONEN ...................................................... 62
BIRKENBLÄTTERGETRÄNK ........................................ 135
BIRNEN ................................................................. 122
BLATTSALATE ......................................................... 114
BLOCKADEN .......................................................... 37 84 86
BORRETSCH ........................................................... 117
BRENNESSEL .......................................................... 15 16
BRENNESSELGETRÄNK ............................................ 136
BROMBEERE .......................................................... 137
BUCHENBLÄTTERGETRÄNK ...................................... 136
BUCHWEIZEN ........................................................ 14

CARL HUTER .......................................................... 10
CARRAGEEN .......................................................... 100
CHRIS CRISCOM ..................................................... 102
CHROMOSOME ...................................................... 9
CHROM ................................................................ 100
CHICCOREE ........................................................... 114
CHOLESTERINSPIEGEL ............................................ 102
CLUSTERSTRUKTUREN ............................................ 32
CONVENIENCE FOOD ............................................. 68 175
CURRY .................................................................. 120

DESIGN FOOD ........................................................ 176
DEVITALISIERTE SPEISEN ......................................... 6

206

DILL .......... 117
DIMENSIONEN .......... 21 52
DINKEL .......... 5 73 98 99 106
DISHARMONIE .......... 12 13 66
DISHARMONISCHES NATURELL .......... 12
D N S .......... 97
DOGMATISMUS .......... 41 53
DOPPELHELIX .......... 98
DRITTE DIMENSION .......... 19
DULSE .......... 102 104

EDELKASTANIE .......... 73 111
EGO .......... 80 191
EGO BEWUSSTSEIN .......... 30
EICHBLATTSALAT .......... 115
EISBERGSALAT .......... 115
EISEN .......... 99
EMPFINDUNGSNATURELL .......... 10
ENDIVIENSALAT .......... 115
ENTSCHULDIGUNG .......... 26 27
ENZYME .......... 48 49 66
ENZYMSYSTEM .......... 46
ERNÄHRUNGSNATURELL .......... 10
ERDBEEREN .......... 73 122
ESOTERISCH .......... 6
E U NORMEN .......... 163
EXOTERISCH .......... 6

FACETTE .......... 30
FEINSTOFFLICHKEIT .......... 193
FELDSALAT .......... 115
FENCHEL .......... 110
FENCHELSAFT .......... 134
FICHTENSCHÖSSLINGSGETRÄNK .......... 136
FISCHE .......... 124
FLEISCH .......... 141 165 172
FREQUENZERHÖHUNG .......... 1
FRISEESALAT .......... 115
FUNCTIONAL FOOD .......... 160 176
FUNGIZIDE .......... 6 106

GALGANT .......... 43 65 73 12ß
GEDANKENSTRUKTUREN .......... 7 9 10 79 162
GEFÜHLSKÖRPER .......... 9
GEFÜHLSMUSTER .......... 9 10
GENMANIPULATIOM .......... 6 47 49
GENSTRUKTUREN .......... 9
GENMANIPULIERTE LEBENSMITTEL .......... 46
GENTECHNIK .......... 47
GEWINNMAXIMIERUNG .......... 31
GLOBALISIERUNG .......... 30
GLUTAMAT .......... 161
GRAPEFRUIT .......... 132
GRANDER .......... 32 133
GRIECHENKLEE .......... 73
GROBSTOFFLICHKEIT .......... 193
GURKENSAFT .......... 134

HABERMUS .......... 173
HALSCHAKRA .......... 91

HARICOTS DE MER .................................................... 104
HARMONISCHES NATURELL ...................................... 12
HARMONIE ................................................................. 66  12  13  20
HEFE ........................................................................... 167
HERINGSHAI .............................................................. 73
HERZCHAKRA ............................................................ 90
HIMMELSBEWOHNER .................................................. 52  79
HIPPOKRATES ............................................................ 5  56
HOCHFREQUENTE NAHRUNG .................................. 7
HOLUNDERBEERENSAFT ........................................... 136

IMPULSE ................................................................... 67  129
INFORMATIONEN ...................................................... 32  33  52  75  162
INFORMATIONSFLUT .................................................. 1
INGWER ...................................................................... 122
INKARNATION ........................................................... 9  97
INSPIRATION .............................................................. 95
INTUITION ................................................................. 66  84  95  92  166
IZIKI .......................................................................... 102  103

JASMUHEEN ............................................................... 72
JO – JO EFFEKT ........................................................ 44  181

KALIUM ...................................................................... 98
KALZIUM .................................................................... 98
KAPHA TYP ................................................................ 4
KAROTTE .................................................................... 111
KAROTTENSAFT ........................................................ 134
KARTOFFELN ............................................................. 36  98  168
KAUSALE W"ELT ........................................................ 19
KAUSALITÄTSGESETZ ................................................ 145
KAUSALKÖRPER ........................................................ 80
KIWI .......................................................................... 90  132
KNOBLAUCH .............................................................. 137
KOBALT ...................................................................... 100
KOHL .......................................................................... 36  113
KOMBU ....................................................................... 102  103
KOMMUNIKATION ..................................................... 75  186
KONSTITUTIONSTYPEN .............................................. 10
KONTEMPLATION ....................................................... 36
KORIANDER ................................................................ 120
KRISTALLDRUSE ........................................................ 29
KRONENCHAKRA ....................................................... 93
KUPFER ...................................................................... 99

LACTO – VEGETARIER ................................................ 43
LAUCH ....................................................................... 73  112
LEBENSENERGIE  CHI ................................................ 5
LICHTAUFNAHMETECHNIK ....................................... 76
LICHTENERGIE ........................................................... 82
LICHTFREQUENZ ....................................................... 20
LICHTKÖRPER ........................................................... 166
LICHTKÖRPERDIMENSION ........................................ 21
LICHTNAHRUNG ........................................................ 193
LICHTSCHWINGUNG .................................................. 139
LICHTQUANTEN ........................................................ 20
LICHTWESEN ............................................................. 7
LIGHT PRODUKTE ..................................................... 165  175
LOLLO ROSSO ............................................................ 115
LÖWENZAHNSAFT ..................................................... 134

MAGNESIUM ............................................. 98
MAJORAN ............................................... 118
MANDELN ............................................... 98
MANGAN ................................................ 99
MANIFESTATION ..................................... 6  77
MARCO POLO ......................................... 5
MATERIE ................................................ 9  31
MASTANSTALTEN ................................... 187
MAYA .................................................... 93
MEDICI .................................................. 5
MEDIEN ................................................. 20
MEDITATION .......................................... 36  77
MEDIUM ................................................ 32
MENTALKÖRPETR .................................... 9
MIKROWELLENHERD ............................... 169
MUTIEREN .............................................. 20

NACHTSCHATTENGEWÄCHSE ................... 113
NATRIUM ............................................... 99
NATURELLE ............................................ 10  13
NEGATIVE ELEKTRIZITÄT .......................... 33  37  130 165
NORI ..................................................... 102  103

ORANGE ................................................ 132
ORIGANO ............................................... 118
OSTEOPOROSE ....................................... 102
OVO – LACTO – VEGETARIER ................... 43

PARALLELUNIVERSEN .............................. 9
PERSÖNLICHKEIT ................................... 9
PESTIZIDE .............................................. 6  108
PETERSILIE ............................................ 14
PFIRSICHE .............................................. 73  122
PFLAUMEN ............................................. 73  122
PHOSPHOR ............................................ 98
PHOTONENGÜRTEL ................................. 1
PITTA . TYP ............................................ 4
PLOCHER ............................................... 3  133
POLARITÄT ............................................ 9  20  31  36  139 180
POLEIMINZE ........................................... 73
PORTULAK ............................................. 116
PHYTHAGORAS ...................................... 41

QUECKSILBER ........................................ 164  194
QUENDEL ............................................... 118
QUINOA ................................................. 14
QUINTESSENZ ........................................ 37
QUITTEN ................................................ 122
QUITTENMUS ......................................... 73

RADICCIO .............................................. 115
RAUM – ZEITKONTINUUM ....................... 20
RECHTSDREHENDE NAHRUNG ................. 42
RESONANZGESETZ ................................. 45
RESONANZ ............................................. 69
ROSMARIN ............................................. 118
RUPERT SHELDRAKE ............................... 80

SANDDORN ............................................ 137
SALADE PECHEUR .................................. 104

SALBEI ................................................ 120
SCHACHTELHALMGETRÄNK .................................. 135
SCHAFGARBENKRAUT ..................................... 169
SCHATTENWESENHEITEN .................................. 52 79
SCHLEHEN ............................................. 137
SCHNITTLAUCH ......................................... 117
SCHULDKOMPLEXE ....................................... 24
SCHUMANN FREQUENZ .................................... 1
SCHWARZE JOHANNISBEEREN .............................. 137
SCHWINGUNG ........................................... 26 97 108 170    186
SCHWINGUNGSFREQUENZ .................................. 7 37 38 40 57
SELEN ................................................ 99
SEXUALCHAKRA ......................................... 87
SICON ................................................ 133
SIDERISCHES JAHR ..................................... 1
SOJABOHNEN ........................................... 47 126
SONNE ................................................ 81
SO - VIT - FOOD ...................................... 175
SPEICHERKAPAZITÄT .................................... 21
SPEISENKOMBINATIONEN ................................. 75
SPIRULINA ............................................ 103
SPITZWEGERICHSAFT .................................... 135
STIRNCHAKRA .......................................... 92
STRAHLKRAFT .......................................... 98
SÜSSTOFF ............................................. 166
SYMPTOME ............................................. 9 55 128
SYNERGIEEFFEKT ....................................... 31

TACHIOENSCHEIBEN ..................................... 32
THYMIAN .............................................. 118
TIERE ................................................ 123
TOFU ................................................. 125 152
TOPINAMBUR ........................................... 108
TRANSFORMATION ....................................... 36 95
TRANSFORMIEREN ....................................... 90

URZENTRALSONNE ....................................... 82
URIMPULS ............................................. 8
VATA – TYP ........................................... 4
VEGANER .............................................. 43 132
VITAMIN C ............................................ 164

WAKAME ............................................... 102 103
WEISSDORNBLÄTTERGETRÄNK .............................. 135
WILDKRÄUTER ......................................... 133 154

Y – FORM ............................................. 53
YIN – YANG ........................................... 5 38
YSOP ................................................. 73 119

ZEITEBENE ............................................ 19
ZEITLOSES SEIN ....................................... 21
ZEITSTRUKTUR ......................................... 21
ZELLSTRUKTUREN ....................................... 9
ZELLVERHÄRTUNG ....................................... 142
ZENTRALSONNE ......................................... 82
ZINK ................................................. 99
ZITRUSFRÜCHTE ........................................ 122
ZUFALLSPRINZIP ....................................... 81
ZWIEBEL .............................................. 36 138

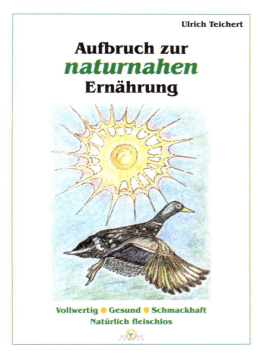

In diesem richtungsweisenden Buch veröffentlicht Ulrich Teichert seine Erfahrungen und seinen großen Wissensschatz in Bezug auf unser tägliches Brot. Er nimmt Stellung zu den Lebensmittelkrisen der heutigen Zeit und anderen uns alle bewegenden Themen.

Der Autor stellt seine neue, an der sich wandelnden Zeitqualität und der Ganzheit des Menschen orientierte Ernährungsphilosophie vor. Diese Form der Ernährung wird das für ein gesundes, freies und aktives Leben unbedingt erforderliche Vertrauen zu uns selber sowie zu unserer Nahrung wiederherstellen.

Der umfangreiche Rezeptteil entstand mit Hilfe namhafter Köche und spiegelt das Wissen vieler Fachleute wieder, die mit Kreativität, Freude und Liebe ihren Beruf ausüben.
Die zahlreichen farbigen Illustrationen stammen aus der Feder von Margit Linortner.

Dieses außergewöhnliche Buch ist ab Herbst 2001 erhältlich.

Hardcover
ISBN 3-935 124-01-5
Preis Euro 20,50

## Sonderprogramme für:
## Erfolg, Gesundheit, Lebensfreude

Wir organisieren Seminare und Segeltörns für geschlossene Gruppen und Einzelpersonen.
Individuelle Lebens-, Gesundheits-, Ernährungsberatung.

Alternative Segeltörns
unter südlicher Sonne

Lichtenergie-Aufnahme-Wochen
zur Stabilisierung von Körper und Seele
in herrlicher Hochgebirgslage der Alpen

Seminare über neuzeitliche
Lebensgestaltung und Ernährung
in der Toskana

Information und Anmeldung:
ALCYONE Institut
Bad-Trissl-Straße 61b, 83080 Oberaudorf
Telefon: 08033 - 23 41, Fax 08033 - 30 91 32